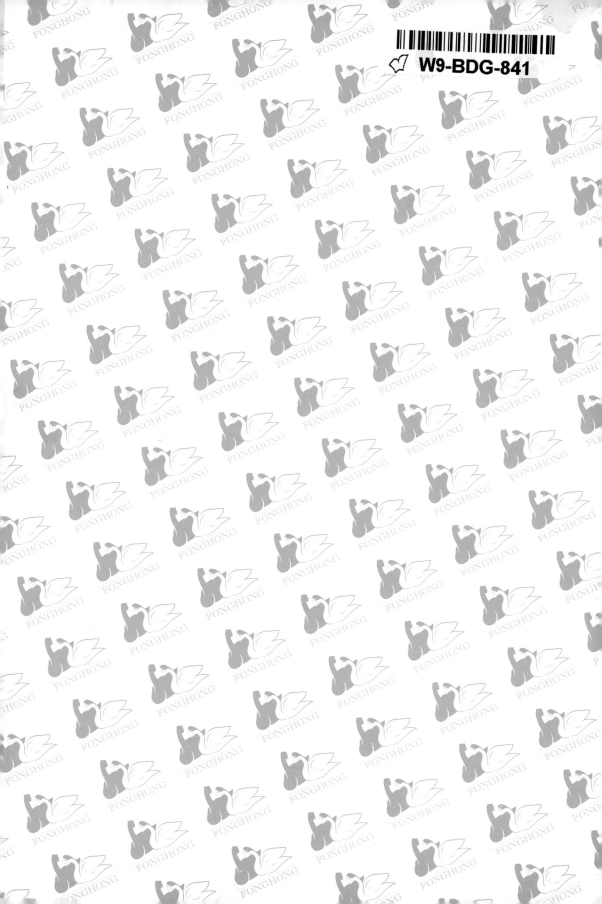

一盘大棋？

中国新命运解析

［英］罗思义（John Ross）◎著

江苏凤凰文艺出版社
JIANGSU PHOENIX LITERATURE AND
ART PUBLISHING, LTD

人大重阳研究书系编辑委员会

目　录
C O N T E N T S

序言
透视当下，看清未来中国的迷局

中国特色社会主义道路，是实现我国社会主义现代化的必由之路，是创造人民美好生活的必由之路。中国特色社会主义道路，既坚持以经济建设为中心，又全面推进经济建设、政治建设、文化建设、社会建设、生态文明建设以及其他各方面建设；既坚持四项基本原则，又坚持改革开放；既不断解放和发展社会生产力，又逐步实现全体人民共同富裕、促进人的全面发展。

——习近平

"中国梦""中华民族的伟大复兴"涵盖的范围远比中国经济广泛，它们包括习近平提出的"四个全面"之首的"全面建成小康社会"等内容。历史上，毛泽东的不朽名言"中国人民站起来了"一经问世就立即引起中国乃至全世界的共鸣，正是因为这句话维护了中国作为世界上最伟大的国家和文明体之一应有的地位，以及每个中国公民在道德、文化、军事、意识形态、经济等各个方面应享有的权利。从国家到个人，从中国到全世界每一个国家，都对此深感认同，是因为他们自己也想"站起来"。实现中华民族伟大复兴的最重要的步骤不仅包括发展经济，还包括反腐斗争、加强法治、实现中国军队的现代化、增强在诸如上海合作组织等机构的国际合作、提高中国国际软实力等诸多方面。这生动地显示出，经济仅是实现更广泛的人类目的和国家目的的一种手段。

但它仍然凸显了一个重要事实，即没有经济发展，实现其他目标是不可能的。

中国的地缘政治形势

经济现实也决定中国要面对外部挑战——其地缘政治形势。中国拥有人类五分之一的人口，这注定这个国家不容忽视。据世界银行报道，按照购买力平价（PPP）计算，2014 年中国已超过美国成为世界最大经济体；按照市场汇率计算，中国将在 10 年内成为世界最大经济体。照这个趋势发展下去，中国梦的实现将是必然结果。这将会改变全球形势，这样的结果也将会影响到地球上的每个人。

然而，尽管中国复兴不仅将给自身带来繁荣，而且也将助力其他国家的发展是事实，遗憾的是，国内外有些人却不欢迎中国复兴，而且力求阻止它发生。

首先，就国际方面而言，中国的民族复兴不可避免地对地缘政治产生影响。中国人口是美国人口的 4 倍多，只要中国人均 GDP 达到美国人均 GDP 的 23%，那么中国的经济规模就将像美国一样大。甚至当中国人均 GDP 达到美国的一半时，尽管中国人民的相对生活水平仍然不能令人满意，但那时中国的经济规模将是美国的两倍多，世界格局也会因此与现在大不相同。

从普通中国公民的角度来看，实现这一切意味着体面的生活水平，首先是"小康"，然后是"高度繁荣"，这必然将改变整个世界。因此，中国不能是一个平庸的国家，不管是对其自身而言，还是对地球而言。中国公民的普通愿望将在全球范围内产生异乎寻常的影响。

但对某些群体来说，尤其对明确目标是维持美国作为全球最大经济体和世界最强大国家的美国新保守派来说，即使中国公民的基本目标是实现繁荣，也是完全不可接受的。新保守派的计划意味着，哪怕中国的生活水平只达到美国的 1/4 也是不可接受的。

无疑，中国人永远不会接受自己长期保持低下的生活水平，尤其是为了确保另一国的霸权。所以美国新保守派的计划必然会潜在加剧全球紧张局势，我将在稍后的几章对此作详细分析。

中国会实施"国家自杀"吗

然而即使是敌视中国的最强大的国际势力美国新保守派圈子也意识到，中国的民族复兴已到紧要关头，中国军事实力也足够强大，如果美国军队与中国军队在军事冲突中直接对决，美国军队有可能会输给中国，所以他们不建议美国军队与中国军队直接交锋。同样，美国也无法再用曾成功使日本、德国或"亚洲四小龙"经济脱轨的经济手段阻止中国崛起。

因此，中国的地缘政治形势可以简单概括为：中国不会被任何外部势力谋杀，中国只会被"国家自杀"击败。因此，中国的敌人面对的战略任务也可以简单概括为：中国会被忽悠放弃其民族复兴的成功道路，转而实施国家自杀吗？

说起来有点矛盾，某种情况下，这一问题的答案可能是"是"。正如上文所述，有些势力乐见这样的结果。尽管中国取得了非凡成就，但在某种条件下，中国被忽悠实施"国家自杀"并非完全不可能。当然，如果这真的发生了，这将会是世界历史上最大的悲剧之一，不仅是对中国而言，而且是对整个世界而言。而中国共产党阻止中国实施国家自杀的措施，在习近平提出的"四个全面"里得到了体现。

尽管，本书的主要焦点部分是经济，因为中国实现民族复兴与繁荣的能力要取决于其经济发展成就。但为让大家对此背景有更深的理解，有必要在"序言"将中国实施国家自杀的危害性以及某些势力为实现这一目的所使用的方式，介绍给大家。

那些希望中国实施"国家自杀"的人所使用的基本方法，不是仅仅歪曲事实攻击中国——虽然这确实发生了。试图诱导中国迈向国家自杀、阻止其走向繁荣之路的主要手段，是借一件真正紧急的事情影响中国人，隐瞒导致这一事情发生的真正原因，并趁机提出一些实质上会损害中国复兴的解决方案，即制造一个真正的问题，但提出一个会削弱中国的错误方案。其结果是，实力受到削弱的中国将更难解决所有的问题，国家的形势会变得更坏。本书将会用数个例子分析此过程，但下文优先所举的几个例子会有助于了解这种方式。比较苏联的国家自杀也将有助于理解中国所面临的风险。

鼓动分裂主义

当然，中国实现民族复兴的重要前提是完成国家统一，包括台湾回归、击败中国国内鼓动分裂主义的所有势力。因此，同样地，那些企图损害中国的人也明白，鼓动分裂主义是达到其目的的最有效的方式之一。

俄罗斯总统弗拉基米尔·普京所说的"苏联解体是 20 世纪最大的地缘政治灾难"，有助于我们了解分裂主义对一个国家的危害性。

这一历史性灾难是由获得国外势力资助的苏联境内分裂组织积极推动而造成的。显然，这些势力是充分利用了苏联拥有众多加盟共和国这一复杂的现实。苏联许多地区存在分裂组织，尤其是波罗的海沿岸诸国和乌克兰。这些受到苏联境外势力支持的分裂分子加入了私人犯罪集团，并与车臣和其他地区的分裂分子勾结在一起。分裂势力成为 1991 年 12 月摧毁苏联的主导力量，国外势力也借机干预并肢解了苏联——乌克兰成为继以色列和埃及之后的美国第三大受援国。这些势力干预的目的是阻止乌克兰和俄罗斯统一或者紧密合作——因为这将重塑一个大国。2014 年，乌克兰东部爆发的内战将这一过程推到顶峰。

任何人都可以看到，他们再次直接把同样的模式应用在中国身上。中国境外势力试图以关心"人权"和"民主"的名义支持分裂活动。他们提供武器给中国台湾地区，政治上支持达赖喇嘛等政治分裂分子，而美国不是严厉谴责发生在新疆维吾尔自治区的恐怖主义，而是可笑地抗议中国的反恐努力，借宣称"香港应实施西式民主"干预香港。但在英国殖民统治香港的 150 年间，英国从未允许香港举行过港督选举，美国也从未就此抗议过英国！即使分裂中国的企图落空，给予这些分裂组织支持也会加剧中国国内恐怖主义和其他问题的蔓延。换言之，试图让中国实施"国家自杀"的首要方式是扶持中国国内的分裂主义。

然而，从境外势力所使用的手法看，试图让中国"自杀"的方法都是同一套路，即我在前面说过的，先制造一个真正的问题，然后在这种情况下，不顾管理一个多民族国家的复杂性，故意提议错误的解决方案让情况变得更糟以削弱中国。这样做的目的是隐瞒解决问题的真正方案，即在一个中国的框架下大力促进各民族和地区的平等。鼓动分裂主义只是企图让中国自杀的一种方式。如下文所述，同样的方法会被用在其他的问题上。

人权

同样，在人权问题上，他们故技重施。认为拥有议会制度就能一劳永逸地解决人权问题的想法是荒谬的——这只是损害中国的另一种错误的解决方案而已。以透明国际（Transparency International）的报道为例，世界有16亿人生活在绝对贫困线下。在这种情况下，认为能使用Facebook或者取消所有形式的新闻审查是最紧迫问题的想法是可笑的。同样可笑的是，2014年秋天西方媒体提出，中国的当务之急是在香港推行特首普选制度，而遗憾的是，香港人口仅占中国人口比重的0.5%，中国仍有1亿人生活在贫困之中，这个国家总体上还没有达到高收入经济体水平。事实上，BBC驻华记者汉弗莱·霍克斯利在其所著的《民主杀死你》一书中，对全球真正的人权问题作了最好的注解：

> 一位因美军入侵伊拉克而失去了许多朋友和家人的伊拉克婚礼摄影师告诉我，如果能用选票换取水、电供应的正常运转以及人身安全保障，那么他会很乐意；一位阿根廷鞋匠也告诉我，他现在不得不用他制造的鞋子和别人交换食物，因为他已陷入经济困境；一位种植可可的非洲农民还告诉我，过于相信西方自由市场导致他的收入仅为30年前的1/4。

如果按"人权"这个词的真正意义，而不是按那些经过精心包装的冠冕堂皇的话来理解，那么中国的人权记录显然是世界上最好的。中国已带领 6.3 亿人摆脱贫困——超过欧盟和拉美大陆的人口总和，几乎是美国人口的两倍。中国社保覆盖人群已达 8.2 亿人，医保覆盖人群则达 10 亿人。中国对世界减贫贡献率达 100%。就中国给人类带来的这些真正的福祉而言，世界上还没有哪个国家取得的成就能与中国相匹配。

用事实比较一下中国所取得的真正的人权成就与宣称拥有"更好人权记录"的某些国家，特别是美国的人权记录，尤其令人吃惊。按照世界银行（World Bank）界定的国际标准，中国以外的世界其他国家贫困人口数量在过去 30 年不降反增，虽然他们所在的国家完全照搬了美国主导的经济体系。美国连续在伊拉克和阿富汗发动的侵略战争已导致数十万人丧生，更不用说发生在更早以前致 300 万人死亡的越南战争了。即使撇开经济现实，只谈政治领域，美国自"二战"以来的人权记录也是极不光彩的。正如美国时事评论员威廉·布鲁姆所指出的：

- 美国曾向 30 多个国家的人民投掷过炸弹。
- 美国曾企图推翻 50 多个外国政府，尽管这些政府绝大部分是民选政府。
- 美国曾企图暗杀 50 多位外国领导人。

事实很明显，攻击中国人权记录的美国新保守派及其支持者纯粹是伪君子。中国公开声明其外交政策原则："每个国家都有权独立自主地选择自己的社会制度，不管是专制的绝对君主制，还是议会制共和国或者社会主义制度，这都是别国内政，中国绝不会干涉。"相比之下，美国则总是以普世价值名义利用话语权批评其他国家。然而实际情况完全相反。例如，美国支持的沙特阿拉伯是一个绝对君主制国家，政治党派被取缔，妇女被禁止开车，完全不属于美国阵营宣称的人权国家。更讽刺的是，美国第五舰队基地所在国巴林也是一个绝对君主制国家。已有确凿的证据显示，美国曾参与推翻智利民选总统阿连德的军事政变。此外，美国在公开文件中已正式承认其在推翻伊朗民选穆罕默德·摩萨台政府的政变中发挥了作用。1993 年，在俄罗斯，美国政府支持下的叶利钦指挥坦克攻进俄罗斯议会大厦；可笑的是，美国政府后来居然谴责民选总统普京"反民主"，称其不是民选总统。但每次民意调查结果都显示，普京的支持率是数十年来所有俄罗斯领导人中最高的。普京和叶利钦的区别是，叶利钦甘愿服从美国的政策，而普京寻求独立自主的政策。此外，美国通过军事手段干预其他国家内政已带来持续的混乱、大规模流血事件，并且助长了恐怖主义，正如在利比亚和伊拉克所发生的一样。

这些事实无疑说明，美国政府批评中国的人权问题并不是意在捍卫"人权"——如果中国奉行亲美政策，即使是独裁政权，也不会遭美国批评。美国新保守派和他们的追随者攻击中国人权问题的真正原因是，他们认为中国的"民族复兴"会让中国变得强大。

事实上，尽管意识形态截然不同，但美国新保守派也是极端的唯物主义者和"马克思主义者"，他们明白经济力量会增强军事力量。当然，即使有最好的政策，中国也需要很长一段时间的积累，才能在军事实力上达到美国的同等水平。举一个例子，中国仅有一艘主要用于训练的航空母舰。相比之下，美国则有11艘航空母舰。那些对中国不怀好意的人明白，只要中国经济继续快速增长，中国的军事实力追上美国只是时间问题。最终，中国拥有的经济实力将帮其首先追平美国的军事实力，甚至最终超越美国。因此，只有阻止中国经济增长，才能阻止中国军事实力最终追上美国。要实现其军事和地缘政治等其他目标，美国新保守派就必须首先专注于削弱中国经济——这必然会影响中国人民的生活水平。

为什么历史虚无主义要歪曲历史？

这些事实同样说明了一个问题，为何中国取得了非凡的经济和社会成就以及明显可实现的中短期目标后，中国国内外势力有时仍要对此予以否认，反而企图以《爱丽丝漫游奇境记》的方式歪曲事实。《爱丽丝漫游奇境记》是一个著名的故事，主人公通过镜子观察到的现象与现实世界都是相反的。为什么他们要迫切推动中国放弃民族复兴的成功发展路径——创造国家繁荣的条件，反而极力向中国推销会导致国家自杀的政策呢？

他们歪曲事实的原因是，到目前为止，没有势力认为其有能力逼迫中国放弃其成功的发展路径。自尼克松开始，美国政府认为，中国只是帮助其实现目标的"小跟班"，通俗一点讲，美国政府希望中国只是围绕着美国主人转的一条小狗。莱弗勒（Leffler）和莱罗塔（Legro）道出了美国的初衷：

> 理查德·米尔豪斯·尼克松（Richard M. Nixon）总统彻底改变美国 20 多年的政策，同中华人民共和国建交，试图利用北京对抗军事力量迅速发展壮大的苏联。

那时，中国的经济规模仅相当于美国的 1/4。美国总统没有预料到如今的现实——中国经济规模将很快超越美国。中国避开了美国推销给苏联并最终摧毁了后者的"休克疗法"，而是遵循自主发展的道路，取得了非同凡响的经济成果。

21 世纪第二个十年，逼迫中国放弃带给其这么多经济成就的经济路线对美国新保守派来说已刻不容缓，否则中国经济将超越美国。"中国不可能被谋杀，只能被忽悠自杀"准则的经济意义意味着，必须影响中国以终止帮助其创造经济发展奇迹的经济政策。只有这一切实现，中国经济才会放缓并陷入危机。

反对腐败和不平等的斗争

同样，反对腐败和不平等的斗争体现了政治与经济的交叉，也是政治经济与中国的民族复兴之间的交点。在中国，这两种问题都真实存在且极其严重——继中国共产党第十八次全国代表大会后进行的全面反腐运动证明了这点。但这也再次意味着，有些势力会借机就真正的问题提出错误的解决方案——这不仅会削弱中国，而且会让腐败和不平等问题变得更严重。

特别是，两项国际证据体现了反对腐败和不平等斗争（包括中国国内）的真正动力。首先是全球财富分配，世界最富有的1%人口拥有超过48%的全球财富——仅仅85人拥有的财富就相当于全球最贫穷的35亿人口的财富总和。其次是这里再次提到的苏联历史。苏联解体前，腐败问题也曾被用来攻击当时的苏联政府。但苏联解体后，俄罗斯寡头的腐败远甚于苏联体制内的腐败——这说明，错误的解决方案不会解决真正的问题，只会使情况变得更糟。

现在这套把戏又用到了中国身上了，只不过这次他们换了花样，宣称"导致中国不平等的主要原因是国有企业（中国共产党执政的社会基础）垄断造成的，为创造更大的平等重新分配税收将损害中国经济发展"。

事实上，《金融时报》首席经济评论员马丁·沃尔夫（Martin Wolf）就不平等的真正原因撰文指出，美国的国有垄断企业微不足道，可以被看作西方政治制度的缩影。但是在美国："1997—2007年间，占美国人口比重1%的最富有人口增长的财富占美国国民收入增长的60%。"皮凯蒂发现："福布斯全球亿万富豪榜显示，1987—2013年间，全球最富有人口的财富增速是全球经济规模增速的3倍多。"这些数据和苏联解体后寡头的崛起显示，资本私有制而非国有垄断企业是造成不平等的根本原因。

如果中国国有经济占主导地位的结构被消灭，那么中国将会失去控制其投资水平的能力，中国将会无法再贯彻带给其成功的政策——这将导致中国陷入经济动荡和危机。因此，如果中国失去这种能力，经济危机和现有政治结构的垮台将会不可避免——中国也会失去实现繁荣的机会。

诋毁中国的新招

从更广泛的国际视角来看，西方人时而将崛起的中国比作1914年"一战"前的德国，时而又将中国比作1939年"二战"前的纳粹德国，这都是错误的。不过，这种类比有一种显著的相关性——1914年，是在历史上长期占据经济霸主地位的，当时世界上最大的经济体英国最后辉煌的一年，随后其霸主地位被美国取代。研究这种类比有助于了解当前的问题——但这会得出一个和诋毁中国完全不同的答案，同时也对"谁正在扮演德国的好战角色"这一问题给出不同的解答。

按照目前的论据，德国是于1914年决定发动侵略战争的。为什么德国选择此时开战？历史学家分析了德国开战的动机。原因是，当时德国正在经济上追赶英国，但在与俄罗斯的经济竞争中日益处于下风，且与美国相比，其军事地位日益恶化。1912年，德国总参谋长冯·毛奇发表了臭名昭著的声明，称："既然战争不可避免，那就越早越好！"据他解释，就对比俄罗斯与德国的军事实力而论，德国军队财政开始吃紧，意即德国执政界感到他们权力的顶峰已过去，德国军力已大大变弱。同样，任何人如果看过希特勒的《我的奋斗》，就会明白，他痴迷的不是打击实力日益虚弱的英国（他曾在和平和战争期间的数个场合提出过要保障大英帝国的利益），而是打击美国。

中国目前的形势与1914年的德国完全相反。与最强大的经济对手美国相比，中国的经济实力并不弱，中国也是此阶段最有活力的经济体。中国的军事地位仍远不如美国，但其军事实力正日益增强。因此，对中国来说，合理的政策是坚决反对侵略，等待时机。时间在中国而非美国的一边。事实上，如果真要与1914年的情况作类比，扮演德国恺撒大帝好战角色的最佳候选人，非军事实力现正处于顶峰但经济活力和经济增速不及中国的美国莫属。美国是这一人选的更顺理成章的理由是，其所主张的"先发制人战争"也是德国模式，此模式是德国1914年提出的。如果有人希望进行这种类比，大量的证据支持这一论点——比如，最近的例子就是美国侵略伊拉克的战争。另外，美国在其他国家拥有大量军事基地，而中国没有这样的记录。

然而，对这种类比寻根究底没有必要，这也根本不符合目前的实际情况。中国没有显示出地缘扩张的倾向。正如第19章所分析的，在如今这个核武器当道的世界，主要国家之间爆发战争的可能性微乎其微——除非一个国家实现了军事上的革命性突破。这就是目前为止只有冷战而没有热战的原因。总之，继第一、第二次世界大战后，人类可以避免引起全球性严重后果的战争。尽管代理人间进行的摩擦和有限度的武装冲突有可能发生，甚至在某种情况下不可避免，中国的崛起和美国的衰落是有可能避免全面的世界战争的。不过，能否最终取得这个结果取决于中国领导层是否有处理国家崛起的智慧。同时也取决于美国在面对世界其他地区不可避免的变化时，能否正确地整合其利益。比如，美国在陷入诸如越南和伊拉克等战争泥潭时，选择及时抽身而出就很明智。

但显然，人类其他人能否获取利益取决于依据经济活力和平崛起的中国，而非先发制人发动战争导致全球陷入风险的美国。这是人类的利益和中华民族的伟大复兴联系在一起的更深层原因。

结论

就我个人而言，希望读者们能够原谅我以叙述我与中国的渊源这种方式结束这篇序言。因为中国对人类进步起着决定性作用，30 多年来我的生活已日益与中国交织在一起。20 世纪 80 年代初期，我开始研究中国经济改革。1992 年，我依据经济理论写了一篇题为"中国的经济改革为何会成功，而俄罗斯和东欧为何会失败？"的文章。1992—2000 年间，我受俄罗斯议会成员和其他人的邀请到俄罗斯工作，当时我曾试图说服俄罗斯政府采纳中国经济改革的成功经验，而不是采纳西方经济机构主张的带有自杀性质的"休克疗法"。

这次经历告诉我一个事实：并不是所有的思想都能决定世界发展方向。我从俄罗斯推行的政策预测到了俄罗斯将要发生的灾难，但这并不能阻止它发生。同时，我也预测到中国的经济改革会取得成功。这两个事件对不同的经济发展理论的正确性和错误性作出了客观的检验。

但那时我与中国的任何人都没有过接触。我同时预测到苏联的灾难和中国的成功是依据经济理论，本书所作的所有分析也是基于此。后来，我于 2005 年来到中国，得以与中国的经济学家进行直接接触。

我能看到，中国的发展轨迹完全不同于俄罗斯。在俄罗斯，我曾亲眼见证历史性的人类灾难发生。中国则完全相反，中国一直在继续前进。如果说苏联的解体是一个负面的教训，那么中国的成就则是一个正面的经验。因此，我优先选择了在中国任教，然后成为了中国新型智库之一——中国人民大学重阳金融研究院的第一位外国全职雇员。我不再是仅仅从经济理论角度研究中国经济，而是每天有面对面的机会与中国人民大学校长陈雨露、中国人民大学重阳金融研究院执行院长王文以及其他同事一起研究中国经济。因此，摆在面前的问题是，作为一个外国人，我能对我工作的中国人民大学重阳金融研究院做出何种贡献？

我研究中国经济已有 30 多年，撰写预测其成就的文章也有 23 年，我对中国经济的了解明显多于大多数西方经济学家，尤其是那些 30 多年来错误预测中国经济会崩溃的经济学家！但是，尽管如此，总的来说，我仍然不相信，一个外国经济学家对一家中国智库的贡献会大于他的中国同行。不同于对个别具体的问题做出贡献，全面分析中国经济需要参与到中国政策制定的日常工作之中——这对非中国公民来说是不可能的。研究中国经济的外国经济学家，只能在两个主要领域做出贡献——这两个领域都得益于他不是中国人的事实。

首先，非中国人的固有劣势，以及无法深入追踪许多经济细节的缺陷，反过来给予了外国经济学家一定的优势。他们只能观察最重要的特征，这也迫使他们集中精力分析最重要的问题。比如某人飞越海拔 8844.43 米的珠穆朗玛峰，是不可能看清许多地形特征的，所以这会强迫那个人侧重于观察山峰的总体形状。

这就是我 30 年前与中国并无直接接触，但能准确地预测中国会取得世界最伟大的经济成就，还能预测俄罗斯的休克疗法会造成和平时期世界最大的经济灾难的原因。我的预测依据不是中国经济政策的细节，而是中国经济的最主要特征。中国经济改革的实践成果是非凡智慧的结晶，我 30 多年前就已明白这一点。许多西方人了解中国是通过看西方人对中国的分析，相反，我则注重吸收中国人对中国的分析。了解西方作者对邓小平和其他推动中国经济改革的人的想法并不是最重要的，了解邓小平关于中国经济改革的思想才是最重要的。这一研究从理论上说明了为何从基本的经济视角能理解中国经济。我对此作过研究，所以我在30多年前就已明白中国经济理论具有优越性。与曾犯下严重错误的大多数西方经济学家相比，这才是我能在几十年前就准确地预测到苏联将会发生灾难和中国将取得成功的原因。

当我来到中国，看到邓小平访问地为他立的画像时，我感慨万千。因为我知道，他不仅对中国的民族复兴做出了贡献，对整个人类社会做出了贡献，而且作为中国改革开放的总设计师，他还代表了中国现代经济智慧。本书的目标之一就是旨在向中国人乃至更广泛的国际社会说明中国经济理论相较西方具有的优越性。在中国特色智库工作意味着，这更方便我精确了解中国的社会主义市场经济框架。那些创建这一框架的人很清楚，在这个框架之内，中国之外的人也可以做出贡献。

其次，非中国经济学家也可以做出贡献，是缘于他们不是中国人，并拥有丰富的国际经济经验。因此，本书的主要目的是对中国与国际社会进行系统的比较。这为从国际层面比较中国经济，以及如何利用最现代的国际计量经济学方法，均提供了坚实的统计基础。通过这样的比较，可以清楚地看到，中国取得了前所未有的经济和社会成就，实现中国梦将会改变整个世界形势。因此，这样的国际比较，再次集中体现了中国经济改革的最重要的特点。

我不会奢望本书会带来重大影响，而是旨在向大家推荐国际最先进的经济研究方法，因为我已在此背景下研究中国经济30年。如果将中国的成就比作撒哈拉沙漠，那么此书就是一粒沙子。不过，正如一个朋友所说的，如果你只能扔一粒沙子，你得确保这粒沙子是扔在正确的位置！如果本书扔的沙子和中国前进的方向一致，那么就没有什么能比这带给我更大的满足感了。我希望中国读者们扔的沙子也和中国前进的方向一致。

本书正文分为四个部分：

第一部分论述本书必须要说明的事实，其结论十分简单：中国自1949年以来取得的社会成就和自1978年以来所取得的经济成就乃世界之最——此前从未有如此多人的生活在如此短的时期内得到如此快速的改善。这为中国实现繁荣奠定了基础。

第二部分将分析中国发生历史上前所未有的变化的原因。这说明，正与中国改革开放总设计师邓小平所预想的一样，中国取得成功是中国独特的国情（即"中国特色"）和普适经济规律相结合的产物。这也说明，虽然中国"改革开放"和"社会主义市场经济"理论是在马克思主义框架内发展而成的，但运用产生于西方的现代计量经济学方法也能理解。

第三部分将分析中国经济快速增长、美国早期经济增长缓慢到后来崛起直至主导世界以及目前经济放缓的原因。这部分反映了美国崛起乃至主导世界的真实原因（而不是某些人臆想的原因）。

第四部分将分析面对中国经济的快速崛起，那些反对中国实现民族复兴和繁荣的人是如何力求阻止这一切发生的，并将评估他们成功的概率。

本书在整体上力求实事求是。我将首先论述中国所取得的前所未有、令人惊叹的经济和社会成就。

第一部分

中国经济成绩，是奇迹，还是意外

01 > 西方的幻想经济学与中国 36 年的实践

"实事求是",这是一句道出所有科学理论依据的中国古代格言,曾被邓小平多次使用。

> 实证研究,无论它们是否采用……实际目标,或者无论它们是否仅仅局限于研究范围的扩大,并借助特殊的统计工具和我们所具备的有关贸易波动过程中特殊阶段的知识,充其量只能对现有理论进行验证。
>
> ——哈耶克《货币理论与贸易周期》

我们将在接下来的三章,利用一种可测量且客观的方式,阐明新中国成立后所取得的经济和社会成就。这是实现中国民族复兴和繁荣的基础。我们可以准确而毫不夸张地说,在此之前从未有过这么多人,或如此庞大的世界人口的生活水平得到如此迅速的提高。我们可以从两方面加以说明。首先,因为它确定了需要有关中国经济和社会发展的理论分析予以阐释的事实。其次,它驳斥了中国国内存在的"历史虚无主义"理论,以及外部势力发动的针对中国的类似攻击。但我们也需要指出,中国所取得的这些社会经济成就也为人们理解其庞大的规模和历史意义带来了一些困难。

伴随着中国的发展,当今的世界正在经历人类历史上最伟大的转折点之一。在美国独霸世界最大经济体位置近 140 年之后,中国正在快速逼近。以购买力平价（许多西方经济机构的首选）计量，这种位置交替发生在 2014 年。如以汇率（中国更为常用）计量，则这种转变将在未来 10 年内发生。

美国在 1880 年前后成为世界上最大的经济体，之后其主导地位无人能撼动，而时至今日，中国正在发起挑战而代之。新中国诞生于 1949 年，当时中国的经济规模只有美国的一小部分。由于这里的人们天性保守，通常难以接受新事物，而且更喜欢幻想旧秩序将延续，因此总是千方百计辩称这种变化不会发生，若发生，也将在很久之后才会发生，甚至说这根本无关紧要。但在现实中，这只是中国在一段相对较短的时期内发生的三个变化中的第一个，它将改变的不仅是经济，对世界地缘政治、社会、文化和道德培养方面的影响也不断增强。

• 中国已经取代美国成为世界上最大的经济体，但还不是最强的经济体——两者的区别将是本书探讨的一个重要主题。

• 中国最迟将于 2025 年成为"高收入"经济体，即按照国际标准进入小康社会，使得世界上达到这一生活水平的人口总量几乎翻一番。

• 中国将在 2030—2035 年间成为世界上最大的同时也是最强的经济体，由此实现世界经济领导地位由美国向中国的转移。

可以看到，上面列出的这三个时间点可以根据其实际发展情况加以实证检验，我们在这里是有意如此设计，而且鼓励读者根据已公布的经济和社会数据来验证本书的分析。它还将特别表明，中国的发展主要归功于中国采取的明显优于西方的经济政策。我们的分析将证明，推动中国经济崛起和导致目前西方经济陷于相对停滞的正是同样的经济过程。

要解决这些问题，我们必须要研究经济分析和经济现实之间关系的核心。中国的崛起不仅是一个基本的经济事实，同时也是对经济理论的一种检验。检验经济分析的正确性不能单纯依赖复杂或一致的数学模型，如西方学术经济学家们不时提出的观点。任何分析最终都应通过事实来检验——中国格言"实事求是"是所有科学方法的理论基础。而与之相反的是我们已在本章开篇引述的哈耶克的纯粹经济理论和神秘主义方法。

为了阐明这一区别，我们可以举例说明：构建一个让太阳围绕地球转的一致性数学模型是完全可能的——这种模型在哥白尼发表《天体运行论》之前已经存在了几个世纪！哥白尼之前的天文学问题并不是数学模型上的不一致，而是事实刚好相反——地球围绕太阳旋转。同样，牛顿和爱因斯坦关于引力的理论在数学上都是一致和精确的，但对于哪一方正确的验证只能由实际测量决定：在1919年，爱丁顿发现恒星的光线受太阳引力吸引而发生偏折，其符合爱因斯坦广义相对论的预测值，而不是牛顿万有引力的预测值。同理可证，检验经济分析正确性的不是数学模型的一致性——我们可以建构许多具有数学一致性的模型——而是对于所发生事实的准确预测。

这些是涉及不同学科的准确类比。中国经济快速增长，要归功于那些经济政策制定者在面对创造经济发展的力量时"实事求是"。在2008年国际金融危机导致的"大衰退"发生后，G7经济体的经济未能重新快速增长的主要原因，不是深陷"新平庸"时代（国际货币基金组织总裁克里斯蒂娜·拉加德戏称）无力自拔，而是他们拒绝正视这些经济事实，西方政策制定者拒绝采用可能会恢复经济大幅增长的政策。这种做法与哥白尼之前的天文学家别无二致：面对伽利略提出的、可证明哥白尼学说的事实，他们宁愿浪费时间试图进一步"细化"太阳如何围绕地球运行的数学模型，而不是正视已经验证的地球围绕太阳旋转的事实。中国与这些天文学家刚好相反，因为它采取了与经济事实相符的政策，因此其经济发展远远胜过西方经济体。

而在西方媒体看来，中国持续了30多年、重塑世界格局的经济成就可能是"意外"——是由"不当的"经济领导层，或"虚假的"经济理论所致，这种观点非常幼稚、可笑，就像把头埋在沙子里、拒绝面对现实的鸵鸟一样。[1]那些推动中国经济改革的决策者不仅在行动上而且在思想上超越了其西方同行。我们将在下面证明这些论述是否会动摇其观点的准确性。

国际金融危机的考验

为了研究近期发生的可以说明中国的经济结构和经济思维优于西方的重要考验（国际金融危机），我们先来比较分析最重要的西方经济体自国际金融危机爆发以来的经济表现。如图 1-1 所示，在金融危机爆发后的 7 年中，中国经济增长了79.9%，而同期的美国只有 8.2%、德国为 5.0%、日本为 0.7%。在此期间，中国经济的年均增长率为 11.4%，相比之下，美国、德国和日本分别为 1.1%、0.7% 和 0.1%。中国的经济增速几乎是美国的 10 倍，与德国和日本相比，这一倍数更大。中国经济在这段时期的出色表现显然是压倒性的。

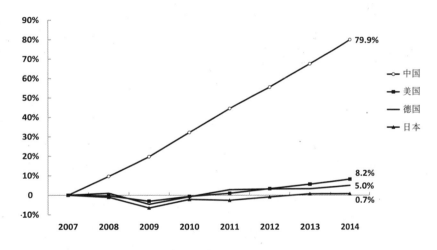

图1-1 自2007年以来中国、美国、德国和日本GDP增长率变化比
以不变价格计算的变化百分比

资料来源：中国的数据源于2014年10月国际货币基金组织发布的《世界经济展望》报告和中国国家统计局；其他国家的数据源于经合组织GDP数据。

长达 36 年的考验

然而，与发生在这场最近 80 年来最严重的经济危机期间的事件同样重要的是，中国（在过去 30 多年中）经受住了一次足以证明其经济政策和经济思维优于西方的重大考验——的确，我们很难再想到一个比这更艰巨的历史考验。

在中国经济改革时期，西方机构提供的绝大多数意见是，中国应该套用西方的政策，包括全面私有化——这一政策被纳入 1989 年后俄罗斯和东欧的国家经济战略，并导致了苏联 1991 年的解体。这类政策被通俗地称为"休克疗法"（可能有些不准确）。但世界银行前首席经济学家兼高级副总裁林毅夫准确地概述了中国采用的方法与大多数西方机构给出的经济建议的对比检验结果：

> 中国的改革始于 1978 年末，强调渐进式和双轨制的方式。其效果明显优于苏联和东欧各国所采用的、由主流经济学理论支持的休克疗法。许多国外学者的普遍看法是，市场经济是最好的，计划经济是不好的，而结合市场和计划经济的双轨制是最差的。主流（西方）理论支持者敦促社会主义国家大胆改革，一步从计划经济跃入市场经济。

但事实和实践的检验才具有决定性。林毅夫在比较中国采用的政策和大多数西方建议的政策后指出：

> （中国的）改革政策从出台的第一天起，便引起国际学术界的普遍怀疑。但是，在此起彼伏的批评声中，中国经济接连创下了一项又一项惊人的成就，创造了中国经济连续 30 多年高速增长的"中国奇迹"。

鉴于中国经济的规模，林毅夫对这种反差的态度显得较为温和。对比中国崛起来反观俄罗斯，在采用西方经济机构力荐的政策后，该国遭遇了自工业革命以来世界大国在和平时期经历的最严重的经济崩溃。自 1991 年苏联解体后，俄罗斯经济总量缩减近 40%；男性的预期寿命减少 6 年，降至 1998 年的 58 岁；而且 2013 年的俄罗斯人口仍比 1991 年时少 460 万。在 1991 年（苏联解体前的最后一年）至 2013 年间，俄罗斯每年的 GDP 增幅只有 1.0%，而同期中国的 GDP 增幅高达

10.2%。在曾为苏联第二大共和国的乌克兰，情况更糟糕。乌克兰 2013 年的 GDP 总量仍比其 1991 年水平低 23%，也就是说，在过去 22 年间，乌克兰的 GDP 净增长为负数。通过分析我们可以发现，坚持走自己道路的中国取得了巨大进步，而听信世界银行和其他西方经济机构意见的俄罗斯则遭受了经济和国家的双重灾难。这是比较中国与西方经济思维后得出的结论。

一枝独秀

中国 30 多年来的出色表现，甚至超出了其在经济改革初期制定的雄心勃勃的经济增长预测——有关提高人民生活水平的社会指标详见第三章。这一突出的成就不仅（或最显著地）体现在单个年度的增长目标上，更重要的是表现在超出了中国经济改革正式启动时设定的总体战略目标。

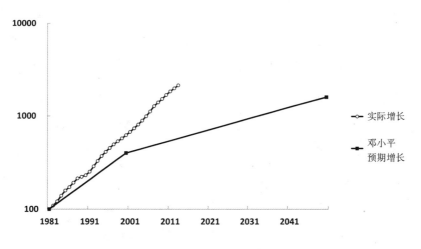

图1-2 中国GDP预期和实际数据对比

邓小平1987年预期增长和实际增长

资料来源：根据世界银行发行的《世界发展指标》和邓小平1987年4月26日发表的重要讲话《坚持社会主义必须摆脱贫穷》数据计算。

为了切实说明这一点，我们通过图 1-2 比较了邓小平对改革开始后的中国经济增长预测，以及中国实际取得的成就。邓小平的第一个预定目标是从 1981 年到 2000 年间，中国的经济规模将增长 400%——实际的经济增长达 623%。第二个目标是从 2000 年到 2050 年间，中国的 GDP 将再增长 400%——即从 1981 年到 2050 年实现 GDP 增长 1600%。事实上，中国 2014 年的经济规模已经较 1981 年增长超过 2200%——邓小平的目标已经提前 38 年实现了！

经济幻想流派

遗憾的是，西方经济学家并没有反思中国的成功，也没有重新审视那些观点，那些有关中国深陷危机的各种预测在现实面前碰壁而被证明是错误的观点，原因在于西方现实中一系列重要的思想被完全忽视。在他们看来，如果事实与他们的理论不符，那么错误的一定是现实。他们构建出的理论或许可以被描述为以中国经济"危在旦夕"或"大幅减速"为主题的经济"幻想文学"。尽管中国屡屡击溃西方鼓吹的经济崩溃或显著放缓的幻想，但还是有人继续臆测，中国"将会"在不久的将来遭受这种厄运——这个"将会"一直在向前推进，却始终没有实现。为了避免让读者纠结于过多的细节，我们在这里只列举了一个"否认经济现实"的案例——愿意参阅这类文献的读者还可以找到许多相关资料。

有关中国经济增长将会大幅减速的"幻想经济学"报道不仅限于各种边缘刊物，甚至也被西方主流经济媒体大肆宣扬。例如，章家敦（美籍华裔律师，以"中国崩溃"论在西方社会走红）曾在 2002 年写了一本名为"中国即将崩溃"的书，他的论点一目了然："五年前中华人民共和国的领袖们还有真正选择的余地，如今却没有了。他们没有出路了。留给他们的时间不多了。"十多年过去了，留给中国领袖们的时间仍然充裕。读者大概会以为此书作者会因为预言的破灭，羞愧地淡出公众视线，但实际上章家敦照旧以"中国问题专家"的身份做客《福布斯》和彭博财经频道等主流媒体。

另一个例子是西方最重要的经济刊物之一——《经济学人》。2002 年 6 月，该杂志专门刊出了一个关于中国的副刊"底气不足的中国龙"——标题不言自明。它对中国的分析如下："中国的经济发展始终依赖着国内引擎的拉动，而这已经力不从心了。过去 5 年里的经济增长主要依赖于政府的巨额支出。因此，政府的债务飞速上升。再加上银行的不良贷款和国家巨大的养老金债务，一场经济危机正在酝酿中。"2002 年的这期《经济学人》以此作结："看来，在未来的 10 年里，中国必将动荡不安。"实际上，在接下来的 10 年里，中国不但没有被卷入危机，还经历了经济的飞速增长，这种增长速度是人类历史上任何一个经济大国都不曾经历过的。

西方深陷"新平庸"

事实比理论更强大。2008 年一场空前的经济危机正式爆发——但是在西方而不是中国，这就是那场席卷全球的国际金融危机。事实已经证明，与西方经济体相比，中国在这场危机中表现得更成功。因此，任何一个以客观态度判断现实的人，都会得出中国采用的方法比西方的更成功，西方国家应该向中国学习的结论，即西方应该转变观念，效仿中国的做法，这样一来，西方国家将获益匪浅。但讽刺的是，虽然西方诸国没有像中国一样更顺利地度过金融危机，但许多西方经济学家仍固执己见，认为中国迫切需要效仿西方！的确，有人坚持，目前中国的当务之急是采取造成苏联 20 世纪 90 年代灾难的理论方法。而他们主张中国采用的理论的确已被 G7 经济体采纳。

历史再次无视他们的夸夸其谈，而是做出实事求是的判断。由于坚持以西方敦促中国采用的方法应对 2008 年金融危机，西方自己深陷美国财政部秘书长拉里·萨默斯所说的"长期停滞"，即经济保持长时间缓慢增长的态势。"长期停滞"的说法比克里斯蒂娜·拉加德的"新平庸"用词少了一些色彩，多了一层技术性含义。我将在第 16 章对这一过程进行详细分析。

中国的成功和西方各国的失败导致 2008 年后出现了历史上短期内最伟大的世界经济力量平衡的变化（和平时期）。继国际金融危机开始后：

- 中国的工业产值超越美国。
- 中国的商品贸易超越美国。
- 中国可供投资的资金超越美国。
- 以购买力平价计算，中国的经济规模超过美国。

西方国家所倡导的应对金融危机的国内政策并没有损害到中国，因为中国拒绝接受，却破坏了西方自身的经济。而其最终的结果是，显著加快了中国经济规模赶超美国的步伐。

颠倒黑白

既然 2007 年后中国的经济增长和西方国家的经济停滞之间的反差巨大，证据不胜枚举，那么西方媒体为何会反复声称中国经济将陷于"深度危机"？在过去 30 多年中，西方媒体一直强调那些令人费解但却始终未能阻止中国经济增长的危机。其实，这反映出他们采用特征分析的方法对中国的局势进行歪曲。

西方媒体根本不了解中国经济发展的实际情况，而是简单地妄加"预测"中国经济深陷危机。一个典型的例子是，《商业周刊》和其他媒体声称，中国在促进经济增长方面的投资效率低下，但事实刚好相反，见第 6 章的分析。然而，如前所述，捏造事实并不是他们歪曲真相最典型的方式。他们惯用的手法是企图通过破坏经济规模或比例的真正量化意义而歪曲现实。这种方式的基础是，在任何情况下都必然包含无限多个因素，这样一来就总能找到一些消极的因素——尤其是对中国而言，虽然中国在经济上取得了诸多成就，但要成为高收入的繁荣经济体仍需近十年的时间。西方媒体先是试图有意或无意地歪曲现实，然后寻找机会破坏经济规模、合理论据或经济比例的真正意义，从而将一个次要的甚至是不重要的事实粉饰成最突出的事实，以达到隐瞒更重要和更具说服力的事实的目的。

举例来说，西方媒体根本没有具体的数字佐证其多次声称的中国的经济增长正在"放缓"。显而易见，如果中国的经济年增速在"新常态"下从 8.0% 放缓至 7.0%—7.5%，这可能如同中国的劳动人口不再扩大一样，并不会构成危机；如果中国的经济增长放慢至 3.0%—4.0%，这无疑会成为一种将从根本上改变其经济增长前景的危机，但这完全是另一回事。从修辞角度利用如"放缓"等术语，而不提供任何有意义的精确数值予以佐证，则是一种典型的歪曲现实的方式。第 7 章分析的一个类似案例即是不合理地量化和毫无根据地声称"中国未富先老"的代表。

经济结构上的差异

任何从事中国和美国经济研究的学者都会立即认识到中国和西方国家，尤其是美国，经济结构之间的明显差异。下面介绍一些关键的宏观经济特征：

- 中国经济在国际贸易开放方面远胜美国。

- 中国的固定投资水平，即占其经济的比重，远高于美国。

- 除了财政和货币政策，中国还可以利用国家直接投资的方式改变其投资水平，而美国则拒绝国家投资，并依赖于宏观经济管理——几乎完全是靠财政和货币政策。

- 为了监管其投资水平，除私营部门外，中国还拥有庞大的国有部门，而美国则没有——美国在意识层面拒绝设立国有部门。

如果有人认为西方经济结构更为优越，鉴于这些差异，那么他必然会得出中国经济存在严重问题以及中国将遭遇严重危机的结论。但是，如我们所见，事实恰恰相反。造成这种局面的原因恰恰是双方在结构上的差异，这些差异解释了中国经济发展如此迅速而西方却没能做到的原因。

总之，中国的经济结构没有问题，有问题的是西方的经济结构。而造成这种问题的原因是许多西方经济学家不能明白，或是为了试图掩盖"中国经济即将崩溃"的言论是由"经济幻想"流派捏造出来的这一事实——而在事实与理论不符时，他们便会用幻想来歪曲事实！在中国的经济发展始终坚持"实事求是"方针的同时，美国则采用了与经济发展事实不符，甚至是违背曾造就其自身崛起的事实的政策和理论。如果中国注重经济现实的做法有助于保持其经济增长，那么美国所坚持的经济幻想则加剧了其经济的相对衰退。

因此，中国经济的快速增长和美国经济的增长放缓，从积极和消极两个方面构成对经济分析和政策的巨大考验。事实上，由于中国和美国是世界上最大的两个经济体，它们能否共同发展也将成为对世界经济理论的最大考验。利用"实事求是"的方法，首先必须阐明需要面对的事实，之后才以理论进行诠释。在这一框架内，我们首先分析中国经济成就的历史意义、实现繁荣的基础，然后再来评估它的社会影响。

02 > "与美国比较"——超越也是一种中国常态

理解中国经济发展真正意义的首要途径是要了解本书序言所述，即中国取得了世界历史上最伟大的经济成就，这其中并没有过度夸张的民族主义情绪，而只是一个客观、可衡量的事实。[2]即便是曾经处于主导优势地位的美国经济的增长，或苏联全盛时期的增长，在规模上也不及中国。正是这种经济发展规模，使得中国实现繁荣成为可能。

受影响的世界人口比重

衡量中国经济成就规模的最简单和最清晰的标准是直接受益的人口数量——由于他们居住在中国境内，因此不仅可以测量其绝对数量，也可以测量它占世界人口的比例。表 2-1 列示了世界上最大的经济体在经济开始持续快速增长时，所影响的人口占全球人口的百分比。[3]

表 2-1 经济步入持续快速增长时期的国家 / 地区的人口占世界人口的百分比

国家 / 地区	年份	占世界人口百分比（％）
英国	1820	2.0
美国	1870	3.2
德国	1870	3.1

续表

国家 / 地区	年份	占世界人口百分比（%）
苏联	1929	8.4[①]
日本	1950	3.3
亚洲"四小龙"	1960	1.4[②]
中国	1978	22.3
印度（估计）	1993 年前后	16.0

注：①为 1920 年（8.3%）和 1940 年（8.5%）数据的平均值。

②为韩国（0.8%）、中国台湾（0.4%）、中国香港（0.1%）和新加坡（0.1%）数据的总和。

资料来源：根据 2010 年麦迪逊指数计算得出。

我就以往的这些实例进行分析如下：

• 第一个经历经济持续快速增长的国家是工业革命时期的英国，当时该国的人口约占世界人口的 2.0%。

• 南北战争之后，美国经济步入持续快速增长时期，当时该国的人口约占世界人口的 3.2%。

• 20 世纪 20 年代末，苏联开始步入快速工业化发展时期，当时该国的人口约占世界人口的 8.4%。[4]

• 日本经济在"二战"后开始快速增长，当时该国的人口约占世界人口的 3.3%。

• "亚洲四小龙"（中国香港、新加坡、韩国和中国台湾）经济快速增长时的总人口仅占世界人口的 1.4%。

还有一些国家也可以纳入比较分析，如意大利（从 1950 年开始快速增长，其人口约占世界人口的 1.9%）或西班牙（从 1960 年开始快速增长，其人口约占世界人口的 1.0%），但分析这些并没有特别的意义。我们可以看到，没有哪个经济体在经济开始持续快速增长时的人口能够与 1978 年开始实施经济改革的中国相比——当时中国的人口占世界人口总量的近 22%。处于经济"腾飞"时期的中国，其人口占世界人口的相对比重是美国或日本经济快速增长时的 7 倍、苏联的近 3 倍。[5]

史无前例的经济增长规模

中国的经济发展规模还可转化为同样巨大且史无前例的相对产值增长数值。以国际可比价格（购买力平价）并扣除通货膨胀因素后计量，除中国外，历史上单一年度的 GDP 最大绝对增长纪录是由美国在 1999 年创下的，当年美国新增产值达 5670 亿美元。日本单一年度内实现的最高产值增长纪录为 2120 亿美元，发生在被外界称为战后经济"奇迹"的时期。而作为"亚洲四小龙"之首的韩国的单一年度 GDP 增长纪录为 900 亿美元。而中国 2010 年新增产值 11260 亿美元[6]，其单一年度 GDP 增长是美国最高纪录的 2 倍多、日本的 5 倍。这再次印证了中国的经济发展规模史无前例。[7]

与美国比较

我们再来看中国与美国的双边比较。根据世界著名经济学家、长期经济增长权威安格斯·麦迪森估算，美国在 19 世纪 70 年代初和 19 世纪 80 年代分别超越英国和中国，成为世界上最大的经济体。

图 2-1 显示了 1870 年以来，中国和美国在经济发展层面的总体趋势。[8]我们以 1950 年，即新中国成立一周年时的主要参数为例，当时美国的经济规模是中国的 6—8 倍。[9]这种差距在 20 世纪 50 年代开始缩小，之后仅在 60 年代初中国"大跃进"受挫后重新扩大。[10]从这一时期到 1978 年经济改革初期，中国再次缩小与美国之间的差距。但从 1978 年开始，两大经济体之间的差距开始迅速缩小，直到中国的 GDP（以购买力平价计算）再次超过美国，这一点我们前面已经说明。[11]

增长率预测

图 2-1 还清晰地表明美国和中国经济发展的对比格局，使得我们能够更为简单地对其各自的经济增长进行短期定性预测。[12]在长达 140 年的时间里，美国经

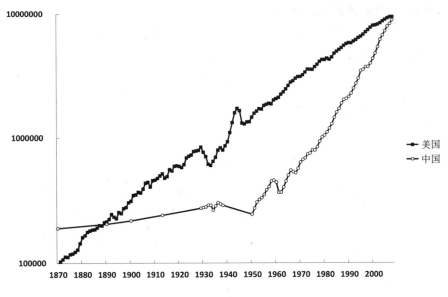

图2-1　中国与美国的GDP比较
1990年国际元

资料来源：麦迪逊《世界人口、GDP与人均GDP》。

济基本保持稳步增长，仅在1929—1950年间出现大的中断，以及近期出现温和减速的趋势。

　　与美国相对持续的发展走势相比，中国在1870—1949年（新中国成立前）的平均经济增长速度极为缓慢，但这之后开始急剧加速。值得一提的是，与某些胡乱的猜测不同，中国的经济在1949—1978年计划经济扩张时期保持了相对快速的增长。但在1949年至经济改革开始的1978年之间，中国经济的平均增长速度因为"大跃进"而显著降低，而且在"文化大革命"期间的增幅也较小。中国经济在1950-1978年的年均增长率为4.9%。[13]相比之下，自1978年经济改革启动后到2014年的这段时间，按世界银行通胀因素调整后的美元数据计算，中国的年均GDP增长率为9.8%，如以世界大型企业联合会购买力平价数据计算，则中国1978—2013年的GDP增长率为8.5%。[14]

　　中国经济能在1978年后大幅缩小与美国的差距，主要得益于中国成功避免了严重的经济倒退和加快潜在经济增长速度两个方面。无论以哪种标准衡量，如果说中国的 GDP 无法超过美国，则意味着中国经济必将在不久的将来发生史无前例的剧烈减速。如果没有这样的"灾难"，中国的 GDP 一定会超过美国——正因如此，许多敌对势力一厢情愿地臆想出形形色色、臭名昭著的"中国即将崩溃"的观点。[15]

中国成功转型：从低收入迈入中等偏上收入经济体之列

我认为，同样重要的是，我们需要既不夸张、也不保守，而是准确、全面地认识到中国经济的快速增长已经改变了它在世界经济中的地位。这种准确的认识对制定经济战略来说至关重要。按照国际分类标准，中国已经完成了从"低"收入经济体到"中等偏上"收入经济体的转变。如同我们接下来的分析所述，中国将在未来十年步入"高收入"行列，实现繁荣富强指日可待。[16]尽管如此，中国的经济规模仍被低估，而对中国在世界经济中真正地位的认识也常常落后于现实，这主要是因为人们普遍使用具有误导性的、未考虑其国家人口的分类方法和国家排名法。正是这种错误的方法使得摩纳哥（一个人口不足 8 万、人均 GDP 高于中国的小国）和拥有 12 亿人口的印度以及拥有近 2.4 亿人口的印尼（两国的人均 GDP 均低于中国）在世界经济中所获得的权重与中国相同。采用这种分析方法的结果是歪曲事实，根本无法阐明中国在世界经济中的真实地位。此外，它还对分析竞争性经济战略具有消极影响。因此，认真评估中国在世界经济中的地位必须要将不同国家的人口因素纳入考虑范围。

中国在世界经济中的地位

下面我来说明中国经济发展的真正规模。在 1978 年中国改革开放之初，只有不到 1% 的世界人口生活在人均 GDP 低于中国的国家 / 地区（按当前美元汇率计算），而约有 74% 的世界人口生活在人均 GDP 高于中国的国家 / 地区。[17]到 2012

年，情况发生了巨大变化：按当前美元汇率计算，只有 29% 的世界人口生活在人均 GDP 高于中国的国家 / 地区，51% 的世界人口生活在人均 GDP 低于中国的国家 / 地区。按购买力平价计算，全球仅有 30% 的人口生活在人均 GDP 高于中国的国家 / 地区，而 50% 的人口则生活在人均 GDP 低于中国的国家 / 地区。[18] 因此，就经济发展水平而言，中国已经步入世界中上水平，只有不到 1/3 的世界人口生活在比中国更为发达的经济体中。

经济发展水平和经济战略

上述基本事实不仅是分析中国在世界经济中实际地位的重要依据，同时也是中国制定经济和竞争战略的重要依据。将当代中国定位为"穷"国是错误的，因为中国已经是一个"中等收入"国家，并且有望在未来 10 年内成为一个"高收入"经济体（按国际分类标准）。中国成为高收入国家意味着，中国将不再实施主要以低工资为基础的经济发展战略——因为届时许多竞争对手国家的工资水平将远远低于中国。特别需要指出的是，中国的人均 GDP 高于亚洲除马来西亚以外所有发展中国家，而且中国的工资水平也表现出类似的趋势。根据《经济学人》杂志统计，中国工厂工人每天的平均工资为 27.50 美元，大大高于印尼的 8.6 美元和越南的 6.70 美元，这意味着，中国制造业的工资水平是印尼的 3 倍、越南的 4 倍。然而，中国的主要竞争优势，至少在未来 10 年中，仍将主要表现在价格 / 价值方面。但中国经济发展迈入新的阶段也意味着，这种价格优势必然越来越多地通过"成本创新"而不是低工资来实现。"成本创新"是指虽然工人工资不断上涨，但可以通过在技术和管理中更多地利用投资和创新来维持价格优势。正是出于这一根本原因，中国必须发展"创新驱动型"经济。我们将在第 8 章和第 9 章分析中国未来 10 年的创新和研发重点。

中国何时超越美国？

抛开中国在全球经济中的整体地位不谈，我们来看中国与美国的双边比较：世界银行的统计数据显示，以购买力平价计算，中国已在 2014 年成为世界上最大的经济体。不过，中国更倾向于以当前汇率计算——这样得出的市场统计数据更准确。以当前汇率计算中国何时将会成为世界上最大的经济体比以购买力平价计算的方式更为复杂，因为它取决于三组变量：

- 中国和美国通货膨胀调整后的真实增长速度。

- 中国和美国的相对通货膨胀率。

- 人民币兑美元汇率。

由于计算更为复杂，所以我们将给出一个估算范围。然而，正如我们将会看到的，这些并不会对中国超越美国这一事件的时间范围产生根本影响——以当前汇率计算，中国将在 10 年内成为世界上最大的经济体。

我们首先利用实际的经济增长数据来对比分析中国和美国。由于受到国际金融危机的冲击，美国近期的经济严重衰退，利用最新的美国经济增长数据显然不合理——在过去 10 年中，美国年均经济增长率为 1.7%，而在国际金融危机爆发后的 6 年间，其增速只略高于 1%。为了获得更真实的数据，并消除短期波动的影响，我们采用美国 GDP 年度增长的 20 年移动平均值——见图 2-2。我们得出的经济增长率是 2.5%（四舍五入到 0.5 个百分点），并利用这一数据进行计算。此外，图 2-2 还表明美国经济具有长期减速的倾向，因此，2.5% 的年增长率假设可能有些乐观。[19]至于通货膨胀，自 2000 年以来，美国的通货膨胀——必须用于此类计算的 GDP 平减指数——平均为 2.1%。将通货膨胀与实际经济增长率相结合，得出美国年均名义 GDP 增长率为 4.7%。鉴于美国经济减速的趋势，这个数字可能会有些乐观。

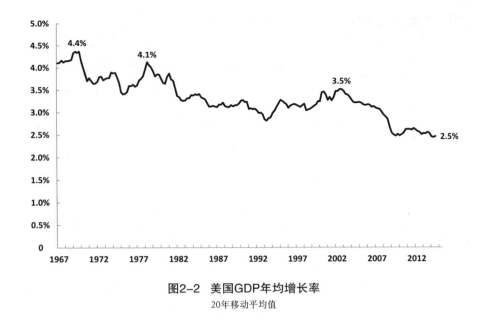

图2-2　美国GDP年均增长率

20年移动平均值

资料来源：根据美国经济分析局NIPA统计表1.1.3计算。

　　如果假设美国名义 GDP 的增长率为 4.7%，那么中国以美元计算的名义 GDP 增长率，也就是中国的实际增长率乘以 GDP 平减指数，再乘以人民币汇率升值的积，将必须低于 10.1%，这样中国才不会在 2025 年成为世界上最大的经济体。需要指出的是，作为一种标准比较，在 1978—2013 年期间，中国名义 GDP 的平均增长率为 12.5%。如果从 1979 年开始，采用 12.5% 的平均值计算，则以当前汇率计算，中国将在 2022 年成为世界上最大的经济体。由此可见，我们必须做出毫无道理的假设，才能得出以当前汇率计算中国不会在未来 10 年成为世界上最大经济体的结论。能够打破这种趋势的唯一因素将是中国经济增长严重减速——我将在本书第四部分分析这类风险。

乐观抑或悲观都不可取，唯有实事求是才是正道

至此，我们应该已经清楚地了解了上述假设的意义所在。它们对中国经济所持的态度既不"乐观"也不"悲观"，而是表明各种必要的定量关系。如果有人认为，中国并没有在 2014 年成为世界上最大的经济体（以购买力平价计算），或者说中国将不会在未来 10 年内成为世界上最大的经济体（以市场汇率计算），那么他就必须给出计算所需的其他数据，说明美国经济增长速度高于 2.5% 的平均水平的原因。然而，在如此严肃的问题上，乐观主义抑或悲观主义都不可取，只有现实主义才是正道。

因此，这些数据恰恰表明，中国经济成就的规模巨大。中国的经济在 70 年内实现重大飞跃：从只有美国经济总量的 1/6 到取而代之。中国目前的人口占世界总人口的比例几乎是美国经济开始快速增长时的 7 倍，是目前美国人口的 4 倍多、欧盟总人口的 2 倍多、拉丁美洲总人口的 2 倍多、欧洲（包括俄罗斯）的近 2 倍，而且比整个非洲大陆的总人口还要多。简而言之，我在这里并无浮夸矫饰，只是阐明事实：中国取得了世界历史上最伟大的经济成就。

03 > 何时成为"高收入经济体"？

正如本书开篇所强调的，虽然中国取得了史无前例的经济增长，但这只是一种实现更全面的人类和国家目标的手段。经济政策的目的不是促进 GDP 增长、投资或者出口，而是要提高人民的生活水平、实现经济体繁荣富强，以及建立健全实现全面"民族复兴"的诸多因素——包括保护本国生存方式不受外部威胁的能力。经济发展只是实现"中国梦"的必要手段。

正因如此，我们必须正确认识那些试图宣称中国的"经济增长奇迹"已被其他领域的负面趋势抵消的言论。这类言论在中国的代表是"历史虚无主义"思潮——认为在 1949—1978 年经济增长加速之前的这段时间，中国在经济方面的成就可以忽略不计，甚至是负面的。类似的说法还有：尽管中国的经济在 1978 年之后快速增长，但这方面的成就已被社会、环境等领域的负面趋势压倒。显然，如果单纯的经济增长，甚至消费方面的增长因社会、环境等领域的严重恶化而抵消，那么真正意义上的"繁荣富强"目标是无法实现的。

然而，事实已经清楚地表明，这些负面言论是完全错误、荒谬的。首先，中国在毛泽东的领导下所取得的社会成就本身已经是人类历史上最伟大的，而由邓小平倡导的中国 1978 年后的经济政策则进一步将其扩大了。因此，"历史虚无主义"的观点荒谬可笑。同样，社会、环境等因素对 1978 年后中国发展的影响远没有达到负面的程度，事实清楚地表明，这些指标对中国的综合影响显著好过单纯从经济发展层面做出的预期。

不言而喻，这类事实并不意味着中国在社会和环境领域没有遇到诸多实际问题。举个简单的例子，中国有些地区经常出现的较差的空气质量已经引起人们的广泛关注。但这些问题正在提醒人们注意，经济发展或人均 GDP 不只是对社会毫无影响的"经济"因素，而是与人们高度期望的社会和人类发展目标，如预期寿命增加、更健康、更多休闲时光和环境保护等，具有强大、正向和密切的关系。考虑到人均 GDP 与其他预期目标的这种相关性，我们不能从经济发展水平层面来抽象地评估中国在社会、环境、文化等各个领域的发展（和其他各国一样），而只能通过与其他处于类似发展水平的国家比较来评估其影响。这些比较研究不仅表明中国的经济增长显著提高了其人民的生活水平——无论是从国内来看还是与其他各国比较，还表明中国经济转型所产生的积极的社会影响甚至比它所取得的经济成就更大，这一点可以衡量和验证。

这些事实直接击溃了对于中国发展的毫无根据的歪曲和臆断，例如中国的消费和生活水平增长缓慢，或是中国的环境等问题已经严重到足以抵消经济领域的增长等。事实上，中国的消费增长速度早已是所有国家中最快的，而客观的实际指标——最具代表性的预期寿命表明，与其他国家相比，中国人的生活质量优于单纯根据其现阶段经济发展所做的预期。这些事实清楚地证明，中国的社会、环境、教育等领域的发展趋势总体平衡，已经领先于其快速的经济增长。根据本书所采用的一般方法，我们首先确定事实，然后分析其发展的原因。

预期寿命和人类福祉

我们首先应该了解的是，1949—1978 年改革之前所取得巨大的社会成就，已是人类历史上由一个大国在类似时期内所取得的最伟大的社会进步——提高数量众多且占世界人口很大比例的人民的生活水平和社会环境，这是以往任何一个国家都未曾做到的。关于这一点，我在前文已作过论述。毫无疑问，这为全面分析改革前的成就提供了决定性的阐释，并针对中国历史中的各种问题提出了正确的看法，同时也让读者了解中国内部发展动力的特征。

判断一个国家社会和环境条件总体影响的最全面的指标是预期平均寿命，因为预期寿命是经济、社会、环境、卫生、教育等发展趋势的正负两个方面综合影响的加总与平衡。因此，预期寿命是比纯粹的人均 GDP 更为充分的社会福祉衡量指标——两者同样重要，虽然人均 GDP 是决定预期寿命的最重要因素。正如诺贝尔经济学奖得主阿马蒂亚·森对于这些变量之间关系的概述：

> 个人收入无疑是决定其生存与死亡，以及更多地，一个人生活质量高低的基本因素。然而，收入仅是影响我们享受生活的诸多变量之一……人均国民生产总值（GDP）可能是表明一个国家实际平均收入的一个良好指标，但人们实际得到的收入还将取决于这个国家收入的分配模式。此外，个人的生活质量不仅取决于其个人收入，同时还取决于各种物理和社会条件……医疗卫生的性质和医疗保险的性质——公共和私人——也是决定一个人生存与死亡的最重要因素。其他社会服务也一样，其中包括基础教育、城市生活秩序和人们所掌握的现代医学知识。因此，还有许多因素没有纳入攸关人们生死存亡的个人收入范围。[20]

我们首先来比较中国与另一个巨大的发展中经济体——印度的预期寿命趋势，如图 3-1 所示。1947 年，印度取得独立，当时该国人口的预期寿命为 32 岁。中国人在 1949 年新中国成立时的预期寿命为 35 岁——比印度高出 3 岁。到了 1978 年，中国改革开放前的最后一年，中国人的预期寿命为 67 岁，印度为 55 岁——差距扩大到 12 岁。差距明显加大并不是因为印度的表现糟糕——预期寿命在 32 年中增长了 22 岁（如图 3-1 所示），而是因为中国的表现极为出色——预期寿命在 29 年中提高了 32 岁。这意味着，在改革开放前，中国人的预期寿命每年增加 1 岁多——年均增幅高达 2.3%。

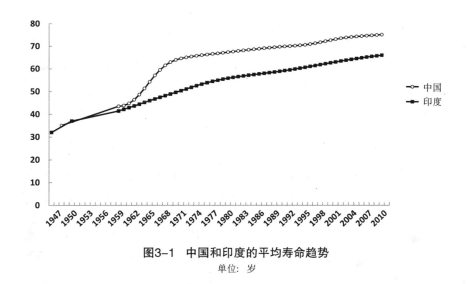

图3-1 中国和印度的平均寿命趋势
单位: 岁

资料来源: 中国1949年，Bergaglio《中国人口增长》；印度1947与1951年，Kuruganti《印度独立后的医疗卫生成就》；1960—2011年世界银行《世界发展指标》。

通过比较，我们能更好地了解这一成就的真正规模。需要指出的是，与人类历史上的其他主要国家相比，中国在 1949 年后的 30 年中的预期寿命增长率是最快的。我们可以举例说明如下：

● 在 1880 年后的 30 年中，美国人口预期寿命年均增幅为 0.9%（主要是受内战后经济恢复的推动，在一段时间内出现急剧增长）。[21]

● 在 1871 年后，英国的人口预期寿命出现了一段快速增长时期，其每年增幅不到 1.0%。[22]

● 日本人口预期寿命的增长较为显著，而且是在"二战"后经济恢复中实现快速增长的国家，在 1947 年后的 29 年中，人口预期寿命的年均增幅为 1.3%。[23]

而中国在 1949—1978 年所取得的 2.3% 的人口预期寿命增幅远高于这些国家按照正常标准计算得出的结果，它的表现是前所未见的出色。

预期寿命何时开始提高?

预期寿命大幅提高的这段时期引起了人们的高度关注,同时,人们也开始针对中国历史的发展问题进行激烈的辩论,并清楚地证明"历史虚无主义"的虚假性。20 世纪 50 年代,中国取得了令人瞩目的进步——每年的平均预期寿命增长略高于9 个月。印度在此期间的表现可以与中国媲美:1947—1960 年之间,每年的平均预期寿命增长略低于 9 个月。印度的这一增长势头一直持续到 1978 年,这段时期的年均预期寿命提高略低于 9 个月。相比之下,20 世纪 50 年代之后,中国人的预期寿命开始以极快的速度提升。在 1960—1970 年间,中国每年的预期寿命增长高达1 岁 9 个月。1960—1978 年,中国每年的平均预期寿命增幅为 1 岁 3 个月。

1949—1978 年间的这一惊人的社会成就不会否定这一时期所取得的经济发展成就,与有关"大跃进"和"文化大革命"的政治判断也不相抵触。但它清楚地表明,我们可以直言不讳地说,那些试图全面否定中国 1978 年之前社会成就的观点,如"历史虚无主义",以及西方出版的一系列企图将改革前的中国视为一场社会灾难的书籍的观点,是在公然篡改历史。从 1949 年新中国成立至毛泽东去世(1976 年)的这 27 年间,中国人的预期寿命增加了 31 岁,也就是说每年增加超过 1 岁。相比之下,在印度取得独立 27 年后,印度人的预期寿命只增加了 19 岁。因此,中国这一时期的发展成就非但不是负面的,而是历史上最伟大的社会成就之一。

由此也可以更全面地了解毛泽东在中国得到人民广泛支持的原因——抛开诸如取得真正的民族独立等问题,而只是从生存这一事实来考虑。如果有人能够让你多活 31 年,那么毫无疑问,他值得你尊重!

与随意篡改历史的那些人不同,邓小平——他与他的家人在"文革"期间受到严重迫害——对毛泽东的评价非常客观,他坚决反对断章取义、以偏概全,而是着眼于这段时期的整体发展轨迹——证明中国取得了巨大进步。毫无疑问,忠于历史意味着,我们需要明确指出,中国在 1978 年以后所取得的经济增长极为罕见,但我们不应低估改革前所取得的惊人的社会成就。习近平非常准确地评述了中国1949年后的这两个发展时期：

> 这是两个相互联系又有重大区别的时期，但本质上都是我们党领导人民进行社会主义建设的实践探索。中国特色社会主义是在改革开放历史新时期开创的，但也是在新中国已经建立起社会主义基本制度、并进行20多年建设的基础上开创的。虽然这两个历史时期在进行社会主义建设的思想指导、方针政策、实际工作上有很大差别，但两者绝不是彼此割裂的，更不是根本对立的。不能用改革开放后的历史时期否定改革开放前的历史时期，也不能用改革开放前的历史时期否定改革开放后的历史时期。[24]

中国的生活水平提高速度居世界之首

现在我们来分析1978年后的中国社会经济发展情况。首先来看GDP增长对中国的居民生活水平的最直接影响：人们的商品和服务消费能力不断提高。虽然消费并不是衡量生活水平的唯一决定因素，却是至关重要的因素。表3-1列出了主要经济体——G8集团和金砖四国的消费增长速度。其中，居民消费和总消费（不仅包括居民消费，还包括国家财政在决定生活质量的关键因素，如医疗和教育等方面的支出）都在增加。选择这些主要经济体——而不是加勒比地区相对较小的国家——是考虑到中国的规模，这样比较更为合理。此外，与规模较小的经济体比较也不会使得结果出现任何变化，因为中国仍将是世界上居民和总消费量增长速度最快的国家。

表3-1的比较基期是从中国1978年的改革之初到2012年——所有国家现有的最新年度总消费数据。然而，由于未能获得俄罗斯1990年之前的数据，因此只列示出该国1990—2012年之间的比较结果。

表 3-1 G8 集团和金砖四国居民消费及总消费年均增长率

以 2005 年通胀调整后美元计算

	居民消费年均增长率（%）		总消费年均增长率（%）	
	1978—2012 年	1990—2012 年	1978—2012 年	1990—2012 年
中国	7.7	8.1	7.9	8.5
印度	5.3	5.9	5.4	5.9
俄罗斯	无	4.1	无	3.2
巴西	3.2	3.7	3.2	3.3
美国	3.0	2.9	2.7	2.6
加拿大	2.7	2.8	2.4	2.5
英国	2.8	2.4	2.4	2.3
法国	1.8	1.5	1.9	1.6
德国	1.6	1.2	1.5	1.3
日本	2.1	1.1	2.3	1.4
意大利	1.7	0.8	1.6	0.8

资料来源：根据世界银行《世界发展指标》计算。

　　表3-1所示的比较趋势一目了然。在1978—2012年和1990—2012年两个时期，中国总消费的年均增幅分别为7.9%和8.5%，居民消费增幅分别为7.7%和8.1%。中国轻松击败其他国家，成为世界上居民和总消费增长率最高的国家。

　　我再来看看同期的其他国家的增长情况：

　　●印度这两个时期的总消费和居民消费年增长率仅次于中国，位列第二，分别为5.4%和5.9%，以及5.3%和5.9%。

　　●美国这两个时期的总消费年增长率分别为2.7%和2.6%，居民消费年均增长率同样也是3.0%和2.9%。因此，中国的消费增长速度几乎是美国的三倍。

　　●由于我们是对中国和俄罗斯的经济改革之路进行说明性的比较——后者实行完全私有化的政策，因此这里需要指出，俄罗斯1990—2012年间居民消费增长率只有4.1%，与中国的8.1%相差甚远，而俄罗斯3.2%的总消费增长更是不能与中国的 8.5% 相提并论。

既然中国是世界上消费增长最快的国家，为何还会不时出现有关中国在促进消费方面力度不够的完全错误的言论？这种言论存在着混淆中国消费增长率（排名世界第一）与消费占 GDP 比重（比较低）的基本经济层面的错误。然而，实际影响居民生活水平的是居民真实的消费增长速度，而不是消费占 GDP 的比重。为了证明这一点，我们只需要举个简单的例子：在刚果民主共和国，消费占 GDP 的比例高达 89%，远远高于中国，但从现有数据来看，它是世界上最贫穷的国家。因此，只有疯子才会选择用中国 8.5% 的消费增长速度交换刚果民主共和国的生活水平，而理由只是后者的消费占 GDP 的比重更高！

消除贫困

上面我们列举的数字是消费层面的平均变化。然而，从人类福祉角度来看，在所有关于中国的统计数据中，令人印象最深的或许是它在减少贫困人口方面的贡献——这不仅限于其境内，而且对世界贫困人口的减少也具有深远影响。事实表明，中国在减少全球生活在绝对贫困中人口的整体数量这一工作中一直发挥着重要作用。柯成兴教授 2010 年已在其著作中对这一点给予充分肯定。[25] 这一事实清楚地表明，虽然中国的贫富差距过大（已被政府承认）并且到了需要加以纠正的程度，但任何关于中国的经济发展只惠及顶层的那部分人的说法是完全错误的。从国际角度来看，中国在改善社会底层民众的生活及其福利方面的成就举世瞩目。

为了说明这一点，我们在表 3-2 中列举了中国和世界上生活支出低于两类标准的人口数量。世界银行利用两个标准衡量人口的贫困程度：每天支出低于 1.25 美元（37.5 美元／月）的属于极端贫困人口，每天支出为 2.00 美元（60 美元／月）的属于贫困人口。

表 3-2　世界贫困人口数量

年份　　国家\地区	1981 年	2008 年	2010* 年	1981—2008 年变化	1981—2010* 年变化
每天生活支出低于 2.00 美元的人口数量（单位：百万）					
中国	972	395	362	−577	−610
东亚地区（不含中国）	302	249	无	−53	无
拉丁美洲地区	84	69	59	−15	−25
东欧地区	19	6	6	−13	−13
中东与北非地区	52	44	40	−8	−12
撒哈拉以南的非洲地区	284	580	603	296	319
南亚地区	807	1,109	1,072	302	265
总计	2520	2452	无	−68	无
总计（不含中国）	1548	2057	无	509	无
每天生活支出低于 1.25 美元的人口数量（单位：百万）					
中国	835	173	157	−662	−678
东亚地区（不含中国）	229	105	无	−124	无
拉丁美洲地区	42	36	31	−6	−11
东欧地区	4	1	2	−3	−2
中东与北非地区	17	9	8	−8	−9
撒哈拉以南的非洲地区	202	563	418	361	216
南亚地区	566	402	499	−164	−67
总计	1895	1289	无	−606	无
合计（不含中国）	1060	1116	无	56	无

＊：中国为 2009 年数据。

资料来源：根据世界银行《世界发展指标》计算。

　　世界银行统计数据显示，1981 年，中国每天生活支出低于 1.25 美元的人口共有 8.35 亿人。到 2008 年，这一数字减少到 1.73 亿，而 2009 年进一步下降至 1.57 亿。因此，在截至 2008 年的 27 年中，共有 6.62 亿中国人摆脱了极端贫困；而到了 2009 年，这一数字提高至 6.78 亿。与此形成鲜明对比的是，在 1981—2008 年期间，除中国以外的世界其他地区的极端贫困人口数量增加了 5000 万。[26] 因此，中国对减少世界极端贫困人口的贡献是 100%。

在分析那些每天生活支出只有 2 美元的贫困人口时，可以发现中国的数字仍然非常小，而且走势更为明显。数据显示，每天生活支出等于或低于 2 美元的中国人口数量从 1981 年的 9.72 亿下降至 2008 年的 3.95 亿，并在 2009 年进一步减少至 3.62 亿，即到 2008 年和 2009 年分别减少 5.77 亿和 6.1 亿。反观除中国外的世界其他地区，生活在这一贫困水平中的人口总数从 1981 年的 15.48 亿增加到 2008 年的 20.57 亿，总量增加了 5.09 亿。可见，中国对世界上这一贫困水平人口总量的整体减少也做出了极大的贡献。

减贫的间接影响

考虑到这些收入、消费和生活水平层面的趋势，我们可以毫不夸张地说，中国的经济成就不仅对本国人民做出了重要贡献，同时也为全人类的福祉做出了巨大贡献。而且显而易见，它对人类福祉的巨大影响不仅表现在直接提高个人收入和支出上，还表现在对人类福利改善的间接影响上。事实上，这些间接因素与直接提高消费的因素具有同样重要的意义。正如阿马蒂亚·森所指出的：

> 预期寿命与人均 GNP 具有显著的正相关关系，但……这种关系主要通过 GNP 对两个方面的影响发挥作用：（1）收入，特别是贫困人口的收入；（2）公共支出，特别是在公共医疗方面的支出。事实上，一旦这两个变量都被纳入统计关系，那么 GNP 与预期寿命之间的关联就会完全消失。当然，这并不意味着预期寿命不会因人均 GNP 增长而提高，但它确实表明这种关联通过公共医疗卫生支出和消除贫困而发挥作用。[27]

我们可以通过简单的实例——再次与另一个最大的发展中国家印度比较——来揭示它可能对中国产生的影响。

- 中国每千人的护士和助产士以及医生的数量分别高出印度 66% 和 160%。

- 世界银行最新数据显示，中国 15—24 岁的女性的识字率为 99%，印度为 74%。

- 中国每千例活产婴儿的死亡率为 12%，印度则为 44%。

显然，这些事实对社会条件的显著改善起到了极大的说明作用。

预期寿命和 GDP 的关系

很显然，中国的消费能力提升，主要体现在食品质量、住房、节假日、电话、汽车、家具、医疗服务等方面，这些因素也是决定中国居民生活水平并奠定中国经济繁荣基础的关键因素。中国在智能手机、汽车、互联网用户、出国旅游等方面快速增长的数字也反映出这一点。然而，如前所述，仍有一些人不时声称中国消费的大幅增长被其他因素抵消，包括医疗卫生条件薄弱、环境恶化等。实证分析表明，事实恰好相反。有关社会状况、医疗卫生、环境、教育等影响的数据表明，中国居民的预期寿命高于单纯从经济发展角度考虑而计算出的预期寿命。我这样说并不是意图再次否定负面因素的存在，这一点毋庸置疑，而是要指出负面因素的影响显然已被正面的趋势压倒。

我们可以对这一事实进行客观验证。如前所述，预期寿命是反映总体生活环境最敏感的指标。在前面我比较了中国与世界上第二大发展中国家印度在 1949—1978 年间人均预期寿命的情况。我们没有能够用来对比所有国家 1949 年人均预期寿命的综合比较数据，但对于 1978 年之后的时期，我们可以与大多数国家进行系统性比较。

为了提供一个整体框架，我通过图 3-2 清楚地证明：在全球范围内，人均预期寿命的高低主要是由一国人均 GDP 的直接影响和间接影响决定，也就是说经济

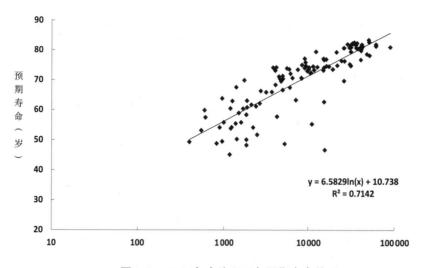

图3-2 2011年人均GDP与预期寿命关系

人均GDP（以当前购买力平价表示）—对数图尺

资料来源：根据世界银行《世界发展指标》计算，所有117个国家/地区1960—2011年的全部年度数据。

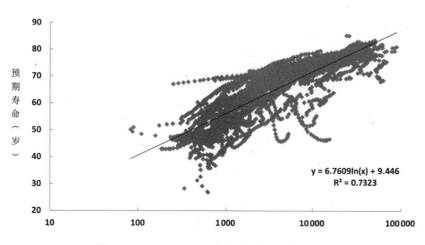

图3-3 1980—2011年间人均GDP与预期寿命关系

人均GDP（以当前购买力平价表示）—对数图尺

资料来源：根据世界银行《世界发展指标》计算，所有记载1980到2011年间数据的国家。

繁荣能让你活得更长久！它表明了 2011 年（能够提供综合性国际数据的最近年度）人均 GDP 与人均预期寿命的相关性，其中涵盖了 117 个国家／地区在 2011 年的全部年度记录——这些国家的人口总和占世界人口的绝大多数。如图 3-2 所示，人均 GDP 差异对预期寿命差异的影响率达 71%。

为了利用最全面的数据来探讨这种相关性，图 3-3 给出了 1980—2011 年间、每个国家／地区、每个年度的人均 GDP 与预期寿命之间的关系（世界银行在 2011年公布了最新一期比较统计数据）。结果显示，人均 GDP 对不同国家之间预期寿命差异的影响率达 73%。总之，人均 GDP 是决定预期寿命的一个关键因素。

除 GDP 之外的其他影响预期寿命的因素

从以上数据中可以清楚地看到，预期寿命随着人均 GDP 的增加而快速提高——从国际上来看，人均 GDP 翻一番，男性和女性的平均预期寿命分别增加4 岁 6 个月和 5 岁。这表明，认为 GDP 增长只是一个累积钢铁或化学品（如有时提出的）的简单问题的观点存在根本性错误。相反，GDP 的增加将对社会和个人产生重大影响，即人均 GDP 提高所产生的社会影响不是"中性"的，而是高度正面的。因此，戴维·皮林在《金融时报》中针对中国做出了准确的评价，他指出："预期寿命从 1949 年的 35 岁提高至今天的 75 岁，增幅超过一倍，这是一个奇迹般的成就。"（2013 年）

然而，尽管不同国家之间近 3/4 的预期寿命差异可以归结为人均 GDP 的不同，仍有略高于 1/4 的差异是由其他因素决定的，这再次表明预期寿命是整个社会福祉的一个敏感指标。决定这些差异的是除量化的、占主导地位的人均 GDP 之外其他因素的正面或负面的影响，其中包括环境、医疗卫生、教育等。

按照国际平均水平，2011 年，中国人的预期寿命应是 70 岁（基于其人均GDP 计算），但世界银行的数据显示实为 73 岁。相较而言，美国人的预期寿命预计应是 81 岁，但实际数字是 79 岁。这表示，中国人的寿命高于根据其经济发展水平做出的预期 3 岁，而美国人的寿命则低于根据其经济发展水平做出的预期 2 岁。这些数据清楚地表明，对预期寿命来说，医疗服务、环境、教育等因素的影响并不是负面的，而是正面的；但在美国，这些则是导致预期寿命减少的负面因素。

中国的预期寿命所表明的社会环境

一项更全面的研究证实了这些关键趋势。由于比较一个国家的经济发展水平与其预期寿命相对简单，只需比较一个国家的人均 GDP 世界排名与其预期寿命排名即可，从中即可看出，除人均 GDP 以外的其他因素是否会影响完全根据其经济发展水平预期一国居民的寿命。[28]

表 3-3 列出了主要经济体——G7 和金砖四国的人均 GDP 排名和预期寿命排名。这 11 个国家被细分为 7 个主要发达经济体和 4 个主要发展中经济体。我们可以看出，中国的人均 GDP 排名为 86 位，而预期寿命排名则为 75 位，即中国人的预期寿命高出根据经济发展水平预期的排名 11 个位次。

表 3-3　G7 与金砖国家 2011 年人均 GDP 与预期寿命排名

国家	人均 GDP 排名	预期寿命排名	预期寿命排名与人均 GDP 排名比较
发展中经济体			
中国	86	75	+11
巴西	68	78	−10
俄罗斯	44	104	−60
印度	116	119	−3
发达经济体			
日本	25	3	+22
意大利	26	6	+20
法国	24	12	+12
加拿大	17	18	−1

续表

国家	人均 GDP 排名	预期寿命排名	预期寿命排名与人均 GDP 排名比较
英国	23	21	+2
德国	19	23	−4
美国	11	34	−23

资料来源：根据世界银行《世界发展指标》计算。

我们首先来看发达经济体：

- 加拿大、英国和德国的预期寿命接近根据人均 GDP 预期的水平。

- 法国、日本和意大利的预期寿命都显著高于根据人均 GDP 预期的水平。

最明显的负面数据来自美国。美国人的预期寿命明显低于根据其经济发展预期的水平。美国是所有主要发达经济体中人均 GDP 最高但预期寿命最低的国家——日本的预期寿命为 83 岁、意大利和法国为 82 岁、英国和德国为 81 岁、加拿大 80 岁，美国只有 79 岁。显然，其他主要发达国家的居民要比美国人更长寿。美国人的预期寿命排名低于单纯根据其人均 GDP 预期的水平 23 个位次。因此，除人均 GDP 外，诸如医疗卫生服务、环境、教育等因素对美国人的预期寿命有着显著的负面影响。

中国和金砖国家

如果说美国人的预期寿命要比其他主要发达国家低得多，而中国的情况恰好相反。在金砖四国经济体中，中国人的预期寿命最长，虽然它的人均 GDP 并不是最高的。印度、俄罗斯、巴西和中国的预期寿命分别为 66 岁、69 岁、73 岁 5 个月和 73 岁 6 个月，尽管巴西的人均 GDP 比中国的高出 29%，而俄罗斯的人均 GDP 是中国的两倍以上。再回过头来看中国与美国的双边比较，我们就会发现，中国的医疗卫生服务、环境、教育等因素不仅没有拖累社会大环境，而是助推了社会大环境，因而使实际预期寿命要高于单纯根据人均 GDP 测算的寿命水平。

这些数据为有关中国经济和社会环境的讨论提供了有力证据。由于中国人的寿命显著高于根据经济发展预期的水平，任何声称中国在 GDP 或消费领域的快速增长（就人民生活水平不断提高而言）正被医疗卫生、环保等方面的负面因素抵消的观点都是错误的，因为事实刚好相反，这些因素的正平衡影响明显压倒负平衡的影响。这足以证明中国的环境、医疗卫生以及影响生活质量的其他因素都是有益的，对于人均预期寿命具有提升作用。

当然，这些数据不能作为我们自鸣得意的理由。我们这里分析的是经济增长速度和相对经济发展的地位，而不是绝对水平。世界银行数据显示，中国人的预期寿命（73.5 岁）仍然明显低于美国（78.6 岁），更不用说与意大利（82.1 岁）和日本（82.6 岁）的差距。因此，在达到发达经济体的最高水平之前，中国仍需经过一段漫长的经济发展时期。更准确地说，中国人如果想要在未来继续提高作为生活质量关键指标的预期寿命，必须做到两件事：

●中国的 GDP 必须继续增长——它将对预期寿命增加做出近 3/4 的贡献。

●中国必须保持并尽可能进一步提高那些正面因素水平——它们使得中国人的预期寿命高于根据其经济发展水平预期的寿命水平。

由于长寿必将是大多数人"中国梦"的一部分，因此在制定经济政策的讨论中认真内化这些事实非常重要——这确实是一个事关"生死"的大问题！

GDP 增长和人民生活水平提高

中国近期讨论的关于经济政策的目标，即经济政策的目标应该是提高人民的生活水平，而不是 GDP 增长。这一点是正确的，但其表述会产生误解，因为它忽略了提高人均 GDP 对社会的贡献。中国极左思潮曾大力倡导"繁荣可以通过平均分配稀缺资源实现"的错误观点。[29]然而，目前出现了一种新的极右倾向，认为中国实现生活水平的提高不需要高的 GDP 增长。

我可以简单阐明这种说法的错误之处。图 3-4 表明所有国家 1978—2011 年间的 GDP 增长与总消费增长之间的相关性（为世界银行发布的大多数国家的最新统计数据）。由此可以计算出，GDP 增长对消费增长的贡献为 81%，二者的相关性为 0.86，这意味着关系非常密切。简而言之，没有哪些因素对消费增长的影响像 GDP 增长这样大。中国居民的生活水平提高只能通过高速经济增长来实现。

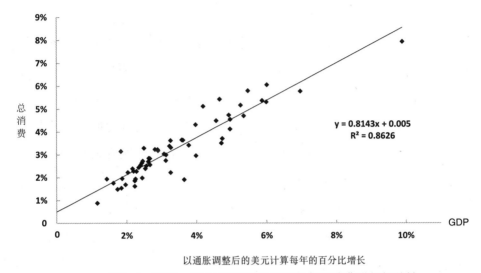

图3-4　1978—2011年间的GDP增长与总消费增长相关性

资料来源：根据世界银行《世界发展指标》计算。

我们也可以通过中国与美国的双边比较来说明 GDP 的影响。尽管中国的经济快速增长，但美国的人均 GDP 即便是以购买力平价衡量，仍是中国 4 倍以上。为了简化比较，我们假定美国和中国都不进行投资，并将中国目前的 GDP 平均分配给每个人，结果是，中国的人均消费量不到美国的 1/4。那些对现有生活水平（不到美国 1/4）感到满足的人根本不知道"繁荣"真正的内涵。

考虑到 GDP 增长和消费之间极为密切的关系，以及人均 GDP 对预期寿命的重要影响，而同时中国的长期经济发展目标是提高生活水平，使其达到或超过世界最高水平，因此为了实现这个目标，中国必须保持已经持续了 30 多年的 GDP

高速增长。尽管 GDP 高速增长并不是经济政策的目标，但它是实现人民生活水平最大可持续增长率和民族复兴的前提条件。换句话说，决策者们必须清楚地认识到，没有 GDP 增长就不可能实现生活水平的提高。

中国何时会成为高收入经济体？

最后，我们来看看未来的发展趋势。如果说中国已经实现了从贫困向中等收入国家的转变（根据国际标准分类），那么还需要多久才能转变成高收入经济体，即实现繁荣（按照全球标准）？其实这也很容易计算，如果推行的政策无误，那么实现这一目标指日可待——预计需要 10 年或更短的时间。

2012 年世界银行给出的高收入经济体的正式定义是：以当前汇率计算，人均国民总收入（GNI）超过 12616 美元的经济体。[30] 而利用世界银行进行此类排名的专门方法计算的中国的最新可比数据显示，中国 2011 年的人均国民总收入为 4,900 美元。[31] 假设世界银行会根据中国的通货膨胀提高高收入经济体的定义标准，并采用前面所述的经济增长假设，那么按照国际标准，中国将在 2021 年跻身高收入经济体之列。根据本书所采用的保守但合理的假设方法，可以说，中国能够在 10 年之内步入高收入经济体之列。

这一成就不仅会对中国，而且会对世界产生全局性的变革影响。目前高收入经济体的人口约占世界人口总量的 21.7%，而中国拥有 19.2% 的世界人口，中国的人口总量几乎是目前所有高收入国家的人口总和。因此，中国成为高收入经济体意味着全球生活在高收入国家／地区的人口数量将立刻增加近一倍。这不仅是实现"中国梦"的一个里程碑，同时也是对为何"中国梦"必将改变全球秩序的进一步说明。

综上所述，通过实施正确的政策，中国实现繁荣指日可待。但如何才能实现这一目标，以及那些敌视中华民族复兴和中国繁荣富强的势力会试图设置哪些障碍？这是本书后续部分将要探讨的主题。

【注释】

〔1〕各种流派的实例不胜枚举。近期的实例包括芬比（2014 年）和佩蒂斯（2013 年）发表的《中国艰难的 2013 年》。

〔2〕但是，在我们提及经济规模时，通常是以两个国家之间经济的相对百分比增长率来衡量的，这在很大程度上掩盖了事实。

〔3〕当然，这是根据相关标准来衡量相关时期经济的快速增长的。

〔4〕我们能够通过以下事实清楚地了解苏联的国际影响，包括对中国的影响：那时，苏联的工业化对世界人口比例的影响是有史以来最大的。直接受到苏联工业化影响的世界人口比例是美国经济快速增长时期的近 3 倍。

〔5〕只有印度维持自 20 世纪 80 年代末 /90 年代初开始的快速经济增长——该国人口占世界人口总量的 16%，它才能够在对世界人口影响的规模上和生活水平上与中国相媲美，但令人遗憾的是，到目前为止，印度经济快速增长的长期可持续性仍然需要时间的检验证明。希望这一问题不久会得到解决。

〔6〕根据世界大型企业联合会 2013 年计算得出，以 EKS 购买力平价计算。

〔7〕在其他决定经济发展指标方面所取得的成绩同样引人注目。以不变价格的购买力平价计算，中国 1990—2010 年期间的贡献率为 57.1%，这占世界固定投资增长的绝大部分。2000—2010 年间，这一比例达到 63.9%。（于明姜《经济增长动力：对亚洲经济政策的比较分析》，2013 年，第 99—100 页）

〔8〕麦迪逊 1990 年以国际元进行了计算——在 1990 年与美元具有相同购买力的假设通货单位。计算增率时必然在不变价格的条件下计算，这一点使得中国 1990 年后的 GDP 的百分比影响高于以当前价格衡量的美国的影响。按当前价格估算的中国 GDP 规模见附录 1。然而，中国和美国经济的基本趋势和比较增长率并不会改变。

〔9〕麦迪逊 2010 年计算美国的经济规模是中国的 6 倍。世界大型企业联合会的计算结果是 8 倍（世界大型企业联合会，2014 年）。对于中国经济估算存在很大差异。但是，就目前而言，这两个数据都有自己的依据。

〔10〕薛暮桥通过以下方式对"大跃进"给中国造成的损失进行了估算："在 1958—1960 年的国民经济'大跃进'时期，重工业过度发展。工人人数从 2450 万飙升至 5000 万。相比之下，农业劳动者的人数减少了 2300 万……由于农业生产急剧下降，而其他经济部门的增长不成比例，中国在 1959—1961 年曾遭遇到'三年困难时期'……国民经济从 1963 年开始改善，并在 1965 年全面恢复活力。我国国民经济遭受到这个巨大打击是对我们勇气的严峻的考验。"（《薛暮桥文集》，2011 年，第 16 页）

〔11〕2011 年世界银行数据，以购买力平价计算。

〔12〕需要强调的是，这是指短期时间范围内，即使在这种情况下至少需要五年时间。对于中期或长期趋势，它并不适用。在这期间经济结构上的重要变化可能会改变增长速度。

〔13〕根据麦迪逊（2010 年）和世界大型企业联合会（2014 年）数据。

〔14〕世界银行世界发展指标数据以 2005 年不变价格给出（以美元计算）。世界大型企业联合会的数据以 1990 年国际元给出（世界大型企业联合会，2014 年）。麦迪逊于 2010 年去世，因此，他未提供近期数据。

〔15〕许多敌视中国的人一厢情愿地臆想出形形色色、臭名昭著的"中国即将崩溃"的观点。

〔16〕2013 年世界银行用于国家分类的官方标准是：低收入——国民总收入（GNI）低于 1035 美元，中等偏下收入——国民总收入介于 1036—4085 美元，高收入为国民总收入大于 12616 美元。GNI 根据世界地图集方法计算。有关详细说明，请参阅 http://data.worldbank.org/about/country-classifications/world-bank-atlas-method。

〔17〕世界银行 1978 年的购买力平价数据未提供，因而采用 1980 年数据——世界银行以购买力平价进行衡量的首个年度，当时仍有不到 1% 的世界人口生活在人均 GDP 低于中国的国家／地区，74% 的生活在人均 GDP 高于中国的国家／地区。

〔18〕这表明，当前汇率对购买力平价的偏离程度与大多数发展中国家平均水平相近。因此，比较中国的购买力平价与其当前的汇率，试图声称将人民币进行重估的理由是不合理的。中国当前的市场汇率与其购买力平价汇率的偏差程度与发展中经济体的平均水平大致相同。

〔19〕对此进行详细分析的人士如安德鲁·史密瑟斯，在其 2015 年《金融时报》的博客得出的结论认为，美国的趋势增长率可能会低达每年 1.5%—1.6% 的水平。

〔20〕阿马蒂亚·森，1998 年，第 6 页。

〔21〕计算数据源于 http://mappinghistory.uoregon.edu/english/US/US39-01.html。

〔22〕计算数据基于长寿科学顾问小组关于"预期寿命：英格兰和威尔士人口按性别划分的过去和未来的变化"的调查，伦敦，2012 年。

〔23〕计算数据源于 http://www.mortality.org/。

〔24〕习近平《习近平谈治国理政》之《毫不动摇坚持和发展中国特色社会主义》，2014 年，第 22 页。

〔25〕"在过去的 30 年间，仅中国一国摆脱极端贫困的人口就比世界其他地区的总和还要多。事实上，中国在 1981—2005 年间共减少贫困人口（1 美元／天）6.27 亿，超过同期全球经济上的极端贫困人口减少总量（从 19 亿降至 14 亿）。"（Quah，2010 年）

〔26〕摆脱贫困的人口数量低于人口增长数量，这主要是受生活在撒哈拉以南非洲地区的极端贫困人口数量的增加。

〔27〕阿马蒂亚·森，1998 年，第 9 页。

〔28〕例如，根据连续的资料记录，我们以 1960 年的国家为例。最新的数据表明，赞比亚的人均 GDP 在世界上排名第 99 位，但预期寿命则排在第 111 位——人们的预期寿命低于根据其经济发展水平的预期。再来看西班牙，它的人均 GDP 排名第 24 位，但预期寿命排在第 5 位，表明该国人们的寿命明显高于根据其经济发展水平的预期。这种差异表明，医疗卫生、环境等因素对根据经济发展整体水平预期的寿命的影响在西班牙是正面的，而在赞比亚则是负面的。

〔29〕邓小平已经就这一点谈过多次。例如，邓小平曾在 1979 年指出："我们革命的目的就是解放生产力，发展生产力，离开了生产力的发展、国家的富强、人民生活的改善，革命就是空的。我们反对旧社会、旧制度，就是因为它是压迫人民的，是束缚社会生产力发展的。这个问题现在是比较清楚了。过去'四人帮'提出宁要贫穷的社会主义，也不要富裕的资本主义，那是荒谬的。当然我们不要资本主义，但是我们也不要贫穷的社会主义，我们要发达的、生产力发展的、使国家富强的社会主义。我们相信社会主义比资本主义的制度优越。它的优越性应该表现在比资本主义有更好的条件发展社会生产力。"（邓小平《社会主义也可以搞市场经济》，1979 年）

〔30〕目前已有数据显示，高收入经济国家的人口约占世界总人口的 22.8%。不过，没有数据显示那些几乎全部处于极端贫困状态的国家，因此它们的人均 GDP 被认为是低于中国。

〔31〕国民总收入是国内生产总值加上外国居民取得的要素收入（利润、工作收入等），再减去非本国居民取得的收入。因此，这是衡量经济总收入的一个更广泛的工具，因为它不仅包括国内经济产生的收入。

一盘大棋?
中国新命运解析

第二部分

中国式经济“高铁”

04 > "邓小平理论"中的"斯密基因"

　　本书前一部分描述了中国社会和经济发展所取得的重大成就。中国为什么能取得如此重大的成就？对这个问题的回答不仅关系着中国的过去，而且还关系着中国的现在和未来。如果不能对中国的经济增长和人民生活水平提高如此迅速的原因做出正确的分析，中国就有可能在未来偏离其赖以取得成功的战略，或不能充分有效地应对新的问题。同样重要的是，中国不仅是世界上经济增长最快的主要经济体，而且正如第三章所示，中国同期取得的社会成就甚至超过其经济增长，这对其他国家有何启发？中国的成功，可以作为经济理论的试金石。因为经济理论的任务在于解释经济发展的原因，任何一种理论，如果不能令人信服地说明中国经济增长的原因，那么这种理论肯定是错误的。

　　因此，以下各章将以经得起事实检验的方式阐述中国经济之所以能够以史无前例的速度迅速发展的原因。读者还将看到，那些促成中国经济迅速增长的重要宏观经济因素最初也曾促进了美国经济的迅速增长，后来则导致了美国经济的衰退，这种衰退首先出现在第二次世界大战后，1980年后则进一步衰退，自2008年国际金融危机开始以来衰退程度更为严重。尽管我们重点考察的是世界上两个最大的经济体，即中国和美国，但这已经足以阐明经济增长的一般决定因素。也就是说，中国和美国的发展趋势是可以用一般经济理论加以解释的。

　　上述事实必然影响到中国未来的经济发展。背离那些促成中国经济迅速发展的力量必将导致中国经济衰退和人民生活水平下降；反之，如果中国将其政策建立在那些曾成功地促成中国经济发展的最强劲因素基础上，则中国必将进一步走向繁荣和民族复兴。对经济发展趋势和人民生活水平变化及其推动力量的分析是可以验证的，不仅可从过去和目前的现实得到验证，还可从现实的未来发展动向得到验证。读者不妨对此进行一番比较。

经济法则和具体国情

对中国经济成功的原因进行分析并将其与其他国家比较必然涉及两个基本问题。第一个问题在邓榕所著的关于她父亲邓小平的一部书的首页得到了很好的解答，她这样写道：

> 建国以后，经过七年多成功的社会主义改造和建设实践，在国际国内诸多因素影响下，我们党内开始滋长一种集胜利、自信与头脑发热并存的喜悦与骄傲。对现实和成就的过高估计，对及早进入共产主义的急切得不切实际的想法滋生膨胀，违反经济规律的冒进措施大行其道。[1]

这一分析涉及了一个根本性的问题。一方面，中国强调坚持那些全然不同于他国的自身发展特点，并将其归纳起来，称之为"有中国特色"的社会主义，包括"有中国特色"的政治制度、"有中国特色"的法律制度、"有中国特色"的工业化、"有中国特色"的城市化，以及"中国梦"这一概念。林毅夫在谈论经济政策的实际应用这个更为具体的问题时强调：

> 对于外国理论的利用，我们必须慎之又慎，因为在不同的前提条件下，无论这种"不同"是多么微不足道，结果也是截然不同的。[2]

也许还要补充一点：不仅每个国家都有不同于他国的特点，即使同一个国家在不同的时期也具有不同的特点，也就是说，这种具体性不仅是空间意义上的，也是时间意义上的。就中国而言，这种具体性不仅体现在中国不同于美国或德国，还体现在 1949 年的中国也不同于 2014 年的中国。

邓榕在其上述著作中不仅谈到中国具有全然不同于他国的具体特点，还谈到了"经济规律"，而"规律"就其本质来说是普适性的。邓小平也表述过同样的意思，他不仅谈到"中国特色"，还指出"我们努力按客观经济规律办事"。习近平也强调："我们必须忠实于……历史前进的基本规律。我们必须遵循这些规律。"也许在有些人看来，同时强调"中国特色"和"普适性"经济规律似乎是矛盾的。

事实上，这种矛盾是不存在的。应当认识到，实用性经济分析不是抽象深奥的理论问题，而是实实在在的现实问题。现从不同的市场形式中列举几个基本例证：

• "完全竞争"：这是许多经济学教科书第一章首先讲述的内容，其理想状态是众多企业相互竞争，企业与客户都能获取充分的信息，等等。"完全"竞争市场必须近乎完全地具有这些特征。

• "完全垄断"：其基本特征是只有一个供方或买方（如国家电网、城市地铁系统等）。"垄断"通常是因为投资成本太高，建立两个相互竞争的系统是不经济的。[3]

• "寡头垄断"：整个行业被少数几个机构把持，这在经济学上被称为"不完全"竞争，这是因大规模生产或其他原因导致某个经济行业以少数几个（通常规模很大的）机构为主导。汽车制造业就是一个典型的例子；大型民用飞机的生产更是一个极端的例子，该行业事实上只有两家公司（波音公司和空中客车公司）。

每个经济体的基本结构性要素（如消费、投资、储蓄、基础产业、制造业、服务业、贸易、货币等）是"普遍性的"，但这些要素在任何经济体中相互结合和相互关联的具体方式无论在空间还是时间意义上都是独一无二的。

正是因为上述原因，没有任何一个国家能够"复制"另一个国家的经济模式，任何一个国家都不能将另一个国家的政策完全不变地施用于本国,因为每个国家都有其自身的、不同于他国的具体情况。但同样重要的是,一个国家可以向其他国家学习,分析其他经济体的构成要素,并分析这些要素在自身所处的具体情况下是怎样相互结合的——中国就是这样做的,因此中国既能推行非常具有中国特色的政策,又能解决一般性即"普遍性"宏观经济意义上的问题,这两个方面是同时进行且并行不悖的。

中国坚持,中国的经济政策不能照搬其他国家的做法,其他国家也不能照搬中国的做法,这一点是正确的。尽管中国的经济政策是其他国家不可复制的,但这并不妨碍其他国家对中国经济政策的构成要素进行分析研究,并以适合于本国特点的形式和组合方式加以利用,这对其他国家制定其经济政策具有重大意义。

中国和西方的经济思想

中国是由共产党领导的国家,经济政策和改革问题的分析研究是由邓小平等人在马克思主义框架下进行的。但中国以外的大多数人并没有研究过马克思主义经济学,而是习惯于从西方经济学角度阐释中国的经济政策。为帮助本书读者了解二者之间的关系,我在附录1和附录2中分别从西方经济学和马克思主义经济学角度对中国经济进行了详尽分析;从中可以看出,二者之间的转换并不困难。顺便指出,这两种经济学理论有着共同的"祖先",即亚当·斯密的杰作《国富论》;这部著作在与现实问题关联性最强的诸方面奠定了这两种经济学理论的基础,因而成为本书的主要参考文献。

我之所以如此看重此书,原因有两个。第一个也是最重要的原因是,创始于斯密的经济理论,经过包括现代计量经济学在内的实证性分析研究,证明是正确的,也就是说,斯密最初认定的推动经济增长和发展的最强大力量得到了确认。[4] 第二个原因是,斯密的理论是中国所采用的马克思主义经济理论和西方经济理论的共同基础,这就使本书无须在最具现实针对性的领域进行不必要的重复阐释,因为那些明确希望将斯密的理论在马克思主义框架下加以延展，以便将其与中国的马克思主义经济学主要概念如"社会主义初级阶段"论联系在一起的人士将会对其做出阐释；那些乐意采用西方经济学分析方法的人士也会对其做出阐释。

这里必须对上述两种原因做出两点说明。第一点，人们经常援引斯密的著作，但对其研读不够，因此下文中的分析是以《国富论》原文内容而不是以某些人所想象的该著作所表述的内容为基础的。这种分析揭示了斯密的经济发展理论与中国经济改革总设计师邓小平的理念在若干领域具有异乎寻常的相似性；但这种相似性并不是偶然的，它体现了西方经济学和中国马克思主义经济学共同具有的"斯密基因"。

当然，这不一定意味着邓小平直接受到斯密的影响。肯定有中国学者知道邓小平是否阅读过斯密的著作，我们不掌握这方面的情况；但可以肯定的是，邓小平详细研读过马克思的著作，而马克思对斯密著作的评注多达数百甚至数千页，对于相关的经济问题，马克思的分析是以斯密的分析为基础的，并没有推翻斯密的分析。正是因为这个原因，下文阐述的内容既可以从马克思主义经济学角度理解，也可以从西方经济学角度理解。

第二点，有必要使用西方和国际现代计量经济学方法，但不是那些早在30年前就已落伍的方法，国际统计机构也早已对其进行了更替或校正。使用那些落伍的方法确实在中国和其他国家的经济讨论中引起过混乱。

如能注意到上述要点，就会看到，中国的马克思主义经济学已经远远超越了"斯密式"分析，但在本书探讨的关键要点上与"斯密式"分析并没有根本上的不同。再者，西方现代计量经济学研究已经极大地接近"有中国特色的社会主义"赖以产生的理论体系。

因此，无论是那些希望在马克思主义经济学框架下进行分析研究的人士，还是那些更热衷于西方经济学的人士，在这方面都能追随主要潮流。

然而，检验一种观点正确与否的决定性标准是事实而不是理论。因此，后面几章在简要总结了那些有待检验的有关经济理论要点后，会主要集中于"实事求是"的部分，即阐述中国经济发展的主要事实，这是任何经济分析必须解释的对象。

亚当·斯密的分析

鉴于在线附录 1 中已对从亚当·斯密著作中援引的文字给出了详细的注释，因此这里仅做一个非常简短的概括。斯密的经济增长理论可用现代经济学术语概括为以下五个观点——它们与理解中国的成功直接相关，违背这些理论则会导致经济运行的失灵，而马克思的分析与这些观点是一致的。现按其对经济增长的量化性重要程度简介如下：

- 经济和生产率增长的最基本动力是不断加强的劳动分工。

- 不断加强的劳动分工要求不断扩大生产规模和市场规模。

- 不断加强的劳动分工和不断扩大的生产规模导致固定资产投资在经济中所占的比例不断提高。

- 不断提高的劳动技能，即不断提高的劳动力质量，取决于为培训劳动力所投入的资源，用现代术语表述就是，劳动力质量的提高是由内在因素而不是外在因素决定的。

- 技术进步也是不断加强的劳动分工的产物，也就是说，技术进步也是由内在因素而不是外在因素决定的。

应当指出，与其他正确的科学观点一样，斯密的观点也是经得起事实检验的，比如劳动分工是不是得到了加强并成为推动经济增长的最重要动力，从历史上看，固定资产投资在经济中的比重是否随着历史的发展而增长并在生产等方面发挥着日益重要的作用。

总而言之，斯密的观点已被现代计量经济学证明是正确的，后文将做详尽的阐述，现仅将其简介如下：

- 中间产品和服务，即某经济行业为另一经济行业生产的半成品，是不断加强的劳动分工的体现，是推动经济增长的最重要动力。

● 不断加强的劳动分工需要不断扩张的市场和生产规模，这种扩张现已越过国界延伸到国际范围，这意味着现代劳动分工需要国际"开放性"经济和全球化。

● 固定资产投资增长是继劳动分工强化之后促进经济增长的第二个最重要动力。固定资产投资在经济中所占的比重随着经济的发展而增长。并且，随着经济的发展，固定资产投资的增长领域将从最初的自然资源的积累和利用转向技术深化和创新。

● 随着经济的发展，以全部劳动时间衡量的劳动数量的增加日益被劳动质量的提高取代，劳动投入日益取决于劳动者接受的教育和技能。

● 作为创新主要推动力量的研发和技术进步主要是大规模生产和随之而来的劳动分工的产物。

下文将全面阐述上述观点的事实依据以及它们如何促成了中国的经济成功。相反的观点以及它们在美国经济最初的加速发展和后来的衰退中所起的作用将在第 19 章加以分析。鉴于斯密首创的分析方法是西方经济理论和中国马克思主义经济理论的共同基础，我们首先简述这种分析方法的内在逻辑。

斯密分析方法的内在逻辑

人们通常误以为斯密的《国富论》是一部专门或在一定程度上论述国际贸易的著作，旨在倡导自由贸易、降低关税等，这就误解并极大低估了斯密宽广的经济视野。尽管《国富论》极力支持国际贸易和现代人所说的"全球化"或中国人所说的"开放"，但这是对经济增长进行全面分析的结果。它对国内和国际领域同时适用。

在斯密的诸多结论中，最根本的是：不断加强的劳动分工是促进经济增长和生产率提高的最强大动力，其他结论都是在该结论基础上产生的。那些希望使用马克思主义经济学概念的中国人士，不妨将下文中斯密的术语"劳动分工"视为马克思的术语"社会分工"；就我们在此探讨的问题而言，这两个术语并没有实质性区别。[5]

《国富论》第一章第一句开宗明义、毫不含糊地宣称:

> 劳动生产力上最大的增进,以及运用劳动时表现出来的更大程度的熟练、技巧和判断力,似乎都是劳动分工的结果。[6]

以此为起点,斯密以其特有的清晰思路和无可辩驳的逻辑力量展开了详尽分析。

劳动分工并不是斯密的发现,他人早已发现了这一秘密。斯密的天才在于断言劳动分工是推动经济发展的最基本动力,这意味着他认识到了劳动分工的经济意义;斯密的天才还在于他在这一发现的基础上形成了经得起事实检验的一系列观点。斯密超越了将经济增长视为一系列互不相干的问题的传统观点,而是将其视为一个统一的整体过程。正是因为这些原因,斯密当之无愧地被视为现代经济学的创始人。

劳动分工和市场规模

斯密的理论与作为 1978 年后中国经济改革基本特征之一的"对外开放"理论之间的关系是显而易见的。在这里,"对外开放"的意义不仅在于跨越国界,更在于使市场和生产的更大发展成为可能,进而使劳动分工的更大发展成为可能——这并非仅仅是跨越国界的问题。确实,只要透彻地理解了斯密的观点,就会明确发现斯密并没有在基本原则上刻意区分国内和国际劳动分工。[7]

斯密只是从其"劳动分工是推动生产率提高的最基本动力"结论中进一步推论出"劳动分工的可能性取决于市场和生产规模"——因此,《国富论》第 3 章直接冠以"劳动分工受限于市场范围"这一标题。该章第一段指出:

> 这种(劳动)分工的程度必然受限于……市场范围。[8]

在外贸、外资和其他所有领域，"开放"的优势只不过是劳动分工必然导致的结果，而旨在防止跨国交易和生产的贸易保护主义限制了劳动分工的扩张，从而限制了生产的发展和生产率的提高。国际贸易是劳动分工不断加强的结果，并不是独立于劳动分工之外的事物。国内和国际劳动分工是同一个经济过程的两个方面，而不是两个互不相干的经济过程。

这一点对于理解中国改革进程的内在逻辑具有根本性意义。中国在改革基础上形成了与其在 1949—1978 年间经济发展所仿效的 1929 年后苏联模式截然不同的新模式。1929 年后的苏联模式旨在建立基本上自给自足的国民经济，这就必然将苏联置于与国际劳动分工相隔离的境地，而中国 1978 年后推行的经济政策与其形成了鲜明对比。从这个角度看，"对外开放"并不是中国经济改革的"附加物"，而是中国经济改革的核心。从后面的分析可以看出，"开放"不仅具有"国际"层面上的意义，而且是中国经济发展总进程中的决定因素。

劳动分工不断增强的后果

劳动分工是推动生产发展的最强大力量，这是斯密的理论起点，具有深刻的意义。劳动分工对生产发展的影响并不是那么容易发现的，而斯密的天才在于他首先发现了这个规律。不断加强的劳动分工必然意味着对生产的间接投入相对直接投入有所增加，或如斯宾格勒在其对《国富论》的评注中所言："在博姆－巴维克看来……生产越来越间接化。"[9] 不断加强的劳动分工促成了相互联系不断增强的生产网络，进而促成了大致轮廓早已形成的特定经济趋势；正是基于生产环节存在的这种社会性联系不断增强的特征，马克思使用了"社会化劳动"这一术语。举一个简单的例子：一家现代汽车装配厂可能看上去是一个具有很大生产能力的单位，但事实上，在整个汽车生产过程中，仅有 15% 的生产活动是在该厂进行的，而另外的 85% 则是利用其他厂家的零部件和中间投入并在其他厂家进行的。[10] 同样的进程也是现代全球化和中国不断向全球推进的推动力量。第 5 章以系统性事实资料表现了这一进程，说明了现代计量经济学对斯密（和在这个问题上追随斯密的马克思）的认可。

可以看出，与西方经济学经常使用的"规模经济"相比，斯密的"大规模生产优势"概念在意义上宽泛得多，也更具有根本性，而前者在意义上有很大的局限性。"规模经济"概念往往用于与某一具体生产单位及其降低成本或其他改进措施有关的文献资料。斯密的视野更为开阔，认识到大规模的市场及由此产生的大规模生产促进了劳动分工的增强，而劳动分工的增强又成为推动生产率提高的最强大力量。正是这种"规模"提高了整个经济体而不仅仅是某个具体生产单位的生产率。从上述分析中可以断定，一个经济体的国际开放性与快速经济增长是相互关联的。

劳动分工和"有效需求"

斯密在上述分析的基础上进一步认识到现代经济学所称的"有效需求"对经济增长和生产率提高的最终影响，这种影响并不是指商业周期意义上的短期影响，而是市场规模扩大和劳动分工加强产生的最终结果。他指出：

> 另外，从长期来看，需求增加必然导致商品价格下降，尽管在开始阶段有时会导致商品价格上升。需求增加会促进生产，从而加剧生产者之间的竞争，而生产者为使其产品价格低于同行价格，唯有借助新的劳动分工或新的工艺改进，这种新的劳动分工或新的工艺改进在非竞争环境下是根本想不到的。[11]

不断增加的投资

斯密在其"劳动分工是推动经济增长和生产率提高的最强大力量"结论基础上断定：随着历史发展，固定资产投资在经济总量中所占的比重越来越大。这一结论直接关系对中国的一个误解，即认为中国固定资产投资在其经济总量中所占的比重极高是一个重大失误。事实上，斯密已经注意到用现代经济学术语表述的如下事实：不断加强的劳动分工必然意味着固定资产投资在 GDP 中所占的比重增加，投资对经济增长的贡献率增加，经济增长中的资本集中度增加。它们均为同一进程在不同方面的具体表现。

斯密预料到固定资产投资在经济总量中所占的比重将随着历史的发展而不断增长，但这只不过是斯密对其认识到的如下事实所做的推论：由于推动生产率提高的最基本因素是劳动分工，生产越来越"间接化"也就意味着，生产过程中的间接投入相对于直接投入不断增加。正如上文所示，这首先导致中间产品（如汽车零部件）的增加。生产中的另一项主要间接投入是固定资产投资，这是另一种形式的间接投入。从这里可以看出，"固定资产投资在经济总量中所占的比重不断增长"这一分析并非像某些人所猜想的源于马克思的"不断提高的资本有机构成"概念，而是由斯密首创的，后来由李嘉图加以继承，马克思加以分析，凯恩斯加以证实。有些经济学家如弗里德曼试图放弃这种分析方法，这是一种背离事实的做法，是行不通的。这种分析方法自斯密首创直至发展到凯恩斯，历经事实和实践的检验，经多次实证性研究证明是正确的。林毅夫的"新结构经济学"就其对发展中经济体的具体应用而言，在预测上述趋势方面经事实证明是有道理的。

从斯密的分析中可以看出，问题并不在于中国固定资产投资在其经济总量中所占的比重过高，而是西方固定资产投资在其经济总量中所占的比重过低。中国目前的固定资产投资程度只不过是 300 年来经济发展趋势的继续。中国固定资产投资在其 GDP 中所占的比重不断增加在一定程度上直接决定着中国的经济增长速度远远高于美国。全国范围内劳动分工的不断增强，中间产品的增加，生产的不断全球化，固定资产投资在整个经济体系中所占的比重不断增加，所有这一切都是由劳动分工的增强这个根本性经济过程推动的，并且是这个根本性经济过程的体现。生产过程中间接投入的增加也是劳动分工不断增强的体现，这一因素对创新和研发的影响，将在第 8 章加以分析；对劳动力质量的影响，将在第 7 章加以分析。

斯密、马克思和邓小平之间的关联性

斯密的理论是关于经济增长的综合性理论，涉及国内和国际两个层面。马克思的理论是在斯密的理论基础上发展起来的，与其一脉相承的中国"改革开放"理论也是如此。正是因为这个原因，邓小平的分析和斯密有异乎寻常的相似性，尽管两人生活的年代相隔 200 年。

有趣的是，斯密本人确实曾以中国为例阐述其某些主要理论观点，例如，国内劳动分工和国际劳动分工原则上是没有区别的，它们都只不过是经济发展这个基本过程的具体表现。斯密指出：

> 中国……幅员辽阔，人口众多，气候多种多样以及由此形成的不同省份生产活动多种多样……使得这个国家的国内市场是如此庞大，以至于它自身就足以支撑庞大的制造业。中国的国内市场以其地域之广阔，也许比将所有欧洲国家拼接到一起所形成的市场小不了多少。即使如此，更广泛的对外贸易，即将中国以外的全部市场附加到其庞大的国内市场，也将大幅度增加中国制造业的体量，大幅度提高其制造业的生产能力。

200 年后出现的邓小平理论与其有非常明显的相似性：

中国是一个幅员辽阔的国家……这些资源要是开发出来，就是了不起的力量……我们必须有一个正确的开放的对外政策。我们主要依靠自己的努力，自己的资源，自己的基础，但离开了国际合作是不可能的……我们现在就要学会利用这个机会。

无论是斯密的理论还是邓小平理论，最重要的是要看它能否解释一般性的经济增长，以及中国的经济增长。为了达到这个目的，我们必须首先分析中国经济发展的决定因素，因为这是促进中国实现繁荣和民族复兴的最有力的基础。这些经济因素是不能弄虚作假的，它们比任何主观概念都更有力。因此，接下来，我将从劳动分工入手，将理论与事实相结合，以解释如下问题：促使中国经济发展、为中国实现繁荣和民族复兴奠定基础的最强大的力量是什么？

05 > "一带一路"与"抱团发展"

　　中国自 1978 年以来推行的经济政策为中国实现繁荣奠定了基础，该经济政策的正式名称包括"改革"和"对外开放"两个方面。后者的具体含义自然是"跨越国界"，但从纯粹的经济观点看，正如第 4 章所分析的那样，中国经济的"对外开放"并不仅仅是走向国际的问题，更是中国将其自身与经济增长最强大力量相结合的问题。不过，这显然需要事实验证：亚当·斯密首创的经济分析认为，不断增强的劳动分工是推动经济发展的最强大力量，就中国而言，是否有事实表明斯密的上述观点是正确的？这正是本章探讨的内容。如果答案是肯定的，那就很容易解释中国相对于其他主要经济体的卓越表现，还可以用来解释中国最近的主要政策性项目，如亚洲基础设施投资银行和"一带一路"项目。本章将以大量的事实表明中国在经济增长领域的卓越表现既源于其"中国特色"，也源于中国能够充分将这个被中国改革启动者称为经济发展"普遍规律"的最强大力量为其所用；同时本章还以大量事实论证了中国"社会主义市场经济"的优越性和独创性，通过将中国模式与西方模式和苏联模式相比较，揭示中国成功的秘诀。

经济增长的准确衡量

　　分析中国的发展，特别是将中国与其他国家进行比较，在很大程度上得益于第二次世界大战后全球在经济增长及其原因的事实衡量领域取得的巨大进步，因为这使我们更容易做到"实事求是"。为说明经济增长及其原因事实衡量领域取得的进步之大，现聊举一例：1936 年，凯恩斯发表了《就业、利息和货币通论》，这是 20 世纪影响深远的著作之一。在这部著作中，凯恩斯用以证实其分析的事实资料长达 400 页，且基本上仅限于库兹涅茨和克拉克的著述，分别用来说明美国和英国的情况，而他们的全部观点，本书仅用了一个只有 8 页的附录 1 就足以概括了。无独有偶，对推进 20 世纪后期实证性经济学研究做出重大贡献的著名经济学家戴尔·乔根森也注意到，荷兰经济学家丁伯根 1942 年对美国 1870—1914 年经济增长情况进行的开创性分析研究到当时为止依旧是"令人瞩目但被人忽视的"；而在今天，人们借助触手可及的电脑和数据库，可以很方便地调取无数统计机构和作者的工作成果，这为人们进行经济学研究提供了较之过去有了质的突破的、更加全面的数据资料。

而确切的数据资料对于评判不同经济理论的优劣得失有着至关重要的意义。如前所述，对于努力采用科学方法的任何学科领域的任何理论，检验其正确与否只能以其是否符合事实为依据，而不是以其是否符合某种数学模型为依据。经济增长及其原因衡量方法的改进，使我们有可能对中国的改革进程有清晰明确的了解。

经济增长核算

经济增长衡量是一个专门学科，故附录 1 对其进行了较为详尽的介绍。但对一般读者来说，对于在经济学上被称为"经济增长核算"的经济发展因素的基本衡量方式是很容易理解的，可概括为以下三点：

- 任何经济体都有投入，如资本、劳动、中间产品和服务（即从某行业投入到另一行业的半成品）、土地、能源等。[12]
- 任何经济体都有产出，如消费品、资本设备、出口货物、进口货物等。
- 一个经济体，其产出的增长量通常超过各项投入的总增长量，二者之间的差额即为该经济体的总生产率（其专用名称为"全要素生产率"）增长量。

经济增长核算模式是美国经济学家罗伯特·索洛于 20 世纪 50 年代创立的。[13]索洛本人主要研究两项投入，即资本和劳动，但他的分析模型有一个优点，即也能够用于（且事实上早已用于）分析其他投入。[14]因此，索洛创立的这种基础模型被长期沿用下来，即使在需要分析上述其他投入的情形下也不例外——算法是可以改变的，但索洛创立的基本"代数"框架仍旧存在并发挥作用。关于经济增长核算主要问题的文献资料浩如烟海，[15]本章仅探讨与中国经济增长有直接关系的问题。

经济增长核算领域的进步

索洛在其最初的两篇开拓性论文中犯了两个错误，后来被其他人纠正。这两个错误直接关系对中国经济的分析，也确实有人因未曾注意到对这两个错误的正式纠正而对中国的经济增长产生很大误解。索洛所犯的两个错误是：首先，他未将"中间产品"即从一个行业投入另一个行业的半成品纳入其分析范围，这在数量意义上是极其重要的，因为实证性研究表明，在经济发展过程中，中间产品的增长高于资本、劳动和生产率的增长。其次，他在进行计算时未考虑到投资质量和劳动力质量的改进，因而得出了错误的结论，误以为大部分经济增长来源于生产效率的提高——在中国某些人的讨论中仍在重复着这个错误。这个错误后来得到了纠正，计算经济增长的准确方法已正式被美国、联合国和经合组织采用，详见附录 1。[16]这种纠正对于经济学有重要意义，具体到中国，更有其特殊重要的意义——在阐释中国经济增长方面所犯的许多错误，以及许多未能产生预期效果的经济政策提案，原来并不是因为中国的特殊性，而是因为当事人使用的衡量工具不准确！

后面几章将采用上述经济增长核算模式，逐一分析推动中国和世界经济发展的各种力量，从最强大的力量直到较为次要的力量；然后在某种总体性模式下将这些不同的因素结合起来，以表明中国的经济发展遵循的是一个能够被人们充分理解的模式；同时向人们表明，中国遵循完全中国化的发展道路，坚持"中国特色"，同时遵循经济领域的"普遍规律"。

劳动分工

索洛的研究也是以后来被确认为经济发展最强大力量的因素为起点的，但索洛在研究中完全忽视了中间产品；只要将索洛和斯密的分析进行一下对比，就会立即发现索洛的错误。中间产品是劳动分工的体现，而索洛在其分析中完全忽视了中间产品，这意味着索洛根本没有对斯密视为推动经济增长最重要因素的劳动分工加以衡量。与斯密的分析殊途同归，现代实证性研究同样明白无误地确认：中间产品的增长，即劳动分工的增强，是经济发展中扩张最快的因素——中间产品对经济发展的贡献超过索洛本人所分析的资本、劳动和全要素生产率等因素。关于美国这个最发达的经济体，乔根森、戈洛普和弗劳梅尼发现：

> 中间投入对产出的贡献远远超过其他因素，是经济增长最大的要素。在我们据以考察中间投入的 45 个行业中，有 36 个行业，单单中间投入一项对经济增长的贡献就超过了生产率增长对经济增长的贡献。

乔根森对美国经济进行了更为细致的考察，他指出：

> 将中间投入和其他要素对经济增长的贡献进行一下比较就会发现，中间投入是经济增长诸要素中最重要的因素。中间投入对经济增长的贡献超过生产率增长、资本投入和劳动投入对经济增长的贡献。

为了更清晰地说明上述观点，表 5-1 以美国为例，列示了索洛最初的经济增长核算范畴，即资本、劳动和全要素生产率，同时另设一栏列示中间投入的增长情况。从表中可以看出，1977—2000 年，美国经济中的中间投入平均增长率是其 GDP 增长率的 115%，远远高于其他投入。

表 5-1　美国的产出增长诸要素年均变化率（%）

	GDP 增长	全要素生产率	劳动	资本	中间投入
1977—2000 年（中间值）					2.7
1985—1995 年	2.4	0.3	1.0	1.2	
1996—2000 年	4.3	0.9	1.3	2.1	
2000—2006 年	2.8	1.0	0.3	1.4	

资料来源：原始数据来源于乔根森和于明姜（2007 年），乔根森、穆恩和斯蒂尔霍（2005 年），本表根据其原始数据进行了计算。

研究发现，这种情况并非仅出现在美国，其他经济体也出现了这种情况，特别是中国。在迅速增长的亚洲经济体中：

● 关于韩国，Hak K. Pyo、Keun-Hee Rhee 和 Bongchan Ha 对原材料中间投入有如下发现（2007 年）："各要素按其对产出增长的贡献率排名如下：原材料、资本、劳动、全要素生产率、能源。"

● 关于中国台湾地区，梁启源（2007 年）对 26 个行业 1981—1999 年的情况进行了分析，对原材料中间投入有如下发现："就所有行业 1981—1999 年的情况而言，原材料投入是对产出增长贡献最大的因素，……除外"。

● 关于中国大陆，任若恩和孙琳琳（2007 年）将 1981—2000 年进一步划分为 1984—1988 年、1988—1994 年和 1994—2000 年三个阶段，发现在整个 1981—2000 年："在大多数行业，中间投入增长是产出增长的主要因素。"

对上述因素的考虑以及对原材料、能源和服务等中间投入的特别研究，有助于目前被视为最先进经济增长衡量标准的 KLEMS 体系的建立。KLEMS 是资本

（Capital）、劳动（Labor）、能源（Energy）、原材料（Materials）和服务投入（Purchased Services）的英文首字母组合。

对中间产品的分析充分证实了斯密的分析，即劳动分工的增强是推动一国经济增长的最强大力量。与我们所考察的其他经济体一样，劳动分工的增强这一进程在中国亦有充分的体现。

经济发展的综合特征

劳动分工／中间产品的决定性作用必然导致如下后果：由于劳动分工促成了生产环节各要素的相互联系和相互依存，任何一个或几个要素（如资本、劳动等）都不能脱离自身所在的生产链而在发展程度较低的生产链中以同样的效率发挥作用。这一点对于中国的经济战略具有极其重要的意义，也同样适用于其他任何经济体。乔恩斯举了这样一个简单的例子：

> 发电业生产效率低下会导致筑坝业和建筑业产出减少，而筑坝业和建筑业产出减少又致使发电业难以建造新坝，从而致使发电量减少。[17]

因此，"中间产品是行业间的联系纽带，可成倍提高生产率。"[18]我们可从中得出一个极其重要的结论：任何经济体都是在其内外部诸因素相互联系和相互依存的背景下发展起来的，试图通过简单地从较发达经济体引进某些工厂或其他生产单位以促进本国经济发展是行不通的，这些被引进的工厂或其他生产单位根本达不到其在原经济体中的运行水平，这是因为其前后所处的总体生产环境是截然不同的。有这样一个经典例证：许多石油生产国在经历了石油价格迅速上涨的阶段后，试图通过从海外引进整个工厂迅速实现本国经济多样化，最终发现这些引进的工厂根本达不到其在原发达经济体中的运行效率。再举一个例子说明这个问题。完全相同的高质量德国机床在不同经济体（包括中国）中的运行效率是截然不同的。当然，这并不意味着我反对进口设备甚至引进整个工厂，恰恰相反，经济领域某一方面的改进不仅有助于改进相应的行业，而且有助于总体经济效能的提高。但也必须看到，此类措施取得的效果是有限的，最具决定性的问题依然是内外部诸因素相互联系和相互依存的整个生产链的改进。

不断增强的劳动分工促成了经济体内外部诸因素的相互联系和相互依存，因此经济体目前的总体发展水平对于确定其经济战略具有极其重要的意义。从这个角度看，斯密的分析模式是最具一般性意义的理论体系。（不断增强的）劳动分工促成的经济体内外部诸因素的相互联系和相互依存决定了任何一个国家都不可能跨越某个或某些经济发展阶段，也不可能依靠随心所欲的决定或命令实现各行业的协调有序发展。这一观点对中国的经济发展、竞争战略和实事求是地评估某一时期能够实现或不能实现哪些事情具有极其重要的意义。鉴于这一观点不仅适用于中国，也同样适用于其他经济体，林毅夫以更全面、更准确的表述总结了这一观点对经济发展战略极其重要的意义：

> 从……政府主导型结构变革战略的成功实践中可取得两个重要教训。首先……政府执行政策，以与取决于本国现有资源条件（即资本、劳动力等资源的充足性或稀缺性）的潜在比较优势相一致的方式促进新兴产业的发展……其次……为确保他们利用其潜在但日趋明显的比较优势，政府选定了某些国家的成熟行业。政府选定的这些国家，按购买力平价衡量的人均收入几乎比本国高100%。

林毅夫指出：

> 19世纪，德国、法国和美国在采取旨在赶上英国的产业政策时，其人均收入仅相当于英国的60%—75%。同样地，20世纪60年代，日本在将其产业政策定位于赶超美国的汽车业时，其人均收入仅相当于美国的40%左右。20世纪60年代和20世纪70年代，韩国和中国台湾在采取旨

在促进产业升级的产业政策时，它们将其赶超目标定位于日本而不是美国的有关行业，这是因为它们的人均收入相当于日本的 35% 左右，仅相当于美国的 10%。[19]

从上述基本经济现实得出的必然结论是：中国任何时期的经济战略都不得视为独立于同一时期的总体经济发展水平，任何经济部门或企业都不可能在随意设定的秩序下顺利发展并取得成功。这意味着——举例来说——鉴于中国目前的发展水平，建立服务业驱动型经济还为时过早。正如中国的"中国制造 2025"计划勾勒的蓝图，日益先进的制造业依然是事关中国未来发展的决定性行业——第 12 章将对此加以分析。[20] 这还意味着中国不可能从目前的"中上等收入"经济体一跃而成为美国那样的最先进经济体。后面几章将对这一结论的多方面的意义和影响加以分析。

国际层面上的劳动分工

假如国际劳动分工——现代人所说的"全球化"——只是劳动分工的一个方面，则在分析这个过程时，就会有大量反映全球生产环节中间投入增长情况的全面统计数据可供利用，且采用考察本国劳动分工时采用的衡量方法即可取得这些数据。遗憾的是，由于事实上难以在全球层面上进行此类统计，因此至今仍缺乏这方面的数据，尽管目前已采取旨在取得此类数据的措施。[21] 不过，这方面有大量的间接性证据，这些证据从定性角度无可置疑地证明了劳动分工在国际化方面不断增强——事实上，几乎没有哪种经济分析模式对此提出质疑。这一趋势推动着现代产业结构的不断改进和中国全球化竞争能力的不断提高。为避免挂一漏万，有必要概括一下这一进程的主要特征，因为其中的某些特征直接关系中国的经济战略：

- 中间产品本身即构成国际贸易的最大部分，约占全部货物贸易的 40%。
- 中间产品贸易主要集中于发达经济体和东亚，在这些经济体中，中间产品是国民生产领域增长最快的部分。[22]

• 国际贸易在全球 GDP 中所占的比例迅速增加。

在经济理论上，并没有理由认为在一国范围内促成可直接衡量性劳动分工增强的进程不能在国际层面上运行。[23]全球化进程中的主要趋势，如贸易在 GDP 中所占的比重不断增加，对外直接投资相对于 GDP 的比率不断上升，加之对特定行业的研究不断深化，都是国际劳动分工不断增强的有力证据，几乎没有任何统计数据可以否认国际劳动分工不断增强这一事实。[24]

全球化与进口替代战略

显然，上述现实直接决定着中国"开放"战略的走向。这里特别指出，劳动分工是经济增长中最有力的量化因素，这一事实直接决定着什么样的发展战略行得通，什么样的发展战略行不通。不断增强的劳动分工国际化及其结果和影响是推动"开放"战略的最基本因素，注定了 20 世纪试图建立自给自足国民经济主导模式的"进口替代"战略的必然失败。[25]

因此，劳动分工国际化理论为经济学者阐述"外向型"战略相对于"进口替代"战略的具体优势提供了最基本的依据，这同样适用于中国。国际"开放"战略的优势从根本上源自斯密的理论并成为其不可分割的组成部分，马克思也赞同这一观点，继斯密之后同样反对"封闭型"经济，他的早期著作就曾对经济保护主义理论的创始人弗里德里希·李斯特进行猛烈抨击。苏联自 1929 年发展起来的那种本质上自给自足的经济模式并不符合马克思的理论。中国自 1978 年以来实行的经济"开放"代表着对马克思和斯密理论的回归。可以说，中国自 1978 年以来并没有像拉美某些国家那样错误地将政治上、文化上和其他方面的爱国主义与经济上的"封闭性"混同在一起。

劳动分工与开放

从对根本性问题的分析转向浩繁的当代研究成果，拉迪具体详尽地谈论了他对外贸的看法：

> 许多实证性研究证明，20世纪60年代、70年代和80年代外向型程度较高的经济体较多，其国内生产总值实际增长率都非常高，这是因为更开放的经济体不仅能更有效地利用其投资资源，而且能实现储蓄和投资的高速增长。效率来自更有效地利用现有生产设施，来自因生产并不仅限于面向本国市场而实现的规模经济，来自国际竞争压力促成的技术改进和管理效能的提高。

拉迪特别强调经济开放对投资效率和储蓄与投资总体水平的决定性影响：

> 一般地，如果长期推行进口替代政策，以国内生产取代品类日趋增多且资本密集型日趋增强的进口货物，则经济体中积累的资本—产出比的增长速度就会超过预期水平……效率就会进一步下降，这是因为内向型机制会造成高估汇率等方面的扭曲，打击本国生产者的出口积极性。但如果没有出口市场，有时就会造成生产规模过小，无法形成只有规模经济才能具有的优势，导致生产效率低，成本高。
>
> 这些导致效率低下的因素还会造成经济中的实际产出减少，并往往进而导致储蓄和投资减少。[26]

从根本上看，在全球化的经济体系中，进口替代战略是注定要失败的，必然会产生拉迪和其他经济学家分析过的现象，这正是因为该战略降低了经济增长和经济发展中最有力且最可量化的因素，即不断增强的劳动分工。

苏联模式

上述经济分析和事实对中国自 1949 年直到 1978 年经济改革前实行的经济政策和我们分析其缺陷具有决定性意义。中国 1949—1978 年实行的经济政策是建立在 1929 年后苏联模式基础上的。苏联的经济政策对被视为经济增长中最重要且最可量化因素的固定投资的重要性有明确的了解。事实上,斯大林亲自确定了固定资产投资在这种经济发展模式中起主导作用的原则(1928 年):

> 高速发展整个工业特别是生产资料的生产是国家工业化的主要基础
> 和关键……高速发展工业是什么意思呢?这就是说,必须最大限度地增
> 加对工业的基本建设投资。

1929 年后苏联模式确实实现了高度固定资产投资,但这是在与国际贸易和投资基本隔绝进而与国际劳动分工基本隔绝的情形下进行的。正如本章前文所示,有关事实资料充分证明,推动经济发展的最强大力量是劳动分工及其国际延伸而不是固定资产投资,在有可能利用国际劳动分工的背景下,"封闭型经济及高度固定资产投资"战略是不可能取得成功的。[27]苏联模式并未认识到高度投资只不过是不断增强的劳动分工的一种体现,因而背离了斯密和马克思共同认同的理念。

应当看到,高度固定资本投资无法克服劳动分工受到束缚这一劣势,这不仅体现在苏联,同样体现在其他国家的"进口替代"战略,特别是取得独立后的印度、阿根廷和巴西等国。还应当注意到,从理论角度看,苏联在与国际隔绝的经济体系下实行的高投资政策与中国在向国际开放的经济体系下实行的高投资发展是截然不同的。[28]

"对外开放"战略的成功

苏联还未来得及对其经济实行根本性"对外开放"就崩溃了，而中国"对外开放"政策的成功是显而易见的，并且得到了无数学者的一再肯定。这里没有必要不厌其烦地详尽阐述这方面的内容，读者如想对此有所了解，可查阅其他文献资料。对于1978年最初推行"对外开放"的情况，出现了各种各样的观点，任若恩和孙琳琳将其概括如下：

> 中国的出口在其GDP中所占的比重从1979—1984年的7%增长到1992—1999年的19.3%，进口在其GDP中所占的比重从上述前一期间的7.1%增长到上述后一期间的17.3%……在上述整个经济一体化期间，中国经济经历了史无前例的持续高速增长。中国的经济开放与持续高速增长之间的关联性并不是偶然的。国际发展经验令人信服地表明，经济开放与经济增长之间存在着强烈的因果关系。[29]

斯密首倡的关于劳动分工的这一观点在实际应用中既有正面例子，也有反面例子。一方面，它使人们认识到在封闭型经济体系下实行高度固定资产投资政策是不可能取得成功的；另一方面，中国和东亚其他发展中经济体实行的"参与国际劳动分工及高度固定资产投资"战略顺应了推动经济发展的最强大力量，因而促成了本国的经济成功。[30]

鉴于旨在证实"外向型"经济战略总体优越性的文献资料实在太多，这里没有必要详尽阐述这方面的情况，读者可自行查阅有关研究成果，在这方面，萨克斯和瓦尔纳的经典性评述不失为一部很好的入门书籍。这方面诸多研究成果与本书基于上述分析做出的预测不谋而合，都认识到：劳动分工是推动经济增长的最有力因素，那些面向全球"开放"的经济体比尚未开放者增长得更快。

中国经济的开放性

上述事实直接说明了中国相对于世界上其他最大经济体的决定性优势，在相当程度上阐释了中国经济增长速度高于上述其他经济体的原因。中国经济对国际贸易的开放程度远远高于美国或日本，尽管这两个国家和中国并称世界上三个最大的经济体。如图 5-1 所示，2014 年，中国总贸易额占 GDP 比重为 42%，美国则仅为 30%。从中可以看出，中国经济的一半被卷入外贸领域，而美国仅有不足1/3，这足以说明中国为什么能够在其 GDP 按市场价格计算仅相当于美国 GDP60% 的情形下成为世界上最大的货物贸易国。最新国际可比数据显示，2013 年日本总贸易额占 GDP 比重为 35%。因此，中国是一个比美国或日本开放得多的贸易型经济体，也就是说，从更具根本性意义的角度看，中国在更大程度上利用了国际劳动分工。这一数据阐释了中国经济相对于美国和日本的优势得以产生并促进中国经济以更快速度发展的首要因素。

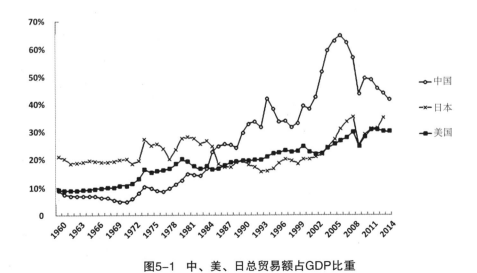

图5-1　中、美、日总贸易额占GDP比重

资料来源：中国和日本数据根据世行发布的《世界发展指标》数据计算。美国数据根据美国经济分析局发布的《NIPA》表1.5.5数据计算。

并非"重商主义"理论

上述分析还表明,指责中国推行"重商主义"战略即追求大额贸易顺差的理由是站不住脚的,其错误在于未能认清中国经济发展的内在逻辑。[31]中国在2008年前的一段时间内确实产生了过高的贸易顺差,但这不是中国的根本目标,而是一个个别性的失误,随着中国的贸易顺差下降到其GDP的3%以下,这个失误自然得到了纠正。中国的政策目标是"对外开放",这就必然导致中国的出口和进口在本国GDP中所占的比重较高。我早在2010年就准确预测到中国的贸易顺差将在随后的期间内下降:"有些广为人知的观点强烈反对泛化的贸易保护主义和重商主义,认为这种做法减弱了劳动分工和规模经济,从而导致生产率和利润率下降,随之而来的是人民生活水平和就业率下降。"[32]中国的经济体系是"开放"的,以便充分利用国际劳动分工;但中国的经济体系并不需要因而也无意追求贸易保护主义或重商主义。

指责中国追求一种被称为"出口主导型经济增长"的弱肉强食政策同样是荒谬的。任何国家,只要其出口增长和进口增长大体上保持同步,即使其出口增长高于本国GDP增长——第二次世界大战后大部分国家在大部分时期确实出现过这种情况——也不会造成任何全球性问题。[33]这只不过是对国际劳动分工的利用程度更高一些罢了。鉴于在贸易方面的开放性,中国在总体上堪称是一个比美国更具有"斯密主义"(或"马克思主义")特征的经济体,这是中国经济增长速度高于美国和其他主要经济体的首要因素。

贸易保护主义的弊端

上述事实必然导致人们关注这样一个事关中国经济战略的关键问题:中国是否能继续依靠不断增强的国际劳动分工?这一进程是否将受阻于国际贸易保护主义的兴起?有些人声称后者是一个严重威胁。假如贸易保护主义确实是一种严重趋势，中国成功实行30多年的战略就需要做出重大改动。然而，只要从理论上真正认识到包括国际劳动分工在内的劳动分工是推动经济增长的最重要因素，就会冷静看待并纠正这样一个夸大的说法：贸易保护主义是或有可能成为当代经济领域的主要趋势。鉴于劳动分工是推动经济增长的最重要力量，当贸易保护主义发展到严重扰乱国际劳动分工的程度时，就会对世界经济造成非常强烈的负面影响。1929年后，贸易保护主义卷土重来，国际贸易崩溃，不可避免地造成了灾难性的后果，最终在多种因素的作用下酿成了"大萧条"和第二次世界大战。

　　为将当前贸易保护主义趋势实际存在的弊端置于其所处的背景下加以考察，表5-2显示了1820年以来各时期的世界出口增长情况，并将其与同一时期的世界生产增长情况相比较。从中可以看出，出口增长高于生产增长的时期正是贸易全球化增强的时期，而出口增长低于生产增长则意味着贸易"去全球化"占主导地位。从中还可以看出，全球化没有增强且贸易保护主义成为主要趋势的唯一时期是从第一次世界大战开始到第二次世界大战结束的这一段时间。最近这一时期，全球化进程不仅没有衰退，反而明显地持续下来，贸易增长继续超过生产增长。2008年后，世界贸易遭遇的挫折在规模和范围上并未达到使贸易全球化总体进程发生逆转的程度。

表 5-2　世界生产与出口年均增长率（%）

	1820—1870	1870—1913	1913—1950	1950—1973	1973—1989	1990—2012
出口	4.2	3.9	1.0	8.6	3.6	5.7
生产	2.4	2.5	2.0	4.9	2.6	2.7
出口相当于生产的百分比	175	156	50	176	138	211

资料来源：1820—1989年（肯伍德和拉菲德，1991年）；1990—2012年根据世界银行《世界发展指标》关于货物出口和服务的数据。

美国经济

为进一步说明上述情况，我们对世界上最强大的经济体美国在全球贸易领域130年来的主要趋势进行了追踪。美国进出口总趋势见图5-2。该图明确显示：

- 第一次世界大战前美国经济相对开放。
- 两次世界大战之间美国贸易急剧衰落。
- 第二次世界大战以来国际贸易在美国经济中的作用显著扩张。

尽管最近一段时期不可避免地出现了"贸易保护主义"的周期性起落，但那种认为在美国这个世界上最大的经济体中"贸易保护主义"显著上升的观点显然是不符合事实的。目前的动态与两次世界大战期间世界贸易分崩离析的局面根本不可同日而语。因此，尽管美国目前发生了一些个别性的贸易保护主义事件，尽管这些个别性事件有可能对个别领域或行业造成严重影响，但在第二次世界大战后直到今天，贸易在美国经济中的作用总体上仍呈扩张趋势，大体上依然处于历史上的最高水平。

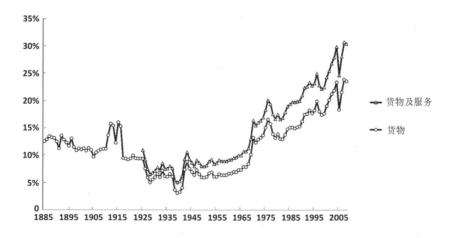

图5-2　美国贸易进出口总额在本国GDP中所占的比重

资料来源：根据美国经济分析局NIPA统计表及《经济学人》发布的《百年经济统计数据》计算。

对于贸易和贸易保护主义的真实情况，不仅美国领导人，而且所有主要经济体的领导人，都有清醒的认识；认识到这一现实，就会明白那些周期性出现的关于贸易保护主义日益成为当今主要趋势的言过其实的说法都是虚妄的。贸易保护主义的迅速发展及其对劳动分工的扰乱势必会导致灾难性的经济危机，所有大国都意识到这一点。因此，尽管美国试图通过"跨太平洋伙伴关系""跨大西洋贸易与投资伙伴关系"之类的举措促使贸易"回转"，但在美国没有任何重要势力试图"回转"向彻底的贸易保护主义。

全球贸易趋势

从历史的角度看，贸易保护主义及其影响是相对的，并没有有些人想象的那么严重，这一结论不仅适用于美国，而且适用于全球经济。为说明这个问题，我们特意搜罗了一份关于近期全球贸易的全面数据，如图 5-3 所示。该图显示全球

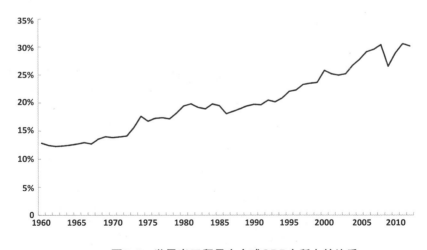

图5-3　世界出口贸易在全球GDP中所占的比重

资料来源：世界银行《世界发展指标》。

贸易在全球 GDP 中所占比重的变动趋势与美国相同。全球贸易并没有倒退到原来较低的水平。贸易保护主义有可能影响到某些特定行业，但对于全球贸易来说，只是一个较为次要的方面，目前的总体国际趋势依然是全球化。因此，中国面对的基本趋势依然是全球化而不是贸易保护主义，中国的经济战略是成功的，要想继续成功，就必须继续将其经济战略建立在这一趋势的基础上。

大陆板块级经济体的形成

最后一点，在全球化大背景下，贸易领域那些更为具体的趋势对中国的总体经济战略和在亚洲推行的"一带一路"计划等区域性战略举措发挥着重大作用。这些区域性战略举措是与其他地区的发展相一致的。应特别指出，尽管全球化依然是目前的总体趋势，但其在国际范围内不同地点的表现并不是没有差别的。地缘因素仍旧发挥着重大作用。

在全球贸易蓬勃发展的大背景下，令人瞩目的是，国际劳动分工的发展已达到这样一个程度：曾在整个 19 世纪和 20 世纪大部分时间内普遍存在于欧洲（如德国、英国、法国等）、目前仍存在于亚洲大部分地区（如泰国、马来西亚、柬埔寨等）的"经典"规模的民族国家因其规模太小，已经不再构成具有充分资格的单独经济单位。这一趋势促成了全球化，但这种全球化并没有导致充分"匀质化"的全球经济体产生，而是日益形成为若干"大陆板块级"经济单位，取代了以前的"国家级"经济单位。所谓充分"匀质化"的全球经济体，正如托马斯·弗里德曼在其名作《世界是平的》中宣称的那种状态一样，[34] 事实上是不存在的。全球经济并不是"平的"，也就是说，全球经济中的各组成部分并不是均匀分布并在同等程度上相互联系和相互影响的，而是分别形成若干经济"结合体"，但这种结合体在规模上指的是某个大陆板块，而不是某个国家；各结合体在很大程度上是相互联系和相互影响的。

上述分析不仅有助于理解中国最近的战略举措，也有助于理解当代经济和地缘方面的发展趋势。为明确说明"大陆板块级"经济体概念的历史起源，现聊举一例：由于美国不仅是世界上最大的经济体，其人均 GDP 在世界主要经济体中也是最高的，因此人们有时误以为美国在全球经济中享有至尊地位的决定性因素是其较高的生产率；但只要列举一下有关数字，就很容易发现这种观点是错误的。以购买力平价转换系数衡量的美国人均 GDP 比其历史上的欧洲对手德国高 22%，二者之间的差距确实不小，但也并非大得不可想象；按现行汇率计算，二者之间的差距现已缩小到 18%。但不要忘记，美国人口相当于德国的 380%。正是美国比德国大得多这一事实，而不是美国相对于德国的生产率优势，在更大程度上决定着美国相对于德国的至尊地位。

从这个角度看，"大陆板块级"经济体正式形成之前的历史演变，即全球经济主要区域的发展脉络是清晰的：

● 美国是第一个大陆板块级经济体。

● 苏联是第二个大陆板块级经济体（现已崩溃）——目前尚不能确定最终将有多少苏联加盟共和国加入普京倡导的欧亚经济联盟。

● 中国是第三个大陆板块级经济体。

● 印度是第四个大陆板块级经济体。

● 如欧盟最终成功实现一体化，则欧盟将成为第五个大陆板块级经济体。

为充分利用国际劳动分工、国际贸易和其他因素的优势，那些最成功的"大陆板块级经济体"明显倾向于将自身与周围地区结合为一体，即使在没有政治结盟的情形下也是如此。美国正是在这一背景下与墨西哥和加拿大建立了牢固的经济联系，并以《北美自由贸易协定》为纽带将其正式确定下来。欧盟以最初的 6 个西欧国家为核心逐步扩张，现已发展成为包括 28 个成员国和若干密切联系国的欧洲一体化经济区。

较小的经济体希望与较大的"大陆板块级"经济体结盟，这种愿望本身体现了这样一个现实：较小的经济体仅靠自身的力量无法实现为确保现代经济高效运行所必需的生产规模。它们的相互结合可实现"双赢"结果，即大陆板块级经济体得以进一步扩大其对全球劳动分工的参与范围并从中受益，而较小的经济体得以加强其与较大经济体的联系并从中受益。这种"双赢"结果必将导致较小经济体和较大经济体相互受益的更密切联系。如较小的经济体孤立于这种一体化趋势之外，就无法参与到不断发展的全球劳动分工之中并从中受益，这对其自身的经济增长非常不利。

中国的"一带一路"计划以及其他国家对中国的积极响应最终促成了亚洲基础设施投资银行的成立，因此，不应孤立看待中国的这一战略举措和有关国家的积极响应，而应将其视为全球总趋势的组成部分。中国的优势在于它本身就是一个"大陆板块级"经济体，但为取得进一步成功，即使中国这样一个庞大的经济体，也需要加强与其周边其他经济体的一体化进程；而中国周边这些较小的经济体也得益于它们与中国这个大陆板块级经济体的密切关系。尽管亚洲国家无意建立欧盟那样的政治一体化集团（正如加拿大或墨西哥无意与美国建立政治一体化集团），这一趋势依旧产生了"双赢"的结果。这种经济关系正是习近平所说的"以合作共赢为核心的新型国际关系"的组成部分[35]。为确保这种经济联系长期持续下去，不仅需要自由贸易区和关税减让之类法律和政治性举措，还需要建立旨在促进贸易和国际劳动分工的物质性基础设施。这正是中国的"一带一路"计划必然辅之以亚洲基础设施投资银行等举措的原因。

亚洲经济一体化面临着一个非常重要而具体的战略性问题，那就是亚洲异乎寻常地包含着两个大陆板块级经济体，即中国和印度。因此，中国与印度的关系将在 21 世纪发挥关键性的作用。而印度也基于同样的理由欢迎中国提出的关于建立亚洲基础设施投资银行的倡议并决定成为该银行的创始国之一。

地缘政治趋势

近年来，拉美各国之间的交易有了显著的增长，削弱或取代了以往在本国对外贸易中占主导地位的本国与美国的双边贸易；对越来越多的拉美国家来说，中国已取代美国成为最大的贸易伙伴。[36]一些非洲国家在中国的强力支持下为加强旨在促进非洲经济一体化的基础设施建设做出了不懈的努力,尽管非洲经济一体化进程目前仍处于起步阶段。

面对区域经济一体化趋势,那些不属于任何大陆板块级经济体的国家面临着严峻的选择:

● 日本之所以一再发生政治危机,是因为日本在战略及政策方面的内在冲突:日本在经济方面倾向于中国"大陆板块级经济体",试图与中国建立尽可能密切的关系,以便取得更大的经济利益;而在军事和政治方面则与美国"大陆板块级经济体"结盟。

● 澳大利亚也面临着类似的问题:澳大利亚与中国的经济关系在其对外经济关系中占主导地位,但在军事和政治上则与美国结盟。这两种政策取向是相互冲突的,澳大利亚正试图解决这个矛盾。

● 英国在与欧盟关系方面经常发生政治危机,这种危机体现了英国在其与美国和欧盟这两个大陆板块级经济体的关系方面存在的矛盾和冲突。

东南亚各国也同样面临着怎样处理其与中国和美国这两个大陆板块级经济体之间的关系问题。有些国家如菲律宾,采取了对美国恭顺、对中国挑衅的态度;印度尼西亚,则采取了"非政治"立场,试图在各种趋势之间保持平衡;如泰国,长期以来在这个问题上存在着分歧。幸运的是,中国并没有面临这种进退两难的选择。中国的"民族复兴"战略要求中国继续加强其"大陆板块级经济体",而这又反过来要求中国与周边国家建立互惠互利的关系。在可预见到的将来,在这些周边国家中,没有任何一个国家能够发展成为足以吸引中国的另一个经济核心。

"大陆板块级经济体"的发展逻辑目前是有利于中国的。只是到 21 世纪后期,印度的经济有可能发展起来;也只有在那时,亚洲经济总体布局才有可能发生变化。至于目前,尽管印度有可能寻求美国的军事保证,但只有中国才是印度次大陆经济发展的决定因素。亚洲地区本身并没有足以使中国感到棘手的决定性问题,但美国的干预可能对中国造成一些麻烦——第 21 章将会对此做出分析。

06 > 产生"1 美元"GDP，谁投入更少？

上一章中探讨的中间产品增长是不断增强的劳动分工影响的首要体现，计量经济学分析表明，中间产品增长是阐释经济增长的最有力的依据。在一国范围内，中间产品增长可直接衡量；而在国际层面上，鉴于中间产品是贸易量中最大的部分，贸易在经济中的比重不断增加体现了同样的进程，并说明了"开放型"经济体相对于"封闭型"经济体的优越性。从上述分析中可以体会到中国"对外开放"战略的决定性作用。同时，中间产品增长也是"间接化"生产模式下生产环节中间接投入相对于直接投入增长的首要体现。

由此，我们遇到一个对中国经济发展战略具有极其重要意义的根本性问题：在以利用国际劳动分工为特征的经济模式下，即"开放型"经济模式下，就索洛加以分析的诸要素而言，哪个要素在计量意义上更为重要——是资本，劳动，抑或全要素生产率？这对经济政策具有决定性影响。使用现代计量经济学已明确的量化方式人们已经证实，在经济发展诸要素中：

• 经济发展诸"索洛要素"中，最重要的要素是固定资产投资，该要素对全球经济增长的贡献率为 53%，对发达经济体经济增长的贡献率为 57%。

• 比较重要的要素是劳动投入增加，该要素对全球经济增长的贡献率为 30%，对发达经济体经济增长的贡献率为 32%。

• 次要的要素是全要素生产率增长，该要素对全球经济增长的贡献率为 18%，对发达经济体经济增长的贡献率为 11%。

对单独经济体的研究也证实了上述基于全球意义上的经济增长诸要素重要程度排列次序的正确性。

应当指出，在上述分析中，资本和劳动投入的类型在不同的经济发展阶段是不同的。在经济发展早期阶段，固定资产投资通常主要是单纯的数量上的增长，其投资领域是自然资源密集型行业，但随着经济发展，投资领域逐渐转向技术升级和创新。同样地，在经济发展早期阶段，劳动投入的增加主要表现为"数量上"的增加，即经济体中劳动时数的增加；而在经济发展的较高级阶段，劳动"质量"的改进则发挥着更大的作用，这里所说的"质量"是指劳动者接受的教育和掌握的技能。上述趋势将在下文中予以分析。在本书中，将按生产环节的"索洛要素"（资本、劳动、全要素生产率）在数量意义上的重要性排列次序加以分析，同时分析这种数量意义上的重要性排列次序对于中国和其他国家经济发展战略的重要意义。

贸易和投资

第 5 章已经指出，实证性研究表明，经济"开放性"与高度固定资产投资呈明确的正相关关系。正如拉迪所言，"经济越开放，储蓄率和投资率就越高"，而在进口替代型战略下，"那些导致效率低下的因素造成经济中的实际产出减少，通常进而造成储蓄和投资减少"。萨克斯和瓦尔纳发现："在开放型经济体中，投资对GDP 的比率非常高，（开放型经济体）将该投资比率提高了平均 5.4 个百分点。"[37]

然而，贸易开放性与固定资产投资之间的这种正相关关系有时仅被视为一种实际观测到的相关关系，好像它们是两个互不相干的因素。但在上文介绍的更基本的分析模式中，这种相关性是存在的，因为它反映的是一个而不是两个基本过程，是"迂回生产"增强的进一步体现，涉及生产环节间接投入相对于直接投入的增加。较高的开放性，即对国际劳动分工的较高的参与程度，以及较高的固定资产投资，体现了生产环节间接投入所占比重的增加。资本性货物就是一种具体的间接投入。贸易开放化和高度固定资产投资是不断增强的劳动分工的体现，因此，中国在贸易上的高度开放和高度的固定资产投资反映了一个基本趋势，而不是两个；上述两个方面的结合基本上可以说明中国在经济上取得重大成功的原因。

上一章已经指出，中国是一个比美国或日本更"开放"的经济体，中国在更大程度上利用了国际劳动分工的优越性，因此中国取得了经济发展方面的优势。本章将会谈到，中国在推动经济增长的第二个最重要因素即固定资产投资方面也超过其他主要经济体。也就是说，中国不仅是一个更开放的经济体，而且是一个固定资产投资所占比重较高的经济体，这两个方面决定了中国是一个比其他主要经济体具有更多"斯密主义"或"马克思主义"特征的经济体。中国在推动经济发展第一个和第二个最重要且最可量化的因素上超过其他主要经济体，这正是中国取得高速经济增长的主要原因。

分析这个问题还有助于消除这样一个错误观点：因为中国固定资产投资占GDP的比重远远高于美国，所以中国的投资"过高"[38]。本章将用事实说明，与上述错误观点恰恰相反，中国对固定资产的高度投资是符合经济理论预测的发展趋势的，而且这种高度投资只不过是持续保持较高增长率的"领先"经济体在其发展过程中最近时期出现的现象。

迂回生产和固定资产投资

关于固定资产投资所起的作用，从会计学角度看，正如琼斯所言："中间产品只是资本的另一种形式，其价值在生产过程中实现完全转移。"一旦认识到这一点，就会对固定资产投资所起的作用有清晰明确的认识。"[39]然而，并非所有资本投入都会在一个生产周期内实现价值的完全转移，例如那些不属于固定资产投资的资本投入，通常在若干生产周期内完成价值转移。因此，固定资产投资是生产环节另一项间接投入。中间产品的增长、生产的日益全球化，以及固定资产投资在经济中所占比重不断增长——斯密首先对此进行了开创性分析，马克思加以继续——无一不是在不断增强的劳动分工 / 劳动社会化的推动下实现的。不断增强的劳动分工 / 劳动社会化在固定资产投资领域对中国和全球经济的影响是明显的，是中国取得巨大经济成就的第二个关键因素。

斯密对投资增长的分析

斯密明确地指出，固定资产投资在经济中所占的比重必将随着生产领域资本密集化程度的加深而增长。鉴于现代计量经济学证明斯密的观点是正确的，鉴于西方始终有人用经不起事实考验的错误观点否定斯密，鉴于了解这种错误观点有助于廓清关于中国经济成功原因的某些误解，在此将对这个问题进行系统化的阐述。这里首先进行原始分析，然后用事实加以证明。

斯密指出，在劳动分工程度很低的时期，是不需要进行巨大投资的：

> 在社会尚处于原始状态时，劳动分工是不存在的，交换也很少进行，每个人独自制备自身生存所需的一切东西，在这种情况下，根本没有必要事先积聚或储存任何货物以供社会所需。[40]

然而，不断增强的劳动分工使投资成为必需：

> 在拟进行的工作由一系列环节组成时，为确保每个人处于持续雇佣状态，就需要投入大量的资本，该资本远远高于在每个人只是偶然被雇佣从事某个工作环节的情形下需要投入的资本。[41]

因此，随着一个国家达到较高的发展程度，拥有较高的生产率和较复杂的劳动分工，投资在经济中所占的比重势必逐渐增加：

鉴于货物积聚必然发生在劳动分工之前，因此只有在货物积聚得越来越多的情形下，劳动才能分解得越来越细……因此，随着劳动分工的深化，为确保雇佣与过去数量相同的工人，就必须事先积聚与过去数量相同的生活必需品，并积聚比过去数量更大的原材料和工具。[42]

投资在经济中的比重不断增加这一事实不仅体现在制造业和服务业，也同样体现在农业。因此，斯密就"年产值中用于……抵偿资本的部分和体现为租金收入或利润的收益部分之间的比例"指出：

富国的这一比例截然不同于穷国的这一比例……目前，在欧洲的富裕国家，土地生产物有很大一部分，往往是最大的一部分，用来抵偿富农或自耕农的资本……但在古代封建政权盛行的时期，土地生产物的很小一部分就足以抵偿在耕作该土地过程中投入的资本。[43]

斯密预测到，投资在经济中所占的比重将随着经济发展而增加，这当然是经得起检验的有事实根据的预测；事实上，人们对此进行了广泛的调研，所有调研结果都无一例外地支持斯密的结论。

斯密以后的实证性分析

斯密的这一观点被包括李嘉图[44]、马克思[45]和凯恩斯[46]在内的大部分后续研究者接受。然而，弗里德曼根据他掌握的美国数据对斯密的这一观点提出了质疑；他更关注的是在这一趋势下产生的经济不稳定性所具有的潜在影响。[47]随之而来的争论刺激了进一步的实证性分析，现代计量经济学研究成果无可置疑地表明弗里德曼是错误的，因为他依靠的只是美国数据，而不是国际数据，而由斯密创立并经李嘉图、马克思直至凯恩斯加以继承和完善的分析方法是正确的。确实，美国固定资产投资在本国 GDP 中所占的比重并未增加，但美国只是一个例外，不代表全球趋势；而其他主要经济体，特别是那些增长迅速的经济体，固定资产投资在本国 GDP 中所占的比重始终呈上升趋势。[48]这一发现直接关系着怎样认识美国经济增长落后于中国这一事实以及美国最近时期的衰退和目前全球经济状况。

斯密的天才在于他准确预测到固定资产投资在经济中所占的比重不断增长这一趋势，斯密去世后两个世纪以来的经济发展进程表明斯密的预测是正确的；而那些生活在当代，却没有准确观测到这一趋势的人士是没有任何理由为自己辩解的。鉴于斯密的结论向来被其伟大的后继者所追随，并且对于理解中国的经济趋势和全球经济具有根本性的意义，下文将对这一问题进行全面的探讨。

在不同经济发展时期的领先经济体

首先我们将分析的视角拉向遥远的历史，以便读者对中国经济发展的历史背景有所了解。图 6-1 显示了自工业革命以来，相继在经济发展史上不同阶段"领先"的经济体，即在某特定历史时期经济增长最强劲的经济体。鉴于这些主要经济体长期以来始终是人们的重点研究对象，才有了在漫长历史时期积累下来的数据可供使用。

在图中诸多"领先"经济体中，首推工业革命前的英国。继英国首先崛起之后，其他相继在经济增长和经济发展的不同历史阶段领先的经济体依次为：美国，自 19 世纪后期至今；西德（原联邦德国，现归德国），第二次世界大战后"经济奇迹"时期；日本，20 世纪 60 年代和 70 年代；亚洲"四小龙"诸经济体，这里以 20 世纪 80 年代的韩国为例以及当前的中国。显然，中国固定资产投资程度较高这一事实不能孤立看待，也并非越轨之举，只不过是其长期历史发展进程中的最新环节，早有经济理论预测到这一趋势。这恰恰说明中国的经济发展道路既是完全中国化的，具有鲜明的"中国特色"，同时也是符合经济发展的"普遍"规律的。

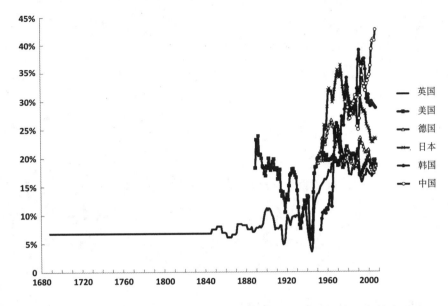

图6-1 不同阶段"领先"经济体固定资产投资在GDP中所占的比重

图 6-1 显示了固定资产投资在 GDP 中所占的比重不断增加的历史趋势及其与经济增长速度不断提高之间的关联性。鉴于在各历史阶段，固定资产投资在 GDP 中所占比例最高值总是出现在某一时期经济增长最快的经济体中（并且这一阶段该经济体的增长速度快于其以前的增长速度），故下文按历史顺序加以介绍：

● 在工业革命前不久和工业革命期间，英格兰和威尔士的固定资产投资在英国 GDP 中所占的比重为 5% ~ 7%。19 世纪略有增长，第一次世界大战前达到英国 GDP 的 10% 以上。英国的投资水平足以支撑任何一个国家的工业化，但其增长按现行国际标准来看是缓慢的，每年只有 2% 左右，尽管其在历史上曾长期保持史无前例的增长速度。

● 到 19 世纪后期，美国固定资产投资在本国 GDP 中所占的比重远远超过英国，该世纪最后 10 年达到 20% 左右。这一比重自 19 世纪末开始急剧下降，第一次世界大战和第二次世界大战期间下降得尤为明显，这显然是受到"大萧条"的影响。第二次世界大战后，美国恢复到了以前的投资水平。由于固定资产投资在本国 GDP 中所占的比重在相当长时间内呈上升趋势，自 1870 年到 1980 年，美国经济年均增长率为 3.5%，其 GDP 在 1870 年左右超过了英国。[49]

• 第二次世界大战后的一段时间内，德国固定资产投资在本国 GDP 中所占的比重超过 25%。1951—1964 年是战后德国"经济奇迹"时期，年均经济增长率达到 6.8%，这是世界上一个主要经济体首次在相当长的时间内保持高于美国的经济增长速度。

• 自 20 世纪 60 年代初以来，日本固定资本总值在本国 GDP 中所占的比重达到 30%，20 世纪 70 年代初达到创纪录的 35%，此后急剧下降。在高投资时期，日本经济年均增长率为 8.6%。

• 20 世纪 70 年代后，韩国固定资产投资在本国 GDP 中所占的比重达到 30%，80 年代增长到 35% 以上。亚洲"四小龙"的其他经济体，即新加坡、中国香港和中国台湾，增长情况与其类似。这一时期，韩国经济年均增长率为 8.3%，而新加坡经济在 20 世纪 80 年代前 5 年的年均增长率高达 9.3%。

• 自 20 世纪 90 年代初以来，中国固定资产投资在本国 GDP 中的比重长期保持在 35%，自本世纪初以来增长到 40% 以上。1978—2014 年，中国经济的年均增长率为 9.8%。[50]

从上述数据可以看出，中国固定资产投资高并非越轨之举，只不过是其固定资产投资在本国 GDP 中所占比重跨世纪持续增长必然达到的高度；固定资产投资比重的较快增长总是与较快的经济增长联系在一起的。

主要经济体

为说明固定资产投资比重不断增长不仅适用于领先经济体，图 6-2 显示了主要工业化经济体在这方面的增长趋势，有关数据是麦迪逊根据一个世纪或更长时间的原始数据计算出来的（1992 年）。可以看出，这些数据明确显示了投资在 GDP 中不断增长的趋势，美国的情况并没有体现这个历史趋势，这是一种例外，而不是常态。请看下列主要工业化经济体：

- 法国固定资产投资在本国 GDP 中所占的比重从 1820 年的 9% 增长到 1950 年的 15%，进而增长到 1989 年的 21%。

- 德国可比较数字分别为：15%，1925 年；19%，1950 年；26%，1966 年。

- 日本固定资产投资在本国 GDP 中所占的比重分别为：11%，1885 年；18%，1938 年；30% 以上，20 世纪 70 年代。

- 英国可比较数字分别为：8%，1870 年；11%，1938 年；19%，1989 年。

从上述数据可以看出，主要发达经济体固定资产投资在本国 GDP 中所占的比重在历史上长期呈增长趋势，美国是一个例外。

与发达经济体相比，发展中经济体的长期数据并不完备，这也是意料之中的事情；但麦迪逊竟然计算出了印度、韩国、中国台湾地区的长期数据，也计算出了日本的长期数据（19 世纪的日本是被作为发展中经济体看待的）。如图 6-3 所示，

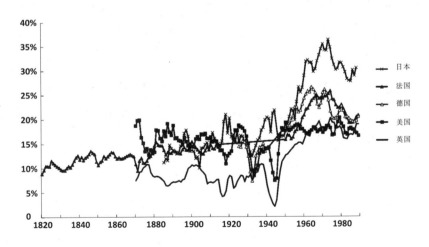

图6-2 国内固定资本构成总额在GDP中所占的比重

资料来源：麦迪逊《从长期视角看储蓄》。

发展中经济体固定资产投资在其 GDP 中所占的比重也呈上升趋势。

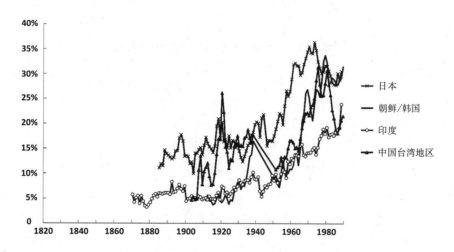

图6-3 部分发展中经济体固定资本构成总额在GDP中所占的比重

资料来源：麦迪逊《从长期视角看储蓄》。

经济增长核算

大多数国家最近时期的全面性数据比较完备，这使我们有可能进行详尽具体的经济增长核算。表 6-1 显示了资本、劳动和全要素生产率在不同经济发展阶段对全球经济和各类经济体的经济增长贡献率。此表不包括关于中间产品的国际数据，其原因如第 5 章所示。从表 6-1 中可以看出，在生产领域诸"索洛因素"（资本、劳动、全要素生产率）中，推动经济增长的最重要的因素是固定资产投资。确实，全球经济增长量的 52.5% 来源于固定资产投资（资本）；固定资产投资在全球经济增长量中占大部分，这一事实不仅体现在全球经济总体，而且体现于全球经济中的所有主要行业。于明姜指出：

在全球经济和有关区域性经济体中，资本投入在 GDP 增长量中所占的份额超过 50%。[51]

表 6-1　1990—2010 年 GDP 增长要素

	全球	发达经济体	发展中经济体		
			全部	亚洲	亚洲外
年均增长率（%）					
资本	1.7	1.3	1.9	3.0	1.6
劳动	1.0	0.7	1.1	1.3	1.0
全要素生产率	0.6	0.2	0.9	1.2	0.6
GDP	3.3	2.3	3.6	5.5	3.2
对 GDP 增长的贡献率（%）					
资本	52.5	56.9	51.8	55.2	50.6
劳动	29.7	32.4	29.3	22.9	31.5
全要素生产率	17.8	10.7	18.9	21.9	17.9
合计	100.0	100.0	100.0	100.0	100.0

表 6-1 还表明，固定资产投资是推动经济增长的最重要且最可衡量的因素，而且经济发展程度越高，固定资产投资对经济增长的贡献率就越大。在发展中经济体中，固定资产投资对经济增长的贡献率为 51.8%，而在发达经济体中，固定资产投资对经济增长的贡献率则为 56.9%。而且，即使在发展中经济体中，固定资产投资对经济增长的贡献率也呈上升趋势：在亚洲以外的发展中经济体，固定资产投资对经济增长的贡献率为 50.6%，而在亚洲发展中经济体中，固定资产投资对经济增长的贡献率为 55.2%，后者是最成功的发展中经济体，其经济发展程度与发达经济体的差距迅速缩短。

从上述分析可以看出，现代计量经济学无可置疑地证实斯密、李嘉图、马克思和凯恩斯的结论是正确的。固定资产投资在 GDP 中所占的比重随经济发展而增长，也就是说，随着经济的发展，资本密集化程度越来越高。显然，这一结论对全球经济和中国经济的发展具有重要意义。这一结论还是第 11 章所考察的林毅夫经济发展分析模式的依据。.

高于美国的中国投资

在第 5 章我们说过，中国贸易在相当程度上比其他两个最大经济体即美国和日本更加开放。鉴于经济"开放"与经济增长密切相关，鉴于形成这种关系的根本原因，预计这种开放有助于中国经济以高于美国的速度增长。然而，正如本章所言，固定资产投资是推动经济增长的第二个重要因素，就中国享有的相对于美国的优势而言，与贸易上的开放度相比，中国在固定资产投资方面享有更具决定性意义的优势。如图 6-4 所示，截至 2014 年，美国 GDP 的 19.3% 用于固定资产投资，而中国高达 44.2%，也就是说，中国经济总量中用于固定资产投资的比重是美国的 2 倍多。

图6-4 中国和美国的固定资产投资在本国GDP中所占的比重

资料来源: 世界银行《世界发展指标》.

但实际上,图 6-4 低估了中国在投资方面享有的相对于美国的优势。图 6-4
中的数据是以投资毛额为依据的,也就是说,没有考虑到资本消耗(即折旧)问题。
而图 6-5 显示,一旦将资本消耗纳入考虑范围,中国享有的相对于美国的优势将
是压倒性的。2011 年,即世界银行国际可比较数据截止年份,中国的固定资产投
资净额相当于其国民总收入的 29.3%,而美国仅为 3.6%。

在推动经济增长的第二个最重要因素固定资产投资方面,中国远远领先于美
国,这必然使中国具有相对于美国的决定性经济增长优势,也是中国经济表现卓
越的根本原因。与美国相比,中国经济无论在贸易还是固定资产投资方面都更顺
应劳动分工这一推动经济增长的最重要力量。中国的固定资产投资根本不存在投
资过高的问题,中国始终将保持较高的固定资产投资视为确保其经济增长速度远
远超过美国的基本因素。

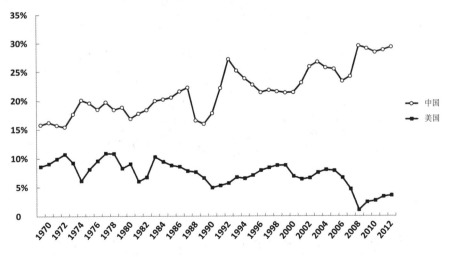

图6-5　中国和美国固定资产投资净额在国民总收入中所占的比重

资料来源:世界银行《世界发展指标》。

中国在投资效率方面的优势

只有在一种情况下，中国不能将其高于美国的固定资产投资转化为决定性的经济增长优势，那就是：中国的投资效率远远低于美国，以至于中国比美国高出的投资额完全被美国比中国高出的投资效率所抵消。经济学界有一小撮满口呓语、凭借其漫无边际的想象肆意抹黑中国的人士，宣称中国的固定资产投资效率极低，根本不能促成堪与西方国家相比的经济增长，美国《商业周刊》中的一篇文章就是一个典型的例子，它声称：在中国，产生相当于 1 美元的 GDP，需要 5—7 美元的投资；而在发达地区，如北美、日本和西欧，则只需 1—2 美元的投资。[52]

查尔斯·杜马斯也声称：中国极其擅长胡乱投资，浪费钱财。[53]

事实上，产生相当于 1 美元的 GDP 需要多少投资有常规的经济学指标，即增量资本产出率。[54]增量资本产出率的衡量有清楚明确的尺度。而中国产生"相当于 1 美元"的 GDP 所需的投资远远低于美国、日本或西欧，也就是说，中国的固定资产投资在促成经济增长方面的效率高于西方经济体。

增量资本产出率的衡量

关于投资在促成经济增长方面的效率的实际情况见表 6-2，该表给出了 G8和金砖国家各经济体的增量资本产出率。该表取国际金融危机爆发直到最近期间的平均值，以消除纯粹短期性波动造成的不利影响，时间下限为相应数据资料可供利用的最近期间。从表中可以看出，2008—2013 年，中国要使其经济增长 1%，只需投入相当于其 GDP 5.0% 的资金，而美国则需投入 19.2%，也就是说，中国的投资在促成 GDP 增长方面的效率几乎相当于美国的 4 倍。按美国《商业周刊》的表述方法就是：中国产生相当于 1 美元的 GDP，需要投入 5 美元，而美国则需要投入 19 美元。

表 6-2　G8 和金砖国家增量资本产出率

GDP 增长 1% 所需投资量在 GDP 中所占比重

	2002—2007 年、2008—2013 年的增量资本产出率（%）	2002—2007 年平均值（%）	2008—2013 年平均值（%）
印度	33	3.6	4.8
中国	43	3.5	5.0
巴西	40	4.3	6.0
俄罗斯	358	2.6	11.9
加拿大	110	8.3	17.4
德国	94	13.9	27.0
美国	131	8.3	19.2
法国	1405	11.9	179.1
日本	1345	14.2	205.2
英国	—	5.8	GDP 负增长
意大利	—	18.3	GDP 负增长

金融危机的影响

　　然而，有人可能会说，自 2007 年以来，美国一直在最糟糕的经济衰退中苦苦挣扎，迄今已有 9 年时间了，这一事实必然体现在中美投资效率比较值的增减上。这个理由是完全正当的，为消除上述因素的影响，表 6-2 还给出了这场国际金融危机爆发前的对等期间即 2002—2007 年的数据。可以看出，在此期间，美国要使其 GDP 增长 1%，需要投入相当于其 GDP 8.3% 的资金，而中国只需投入 3.5%，也就是说，中国投资在促成经济增长方面的效率是美国的 2.3 倍，[55] 这说明中国投资在促成经济增长方面的效率高于西方国家。

从表 6-2 还可以看出，在不进行国际比较的情形下孤立地研究中国的增量资本产出率即固定资产投资效率是非常具有误导性的。表 6-2 显示，2007 年后，各主要经济体的增量资本产出率始终在恶化，也就是说，国际金融危机的影响在全球范围内降低了固定资产投资在促成经济增长方面的效率。不过，中国的增量资本产出率的恶化程度远远低于包括美国在内的七国集团诸经济体。中国的固定资产投资在促成经济增长方面的效率虽然也在下降，但其下降程度低于几乎所有主要经济体，特别是远远低于七国集团诸经济体，如果注意不到这个事实就贸然宣称中国的固定资产投资效率恶化，那显然是极具误导性的。

为什么中国的经济不会急剧变缓

表 6-2 还明确显示了为确保中国经济从根本上变缓需要采取的举措，即"硬着陆"方案，并说明了为什么这种情况不会发生。中国的经济增长，与其他任何经济体的经济增长一样，取决于一种基本核算：

GDP 增长 = 固定资产投资在 GDP 中所占的比重 × 增量资本产出率。

上述关联性必然是真实的，只有在发生下列一个或两个事件时，中国经济才会急剧趋缓：

- 中国固定资产投资在本国 GDP 中所占的比重急剧下降。

- 中国的增量资本产出率严重恶化。

上述两个事件都没有发生

- 根据国家账户和月度数据发现，中国固定资产投资在本国 GDP 中所占的比重略有下降，但并非根本性逆转——第 22 章将会对此做出分析。再者，由于中国国有经济成分体量庞大，中国的"社会主义市场经济"体制有能力以"资本主义市场经济"体制根本不可能具有的手段控制其固定资产投资程度——第 15 章将会对此做出分析。

* 2008 年后，与几乎所有主要经济体一样，中国的增量资本产出率也发生恶化，但至少仍优于美国和七国集团诸经济体。

鉴于上述事实，结论是明确的：中国经济虽然增长趋缓，但并未急剧下降。那些试图预测中国经济将发生严重停滞的人士，要使其预测成立，就必须解释清中国的固定资产投资在本国 GDP 中所占的比重为什么将会急剧下降，或其增量资本产出率为什么将会急剧恶化。上述数量关系是无法避免的。如果他们不能证实上述数量变化，则中国经济不可能急剧趋缓，他们据此做出的断言就完全是信口开河。"中国将急剧滞缓"论试图避免量化问题，站在他们的角度看，这是正确的：因为一旦涉及量化问题，就会立即暴露出他们的观点是错误的。

07 > "未老先富" PK "未富先老"

前面已经对事关中国能否实现繁荣且直接推动经济发展的两个最重要因素——经济"对外开放"和固定资产投资——进行了分析。然而，上一章表6-1显示，在直接推动经济发展的诸"索洛要素"中，仅次于固定资产投资的第二个最重要且可量化的要素是劳动投入的增长。劳动投入的增长对全球经济增长的贡献率为29.7%，对发展中经济体的经济增长贡献率为29.3%，对发达经济体的经济增长贡献率为32.4%。劳动投入对全球经济增长的贡献率比全要素生产率高三分之二，对发展中经济体的经济增长贡献率比全要素生产率高二分之一以上，对发达经济体的经济增长贡献率比全要素生产率高三倍以上。

但我们从上述数字中很快就会发现，在经济增长诸要素中，固定资产投资的增加是一个比劳动投入重要得多的要素。固定资产投资对全球经济增长的贡献率比劳动投入高四分之三，对发展中经济体和发达经济体的经济增长贡献率也分别比劳动投入高四分之三。再者，正如第5章所示，固定资产投资本身就是仅次于劳动分工的直接推动经济增长的第二个重要的要素。而劳动只是直接推动经济发展的第三个重要的要素，因而很难想象劳动投入问题在重要程度上可以决定性地超过中国在经济开放性和固定资产投资方面的优势。不过，也有一种观点认为，中国因其人口因素不可能实现繁荣，这种人口因素据称会造成劳动投入的变化，致使中国不可能继续保持其快速经济增长，阻碍其走向繁荣之路。这一观点的事实根据是：由于长期推行计划生育政策，中国的劳动年龄人口已不再增长，并将开始有所收缩。针对这一观点，"柔性"异端人士认为：与中国相比，印度那样的国家才享有"人口红利"，因为其劳动年龄人口数量仍在继续扩大。而"灾难论"异端人士则认为：中国的经济将会因其劳动年龄人口增长趋势突然停顿而急剧滞缓，这就是众所周知的"中国未富先老"论。这种认为中国因其人口因素不可能实现繁荣的观点有一位代表性人物戴维·皮林，他在英国《金融时报》上撰文称：

> 2011 年，其（指中国）劳动人口首次出现萎缩……日本遭遇类似转折点是在 1990 年左右，恰处于日本经济陷入长达 20 年的停滞时期前夕，这对中国来说当然不是什么好事情。当时，日本的居民生活水平几乎达到美国的 90%，而按购买力平价计算，中国的人均收入仍在美国的 20% 以下……
>
> 谭宝信（蒂莫西·比尔德森）在其所著的《蹒跚的巨人：威胁中国未来的因素》将人口问题视为妨碍中国实现富强之梦的唯一最大障碍。他准确指出……那些受滴答作响的人口定时炸弹威胁的领域。
>
> 首先是经济增长问题。中国自改革开放以来，在 35 年的时间内成功地实现了国内生产总值激增，其方法无非是将农村劳动力从生产率较低的农田转向生产率较高的工厂。如果把中国奇迹看作一首歌，它反复咏唱的就是这样一个叠句："上人！上人！上人！"[56]

遗憾的是，这是一种缺乏量化观念并且引发随之而来的掩蔽事实因而造成混淆的典型例子。这一观点犯了两个常识性错误。首先，"中国奇迹这首歌"唱的并不仅仅是"上人！上人！上人！"。事实上，劳动力供应在中国经济增长中所起的作用并不大——下文将用事实说明这个问题。其次，这一观点没有认识到经济活动日益转向"迂回生产"的趋势，这意味着相对于直接投入来说，间接投入增加更快。正如我们前面分析的那样，这一趋势不仅体现在中间产品和固定资产投资方面，而且体现在劳动方面，更准确地说是体现在"劳动力质量"的提高，即劳动者受教育程度、技能和培训的提高，随着经济发展程度的提高，它们在劳动投入中所占的比重不断增加。

熟练劳动力的增加

对经济活动趋势加以详尽的分析就会发现，在经济发展程度较低的阶段，在劳动投入增加量中仅有一小部分源于劳动力质量的提高，而大部分源于总劳动时间的增加，而总劳动时间的增加往往并不是靠延长劳动时间而是靠增加劳动人数实现的；随着经济发展，间接劳动投入以及劳动者接受教育和培训的程度就变得更加重要，而数量上的增加，即劳动时间的增加，相对来说就越来越不那么重要了。也就是说，随着经济发展，"劳动力质量"提高所发挥的作用相对上升，而"劳动数量"（劳动时间）增加所发挥的作用相对下降——下文将给出精确数据。在经济发展进程中出现了迂回生产趋势，即相对于直接投入来说，间接投入增加更明显，其原因在于劳动力质量的提高并不是"从天上掉下来的"，而是由于学校、教师、大学、培训、在线教育等方面的增加。[57]它们共同构成了旨在提高劳动力质量的间接投入。

为提高劳动者受教育程度和技能所必需的间接投入本身就是劳动分工的产物，追根溯源，斯密创立的分析研究模式就是这样认为的。斯密确实非常尖刻地嘲讽了那种认为人的技能是天生的，是不依赖劳动分工和教育投入而独立存在的观点，他说：从本质上看，一位哲学家和一名街头搬运工在天赋和性情上并没有什么不同，正如一只獒和一只灰狗。[58]

对于大规模间接投入的必要性，对于为此而在促成社会成员受教育程度和技能的提高，包括促成"哲学家的自负"方面进行投资的必要性，斯密进行了清晰明确的分析，他特别强调"人力资本"/劳动力质量投资理念的极端重要性，并对这一理念进行了系统的阐述：[59]

一台昂贵的机器投入使用了，主人必定期望它在报废前产生的巨大效用足以抵偿其为此投入的资本，并为其带来至少达到一般水平的利润。只有那些为从事需要高度技巧和技能的职业而投入了巨量劳动和时间以接受相应教育的人，才有可能获准操作该机器；作为该机器的操作者，他必定期望他所从事的工作使其获得高于一般劳动者的薪酬，以便抵偿其在教育方面投入的全部费用，并为其带来相当于等价资本产生的至少达到一般水平的利润……熟练劳动者和一般劳动者的薪酬差距就是根据这一原则确定的。[60]

旨在对劳动力质量的作用进行分析研究的现代理论是以斯密的上述观察和分析为基础的，但在原则上与其并没有什么不同。

劳动者在中国经济增长中的作用

对任何认真思考"劳动者在中国经济增长中的作用"这个问题的人来说，只需非常粗浅地计算一下就会明白，中国劳动年龄人口的增加对中国经济增长的贡献率并不大，因此那些认为中国经济增长将会因人口因素而急剧停顿、不可能实现繁荣的观点是没有根据的。如果认真分析一番就会明白，中国经济增长量的96% 源于劳动力供给量增加以外的因素。但是，既然中国劳动供给量增加所起的作用甚微这一事实是如此显而易见，以至于无须借助复杂精密的经济分析工具，那么，为什么会有那么多人认为中国的经济增长主要取决于其人口因素，进而认为中国的繁荣之路面临着严重的"人口问题挑战"？

根据自 1978 年改革之初直到 2012 年的最基本数据，中国 15—64 岁（这是国际公认的劳动年龄）人口年均增长率为 1.7%。同一时期，中国 GDP 年均增长率为9.8%，几乎是人口年均增长率的 6 倍，也就是说，中国劳动年龄人口增长率仅相当于中国 GDP 年均增长率的 17%，这表明中国的人口增长速度并不是中国经济迅速增长的全部原因，甚至也不是主要原因。

为了进一步说明这个问题，我们再来看一组数据。根据中国劳动年龄人口变化和 GDP 变化情况（为消除短期波动影响造成的误差，我们在这里取 5 年移动平均值），1983 年，即改革开始 5 年后，中国劳动年龄人口年均增长率为 2.8%；到 2000 年，下降到 1.6%；到 2012 年，仅有 0.6%。从中可以看出，中国劳动年龄人口增长率持续下降。

但同一期间，中国的 GDP 增长率呈完全相反的趋势。1983 年，中国的 GDP 增长率为 8.1%；到 2000 年，为 8.6%；到 2012 年，为 9.3%。也就是说，在中国的人口增长率持续下降的时期，其经济呈加速增长趋势。这明确表明，中国劳动力供给情况的变化不是中国经济增长的主要原因，即使不借助任何高性能分析工具也能发现这一事实。

经济增长核算

有人认为，既然中国的劳动年龄人口增长率相当于其 GDP 增长率的 17%，那么中国的劳动增加量对其经济增加量的贡献率也应为 17%，略低于 1/5，这种观点是幼稚的。对那些认为中国劳动年龄人口增加是其经济发展和实现繁荣的主要因素的人士来说，这个 17% 的贡献率实在太小了；但事实上，即便这个 17% 的贡献率也极大地夸大了劳动力供给量增加对中国经济增长的贡献，这主要是因为，实际劳动时数的增加速度慢于劳动年龄人口的增加速度，这是因为他们在接受教育方面而不是工作方面花费的时间呈增加趋势，度假时间也呈增加趋势，这就造成了工作日数量和其他类似因素的减少。

为说明上述因素的影响，图 7-1 显示了中国 1990—2010 年 GDP 增长要素，其中的 2010 年是可以进行国际比较的最近年份。从中可以看出，中国经济增长的 64.2% 源于投资增长，29.7% 源于生产率（全要素生产率）增长，仅有 6.1% 源于劳动增长。因此，中国的快速经济增长绝大部分是在投资和生产率增长的推动下实现的，劳动力供给量增长所起的作用实在微乎其微。鉴于中国的经济增长速度，即使完全消除劳动投入增长对 GDP 增长的作用，中国的 GDP 增长率也不过是仅降低半个百分点。

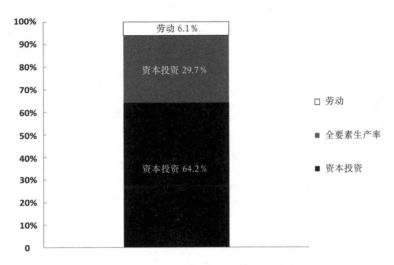

图7-1　中国1990–2010年GDP增长要素
在全部增长中所占的比重

资料来源：于明姜（2013年）表4-1。

劳动力质量的提高

事实上，即使是 6.1% 这一数字也夸大了劳动力供给量增加对中国经济增长的作用。上文已经谈到，劳动增长对经济增长的贡献来自两个方面：第一个方面是劳动时数的增加，即劳动数量上的增加；第二个方面是劳动力质量（技能和受教育程度）的提高，这是因为熟练劳动者创造的附加值高于非熟练劳动者。

中国 1990—2010 年劳动力素质提高对经济增长的贡献率为 1.7%，劳动时数对经济增长的贡献率为 4.4%，这就是说，正如本章开始部分所指出的那样，中国经济增长量中仅有稍高于 4% 的部分源于劳动时数的提高。"上人！上人！上人！"

远非中国经济增长的主要因素，它对中国经济增长所起的作用是很小的，这正说明了为何中国在劳动年龄人口增长速度下降时期依旧实现了经济的高速增长，同时也说明了为何在消除劳动供给量增加这一因素之后，中国的经济增长率也仅仅降低 0.4%。

还应进一步指出的是，中国的劳动年龄人口减少并不等于中国的劳动投入减少。中国有待继续提高其劳动年龄人口的实际就业比例。中国目前的退休年龄是男性 60 岁，女性 50—55 岁，如用国际标准衡量并考虑到中国人均预期寿命的不断增长，这个退休年龄是偏低的。提高退休年龄当然有助于抵消劳动年龄人口增长停顿产生的负面影响。正如在大多数国家发生的情形一样，这一措施无疑会在一定程度上招致人们的反感，但能在相当程度上抵消 15—64 岁群体即劳动年龄人口的减少，也就是说，劳动年龄人口当然会减少，但基于国际标准的劳动年龄人口中实际工作的人数会有所增加。

中国劳动力质量的提高

同样明显的是，尽管中国劳动年龄人口缩减对其经济增长有一定影响，但有一种新的抵消劳动年龄人口缩减的方式渐趋形成。中国劳动力质量年均提高率为 0.2%，与亚洲其他发展中经济体持平，显著高于亚洲以外的发展中经济体。然而，从表 7-1 可以看出，发展中经济体和发达经济体的劳动投入增长情况有很大差异。亚洲以外的发展中经济体，其劳动投入增加量中仅有 10% 源于劳动力质量的提高，90% 源于劳动时数的增加；而发达经济体，其劳动投入中有 43% 源于劳动力质量的提高，57% 来自劳动时数的增加。亚洲发展中经济体在这方面的表现介于上述两类经济体之间，其劳动投入增长量中有 17% 源于劳动力质量的提高，83% 源于劳动时数的增加。

表 7-1　世界各国劳动投入的增长

	发达经济体	亚洲发展中经济体	其他发展中经济体	中国
年均增长率（%）				
劳动力质量	0.3	0.2	0.1	0.2
劳动时数	0.4	1.0	0.9	0.4
合计	0.7	1.2	1.0	0.6
对劳动投入的贡献率（%）				
劳动力质量	42.9	16.7	10.0	33.3
劳动时数	57.1	83.3	90.0	66.7
合计	100.0	100.0	100.0	100.0

亚洲经济体劳动力供给方面的上述变化趋势与投资方面的变化趋势是一致的；所有亚洲发展中经济体在上述方面的变化趋势居于其他发展中经济体和发达经济体之间。确切地说，"亚洲式"发展显示出如下特点：

● 亚洲发展中经济体的固定资产投资对其经济增长的贡献率高于其他发展中经济体，但低于发达经济体。

● 亚洲发展中经济体的劳动力质量对其劳动投入增长的贡献率高于其他发展中经济体，低于发达经济体。

这再次证明亚洲发展中经济体居于其他发展中经济体和发达经济体之间的"中间"特征，并证明亚洲发展中经济体在劳动方面体现了"迂回生产"的一般特点，即在经济发展过程中，在不断增强的劳动分工驱动下，间接投入不断增加。亚洲发展中经济体的变化趋势在投资方面，体现为固定资产投资在 GDP 中比重不断增加；而在劳动方面，则体现为劳动力质量相对于劳动者人数的提高，这意味着教育和培训投入的大规模增加，以及中小学教师、大学教职员工、职业指导师等人员的大幅度增加。

从上述分析中可以明确看出，随着中国经济发展程度的提高，有必要从绝对意义和在劳动投入中所占比重这两个方面提高劳动力质量。采取提高劳动力质量和提高退休年龄并举的措施虽不足以抵消劳动年龄人口减少造成的负面影响，但至少可降低该负面影响。

然而，最根本的问题是，不仅劳动数量的增加对中国经济增长和走向繁荣所起的作用甚微，而且对任何经济体来说，即便是总体劳动投入的增加也不足以支撑起经济的快速增长。正如表7-1所示，在任何类型的经济体中，劳动投入的最快增长速度也不过是1.0%，也就是说，无论对于哪个经济体，劳动对其经济增长的贡献率也不会超过1.0%。与劳动增长率形成鲜明对比的是固定资产投资增长率，亚洲发展中经济体的固定资产投资增长率为3.0%，中国的固定资产投资增长率为5.8%，详见表8-1。可以说，中国和其他经济体的经济增长主要取决于经济"开放性"、劳动分工和固定资产投资，劳动投入是一个较为次要的因素。

储蓄与投资

最后一点，上述事实并不意味着中国人口老化因素没有对其经济造成任何问题，但这方面的问题并非体现为劳动力短缺。中国的人口问题对其经济发展的不利影响体现在：就业人口有能力储蓄，而非就业人口因过于年轻或过于年老往往没有能力储蓄。在其他因素不变的情形下，中国就业人口在总人口中所占的比重下降往往导致家庭储蓄率下降。鉴于投资必然来源于与其等额的储蓄，中国家庭储蓄率的下降势必对其投资造成越来越大的压力；鉴于投资是仅次于劳动分工的主要经济增长要素，投资的减少势必导致中国经济增长速度的降低。总之，中国劳动年龄人口的下降不会导致中国经济增长因劳动力缺乏而受到严重影响，但确实可造成储蓄下降以及随之而来的固定资产投资水平的下降。

幸运的是，家庭只是三个储蓄来源之一，另外两个储蓄来源是企业利润和政府储蓄（有时表现为负储蓄）。在这两个储蓄来源中，几乎所有国家的政府储蓄额都是比较小的，甚至通常表现为负储蓄。在中国，企业利润是最大的储蓄来源。

如来源于企业利润的储蓄增加，家庭储蓄下降就有可能得到弥补。

因此，中国能否保持较高的经济增长速度主要取决于企业盈利能力而不是人口因素，对中国来说，企业盈利能力下降是一个远比人口因素重要的问题；而企业盈利能力提高，则有助于增加企业储蓄或减少政府预算赤字，对中国保持其较高的经济增长速度这一目标而言，这是一个远比放开计划生育政策重要得多的因素。

确实，应当预料到放开计划生育政策不可能带来中国的人口出生率大幅度上升。几乎所有国家的人口出生率都在下降，多数发达经济体的人口出生率甚至达不到人口更替水平，这充分证明，人们更看重金钱和休闲娱乐时间的增加而不是生养一大堆孩子！中国也不例外，放松计划生育政策的初步结果已经证明了这个事实。

结论

总之，那种认为中国将因人口因素而陷入经济增长迟滞以及认为中国将"未富先老"的论调是一种由缺乏数据支持的胡乱宣传而造成的典型认识误区。鉴于劳动力供给量增加在中国经济增长中所起的作用甚微，劳动年龄人口停止增长对中国经济增长的影响是比较微小的。中国的生产率，特别是经济开放性和固定资产投资，才是真正决定中国经济增长和渐趋繁荣的根本性因素。只要在这些领域的政策不出现失误，中国就一定能实现繁荣。中国必将"未老先富"。

08 > 为什么苹果选择在中国制造 iPhone

采取提高退休年龄和提高劳动力质量之类的措施只能减轻但不能完全克服中国因劳动年龄人口下降造成的劳动投入减少。由于劳动投入减少以及因此造成的经济发展"索洛要素"在数量上的减少,中国只能依靠增加固定资产投入和提高全要素生产率保持较快的经济增长,进而实现繁荣。

鉴于本章的探讨重点是全要素生产率,为避免烦琐,除非另有说明,下文中的"生产率"均是指"全要素生产率",而不是体现为劳动或其他形式的生产率。

中国向发达经济体的过渡

为了解中国向发达经济体过渡即渐趋繁荣的总体过程,表 8-1 显示了中国经济增长诸要素,并以若干经济体类型作对比。为完整起见,表中所列作为对比的经济体类型除发达经济体外,还包括亚洲发展中经济体、亚洲外发展中经济体和全球经济平均值,但就此处探讨的问题而言,发达经济体才是最重要的比较对象,因为中国的目标是从目前的发展中经济体过渡到发达经济体。

表 8-1 再次证明了上一章分析的观点,即与发达经济体相比,中国在劳动投入年均增长率方面呈现出来的是劣势而不是优势:发达经济体的劳动投入年均增长率为 0.7%,而中国仅为 0.5%。因此,在中国的"开放性"经济体系中,中国的决定性优势,即中国经济发展速度高于发达经济体的决定性因素,是固定资产投

资和生产率而不是其他任何因素:

- 中国的固定资本年均增长率为 5.8%,比发达经济体高 4.5%。

- 中国的生产率增长率为 2.7%,比发达经济体高 2.5%。

如第 7 章所分析,这两个因素对中国经济增长的贡献率为 94%。对于中国在固定资产投资方面的优势,第 6 章已经进行了分析,本章旨在考察分析中国的生产率变化趋势。

表 8-1　1990—2010 年中国与其他经济体 GDP 增长要素比较

	中国	发达经济体	发展中经济体			全球
			全部	亚洲	亚洲外	
年均增长率 (%)						
资本	5.8	1.3	1.9	3.0	1.6	1.7
劳动	0.5	0.7	1.1	1.3	1.0	1.0
全要素生产率	2.7	0.2	0.9	1.2	0.6	0.6
GDP	9.0	2.3	3.6	5.5	3.2	3.3
中国各项增长率与其他经济体对应各项增长率的差值(%)						
资本		+4.5	+3.9	+2.8	+4.2	+4.1
劳动		−0.2	−0.6	−0.8	−0.5	−0.5
全要素生产率		+2.5	+1.8	+1.5	+2.1	+2.1
合计		+6.7	+5.4	+3.5	+5.8	+5.7

生产率增长率差值

表 8-1 再次证明了这样一个主要趋势:发展中国家的生产率增长率远远高于发达国家;该表中的数据与表 6-1 中的数据使用了不同的指标,但反映了同样的趋势。现将其明确表述如下:

- 发达经济体的生产率年均增长率为 0.2%,发展中经济体的生产率年均增长率为 0.9%。

- 亚洲发展中经济体的生产率年均增长率为 1.2%，高于其他发展中经济体。
- 中国的生产率年均增长率为 2.7%，非常令人瞩目。[61]

将表 6-1 与表 8-1 结合起来可以看出，发展中经济体的生产率增长速度高于发达经济体，发达经济体的生产率增长对其经济增长的作用低于发展中经济体。正如上文所述，这一规律对中国未来的经济走向有直接的影响：随着中国逐步向发达经济体过渡，其生产率增长将会变得缓慢，生产率增长对其经济增长的影响也会下降。

后发优势

发展中经济体的生产率增长速度远远高于发达经济体的原因从经济学角度是很容易理解的，简而言之，这就是所谓的"后发优势"。经济学家林毅夫将这种"后发优势"视为他的经济发展理论研究的基石，他总结道：

> 发展中国家在引进新技术时，能够借用或改造发达国家已经成熟的技术，这样一来，就把自身的落后转化成了优势。而发达国家则必须站在全球科技前沿，因此需要持续投入巨额资金从事新的研发活动，以实现技术创新。因此发展中国家有可能以几倍于发达国家的速度实现技术创新。[62]

这一经济真相对中国目前经济发展阶段和下一阶段的经济战略具有决定性的意义。按国际货币基金组织购买力平价计算，中国 2014 年的人均 GDP 仅相当于美国的 24%、德国的 29%、日本的 34%、韩国的 36%。[63] 从这里可以看出，即使中国采取最成功的经济政策，也需要几十年的时间才能消除这个差距。不同国家间的人均 GDP 差距是与它们之间的技术差距联系在一起的，这意味着中国将在相当长的时期内无缘进入全球科技前沿，在这种情况下，中国的当务之急是根据其具体国情，一如既往地成功吸收源于较发达经济体的技术。

为避免误解，这里有必要指出，上述分析仅代表一般情况。事实上，在某些特定领域，包括政府实行政策倾斜并投入巨量资源的领域，特别是军事领域和与此相关的空间技术领域，中国有可能极大地缩短甚或消除自身与最发达经济体之间的技术差距。事实上，中国在其人均 GDP 逐渐接近发达经济体进而在科技方面逐渐接近全球科技前沿的进程中，能够而且必将在某些民用行业处于技术领先地位。尽管如此，由于中国不可能对所有的技术行业实行政策倾斜并投入巨量资源，中国人在科技天赋上不可能比其他文化背景的人更强或更弱，这意味着，鉴于中国目前的人均 GDP 水平，就大多数经济领域而言，中国将在相当长的时期奋力追赶前沿科技。

中国需要什么样的科技创新？

中国在不同领域处于不同发展阶段这一经济现实决定了对中国极其重要的创新形式。人们在讨论这个问题时都会谈到，必须将"创新"作为中国经济发展的推动力量，但没有真正从经济学意义上对其做出明确的界定，于是出现了多种在性质上截然不同的"创新"概念，造成了一些混乱，因此有必要对这个问题进行明确的分析。

考察一个国家所处的经济发展阶段对其创新进而对其企业与经济战略的影响，最好的方式莫过于从经济学原理角度做出分析。随着生产率的提高，可采用两种方式将其转化为更大的竞争优势：

- 用更低廉的价格生产同样的产品。[64]
- 产品价格保持不变，但产品质量提高。

至于哪种方式更富有成效，这与国家目前所处的经济发展阶段有直接关系。最发达经济体因其必然处于科技前沿而得以推出改良产品或新产品，因而它们在推出新产品时，能够采取"价格不变，产品改进"甚至"推出全新产品"战略。苹果公司就采取了这一战略。该公司长期保持其产品价格不变，甚至在某些情况下还提高了价格，同时不断生产更优质的产品。苹果公司的战略并不是削减新产品的价格，因为他们有过前车之鉴：他们曾对较廉价的 iPhone 5c 采取过这种办法，但那基本上是一次失败的尝试。苹果公司的战略体现在持续推出品质有极大改进且在同类新产品中独占鳌头的产品，如 iPod、iPhone、iPad、Apple Watch 等。因为苹果公司依靠推出改良产品或全新产品保持其竞争优势，故人们将该公司的"价格相同，品质改进"战略贴切地称为"产品创新"。苹果公司之所以如此成功，恰恰是因为该公司完美体现了美国这个处于全球科技前沿的经济体赖以保持其全球领先地位的产品创新战略。[65]

但中国则是另外一种情况。与所有发展中国家一样，中国在大多数经济行业无缘进入全球科技前沿。因此，那种认为中国有能力将这种"产品创新"作为其主要的短期或中期政策而加以推行的观点是不现实的，也是不必要的，因为只有处于全球科技前沿的国家才能做到这一点。在这种情况下，中国应采取的战略必然是以较低的成本生产同样的产品，更确切地说是以较低的成本生产在质量上具有可比性的产品，在下文即将阐述的真正经济学意义上，这意味着中国在未来期间的战略必然是"成本创新"，即综合利用技术、管理和物流等方面的能力和优势降低成本。这是唯一有助于中国实现繁荣的切实可行的创新之路；幸运的是，这条创新之路是足以满足中国经济发展需要的。

上述基本的宏观经济现实用通俗的话来说就是，那种认为中国可以主要依靠引进 iPhone、Google 搜索引擎、Twitter、iPad 之类的决定性新产品并将其作为短期或中期创新战略的观点是一种经济乌托邦主义，会误导中国偏离其实现繁荣的实际途径。因中国没有实现这种"产品创新"而对其横加指责是一种纯粹的经济乌托邦主义和战略"空想"。中国必须采取以华为、小米、三一、万向、中集和其他一些公司为典范的高度成功的战略，即以更低的成本生产质量上具有可比性的产品。为避免误解，有必要指出，上述分析仅代表一般情况，并不意味着中国不能引进新产品，甚至也不意味着中国企业非常娴熟于对领先产品的渐进性改进，其本意只在说明中国要想在未来期间的国际竞争中胜出，就必须将"成本创新"而不是"产品创新"作为创新的主要形式。

现以众所周知的小米公司为例说明这个问题：早在 2015 年，小米公司就已成为世界上最被人看好的业界新秀，但直到今天西方仍有人愚蠢地指责小米公司"模仿苹果"，甚至嘲讽小米公司首席执行官雷军在服饰和新产品发布会方面也刻意"模仿苹果"。[66] 实际上，小米公司在利用社交媒体、密集安排产品销售等方面实现了对产品的大幅度渐进性创新。小米公司相对于苹果公司的决定性优势是价格，即以更低廉的价格推出具有可比性的产品。小米公司之所以如此成功，完全是因为它将根本性的成本创新与渐进性的产品创新结合起来，这是该公司在中国目前经济发展阶段做出的正确选择。[67]

在苹果公司创始人、被视为美国高科技行业象征的史蒂夫·乔布斯去世之际，发生了一场讨论，有些人将中国没有出现史蒂夫·乔布斯那样的人物归咎于"刻板"的教育体制，这种看法是非常肤浅的，因而也是错误的。中国科技行业在产品创新方面达不到美国的水平是因为中国的人均 GDP 不及美国的 1/4，无论中国的教育体制发生多大的变动，无论怎样鼓励学生的"创造性"，都不可能扭转这一现象。只有中国的人均 GDP 大体上与美国处于同等水平时，中国在产品创新方面的能力才能大体上与美国处于同等水平。

现根据历史资料说明这个问题。根据世界大型企业联合会计算出的购买力平价，中国 2013 年的人均 GDP 相当于美国的 21%，[68] 在与美国相比较方面，与 1951 年的日本或 1982 年的韩国地位相当。当时的日本和韩国与中国目前的情况相似，农业人口不再占主导地位，已逐步发展成为中等收入经济体。在随后的十年里，日本和韩国戏剧性地取得了钢铁、造船、建筑设备等中度科技行业的领导地位，这也正是中国目前占主导地位的行业。上述行业与日本和韩国所处的按人均 GDP 衡量的经济发展阶段相适应，而日本和韩国在上述行业的成功最终使它们得以跻身于繁荣社会之列。1951 年的日本或 1982 年的韩国因其人均 GDP 与美国差距很大，在"产品创新"方面根本不是美国的对手，基于同样的理由，那种认为今天的中国在"产品创新"方面堪与美国相比的观点也是一种空想。中国要实现繁荣，就不能依靠那些根本不可能的经济空想，只能老老实实地按经济规律办事。

什么样的创新是有决定意义的？

既然靠引进新产品系列以进行"产品创新"不能成为中国在未来一段时间内保持其竞争优势并逐步走向繁荣的主导形式，那么，中国应采用什么样的创新形式？对这个问题的回答是，中国应采取完全可靠的、强有力的、经实践检验效果良好的竞争战略，保持价格和价值方面的优势。但中国目前面临的关键问题是这种竞争战略不可能采取"低价格、高质量"的做法，因为在产品质量既定的情形下，低价格是以低工资为依托的，但正如第 2 章所述，按全球标准衡量，中国已经不再是低收入国家。中国的人均 GDP 高于世界上许多国家，这一事实体现在中国与其他国家的工资比较上。这里不妨回顾一下第 2 章的内容：中国普通的工厂工人日均工资为 27.50 美元，而印度尼西亚为 8.60 美元，越南为 6.70 美元，也就是说，中国的制造业工资是印度尼西亚的 3 倍、越南的 4 倍。因此，中国现已没有基于低工资的价格优势或竞争优势。中国的价格和价值优势必将越来越多地依靠技术创新、管理能力和其他非工资优势。也就是说，在产品质量（高价值）既定的情形卜，只能通过技术和管理方面的发展和创新而不是通过低工资来实现低价格。在中国未来期间，这种"成本创新"将是其逐步走向繁荣的关键。

西方对中国"成本创新"实力的分析研究

最初，一些西方分析人士没有认识到上述宏观经济原理及其对中国经济发展的战略性影响，因而严重低估了中国在上述成本创新方面取得的成功，致使不少西方企业在与中国企业的竞争中吃尽了苦头，好在这种错误观点现已得到根本性

111

的纠正。丹·布莱兹尼茨和迈克尔·默夫里合著的《奔跑的红色女王》是研究中国成本创新能力的最重要的西方著作之一,他们对西方人在这方面的早期研究有如下评论:搜寻众口相传的"真正"创新的产物,即那种类似于硅谷的新兴产品创新型行业基地。如果他们发现了这种基地,就会宣布……创新政策是成功的;如果没有发现,他们就会危言耸听地说中国的经济增长是不可持续的。

但在现实中:转化为经济增长的创新行为不仅体现在全新的技术和产品的开发方面,而且至少同样程度地体现在创新成果的传播、应用以及渐进性、组织性和流程创新方面。[69]

因此,"对中国来说,在创新的其他方面表现卓越是其经济增长的关键",还有:中国……形成了在科研、开发和生产链诸多环节创新方面令人敬畏的竞争能力,这些环节的创新与许多新兴产品创新一样,对经济增长有着至关重要的作用……中国的创新能力不仅体现在流程(或渐进性)创新,还体现在生产组织、制造技艺和技术、交付和设计方面。[70]

现代西方研究目前终于得出了正确的结论:鉴于中国的经济发展水平以及因此而形成的竞争优势,成本创新是中国企业能够胜出且在实际上已经胜出的必不可少的领域。中国远非有些人所认为的那样不善于"创新",目前已成为世界上成本创新能力最强的国家。

由于西方企业在践行成本创新的中国企业面前遭受过严重的挫败,中国企业的成本创新实力成为西方人深入研究的对象。以中国在成本创新这一关键领域的实力作为研究对象的西方主要研究成果值得强力推荐者甚多,不乏论证透辟之作,现聊举数例:曾鸣和彼得·J.威廉姆森合著的《龙行天下》;丹·布莱兹尼茨和迈克尔·默夫里合著的《奔跑的红色女王》;查尔斯·杜伊格和基思·布拉德舍的《苹果为何不救美国?》;维杰伊·戈文达拉扬和克里斯·特林布尔合著的《反向创新》;彼得·马什的《新工业革命》。上述著作从企业层面上进行了广泛研究,内容具体详尽,可视为本书所阐述的宏观经济过程的佐证,也是了解有关竞争战略的重要资料。

值得注意的是，上述西方分析人士与在中国人成功创新的凌厉攻势下吃过不少苦头的西方企业接触颇多，比中国的某些媒体评论人士更了解中西方企业在这方面的竞争现实，因为中国的这些媒体评论人士往往出于政治动机，动辄不恰当地从意识形态角度指责中国企业"缺乏创新能力"，而不是实事求是地分析全球市场的竞争趋势。本章旨在将上述个案研究成果置于本书探讨的基本的宏观经济过程框架下，以便二者相互印证。对于中国企业在各行业的迅速崛起，第 10 章将加以分析，本章仅探讨创新方面的竞争战略，意在表明上述企业研究所分析的经济过程受上文阐述过的基本的宏观经济力量的制约，从而进一步证实了这种宏观经济力量的确实存在。

中国跻身于国际价值链

提高生产率的最强大力量，即包括国际劳动分工在内的劳动分工，与中国目前所处的经济发展阶段相互作用和相互影响，为中国在全球化背景下成功推行成本创新创造了机会。这是因为现代全球行业结构鲜明体现了亚当·斯密分析过的不断增强的劳动分工过程，构成了丹·布莱兹尼茨和迈克尔·默夫里等人分析过的趋势赖以形成的事实依据。他们指出：得益于全球服务与商品生产环节的变化，中国目前的创新体制从中期和长期角度来看是可持续的。全球化造成了工业和服务业在空间分布上的碎片化。

从第 5 章分析过的宏观经济过程可以预料到，全球劳动分工的发展将继续深化：

最近几十年来，全球出现了广泛而迅猛的生产活动碎片化（又称分解化、分散化或模块化）过程。这意味着商品的生产和服务不再以位于某个国家的等级森严的企业为组织模式。企业日益将其业务活动分割为规模小且相互独立的模块并将其分包出去，甚至分包到海外。这一碎片化过程改变了国际经济体系，使不同地区分别专门从事某特定行业中某特定环节的生产活动。[71]

全球化劳动分工进程还将沿着宏观经济理论预测的方向继续下去：即使硬盘驱动器之类的组件和子组件也被分为若干相互独立的环节，并将其分散到全球不同地点生产。[72]

现就全球化中的生产活动碎片化过程聊举一则对中国有借鉴价值的实例：世贸组织发现，在一款普通的美国轿车中，仅有 37% 的价值是在美国实现的，另有 30% 来自韩国，17.5% 来自日本，7.5% 来自德国，4.0% 来自新加坡和中国台湾，2.5% 来自英国，1.5% 来自爱尔兰和巴巴多斯。[73] 从这里可以看出，非美国企业对一部美国汽车价值链的贡献率为 63%；在该汽车生产链的许多环节，成本创新可产生竞争优势。再举一个"高端市场"实例：一款德国制造的豪华轿车，其价值的 2/3 是在德国境外产生的。[74]

再看一下电子行业：苹果公司是电子行业市场覆盖面最广的大公司之一，如按总市值衡量，则是世界上最大的公司。截至 2012 年，苹果公司直接雇佣员工 6.3 万人，其中 4.3 万人分布在美国，2 万人分布在海外。但全球有 70 万人受雇于苹果公司的承包商，相当于苹果公司直接雇佣员工人数的 10 倍以上，他们几乎全部分布在美国境外。[75] 苹果公司的生产活动在中国最终完成。正如杜赫格和布拉德舍在其详细的研究论文上所指出的那样：

> 尽管因版本不同而有所差异，但所有 iPhone 都包含数百个零部件，预计 90% 是在海外制造的。先进的半导体来自德国和中国台湾，存储器来自韩国和日本，显示屏和电路来自韩国和中国台湾，芯片组来自欧洲，稀有金属来自非洲和亚洲。这些零部件都是在中国组装到一起的。[76]

可将国际劳动分工推动下的全球化生产过程与上一经济发展阶段美国"福特式"大规模生产的 20 世纪典型模式相比较，该模式以单个的公司甚至工厂为基本经济单位，内部实行等级森严的垂直性管理，最极端的例子是金属从一端投放进去，汽车从另一端开出来。但在不断增强的全球化劳动分工推动下，该模式日益被无数专业性生产者取代，这些专业性生产者参与最终产品的生产和创新，从而形成"分散性创新网络"。[77]与汽车业相比，这一趋势在电子行业和高科技行业的许多领域表现得更加深入，其常规模式不再是集成化，而是彻底的模块化生产。正是这种新型生产模式为中国企业跻身于成品和中间产品生产方面不断增强的国际化劳动分工提供了机会。正如我们早已分析的那样，中间产品是经济体中增长最快的部分，也是国际贸易的最大组成部分。

中国在制造业许多领域体现了不断增强的劳动分工，已成为世界上的创新领先者。正如丹·布莱兹尼茨和迈克尔·默夫里就中国企业的能力断言：美国企业以前就有这种旨在从事大规模生产的组织和创新能力，但即使在其全盛时期，美国生产体系也是集中于大规模生产，不能灵活地在同一地点的同一生产线上生产此类系列产品。目前，这种超级大规模灵活生产能力是中国特有的。[78]

对中国的低估

西方人曾严重低估中国企业锐意创新以取得低成本竞争优势的能力，许多西方企业在其中国竞争对手的凌厉攻势下遭受严重挫败。特别是，越来越多的中国企业利用不断增强的国际劳动分工首先打入全球价值链最低端，然后通过成本创新并利用全球价值链各组成部分的相互关联性逐步进入附加值较高的行业。中国企业的上述做法正是中国实现繁荣的必经之路。曾鸣和彼得·J.威廉姆森合著的《龙行天下》现已成为西方经济学研究的经典，他们在这部著作中，对上述过程进行了全面深入的分析研究，那些低估中国企业创新能力的中外人士都应当好好地研读一下这部著作。为对上述过程进行全面的分析研究，本人强力推荐读者研读曾鸣和威廉姆森的这部著作，下文大量引用其中的内容，以便从企业层面上证实这个宏观经济过程。

曾鸣和威廉姆森分析研究的一个鲜明个案是万向公司。万向公司是世界上领先的汽车万向节供应商，目前正迅速向多种汽车零部件供应业务扩张。当万向进入全球市场时，从福特汽车公司分离出来的汽车零部件供应商，即占据行业龙头地位的伟世通公司对其不屑一顾，根本不将其视为竞争对手。[79]万向公司将其早期战略集中于从技术和成本方面对汽车万向节进行持续改进。万向节是汽车制造中的关键零部件，是一种典型的中间产品。万向公司采取技术改进和降低成本并举的方针，经过艰苦的努力，终于成为世界上最大的万向节供应商。万向公司始终坚持技术改进，早在其初期阶段就取得了来自美国当时领先的汽车零部件供应商席勒集团的订单，这是万向公司接到的第一份外国订单。1998 年，万向集团在竞争中彻底击败了席勒集团，席勒集团主动要求万向公司收购该集团，仅开价1900 万美元。

万向公司在进入行业价值链时只经营一种零部件，经过艰苦努力，截至 2005年，已接收、建立或吞并了 8 个国家（包括美国、英国、德国、加拿大和澳大利亚）的 38 家公司。而伟世通公司因其股票沦为废纸而被纽约证券交易所从上市公司中除名，最终申请破产。[80]万向公司继续向价值链上游挺进，并为此收购美国公司。到 2012 年，万向公司通过竞拍方式收购了 A123 公司的资产。A123 公司是在麻省理工学院所开发技术的基础上成立的美国高科技电池制造厂家，2010 年获得了美国能源部 2.49 亿美元的拨款。美国有人反对让万向公司收购这样一家高科技公司，但这项交易终于在 2013 年 1 月得到批准。从上述事实可以看出，万向公司的这一系列行动完美体现了这样一个宏观经济过程：依靠中间产品进入价值链，实现大规模生产，借此向价值链上游发展。

曙光公司是从中科院计算机技术研究所国家智能计算机研究开发中心分离出来后逐步发展起来的高性能计算机生产商，是曾鸣、威廉姆森和其他人士分析过的另一个经典实例。

曙光公司最初采用的是进口的处理器，但为追求成本创新，他们开发出了自己的母板、编译程序和 UNIX 操作系统改装版。他们认识到，在计算机性能改进效果中，有 50% 归功于处理器之间的相互作用；基于这一认识，他们加大了这一领域的研发力度，取得了很大进展，以至于他们无须借助最新型的处理器就能达到世界一流的性能。他们始终坚持低成本与高效能并举的方针，取得了相对于外国竞争者的巨大的成本优势。[81]2010 年，曙光公司生产出了运算速度居世界第二位的超级计算机。

在西方最知名的中国企业成本创新的例子是华为公司。华为公司现已成为世界上第二大通信设备生产商。华为公司在向价值链上游发展的进程中不遗余力地推进成本创新。奥萨瓦和摩泽尔在其《中国创新机器的崛起》中对其做出了如下概括：

从 2003 年到 2013 年的 10 年中，中国电信设备巨头华为技术有限公司（Huawei Technologies Co.，简称：华为）的年度研发支出从 3.89 亿美元增至 54.6 亿美元，增长了 13 倍。

周跃峰 (Peter Zhou) 在 2000 年走出大学校门后就进入华为工作，当时该公司的上海研究所只有几百名员工，挤在一个办公室里。每个周三晚上下班后，周跃峰都和其他年轻的工程师一起"充电"学习，有时还使用美国的大学课本做教材。

如今已经晋升为华为无线设备业务高管的周跃峰回忆道，当年的华为和西方企业相比根本不在一个水平上。

他说，我们就像学生。

但奥萨瓦和摩泽尔指出：过去 10 年中，华为在通信设备市场上击败了诺基亚公司(Nokia Corp.)、阿尔卡特朗讯(Alcatel-Lucent SA)等西方竞争对手。周跃峰说，取得这一成功的部分原因是华为工程师们使用软件升级无线网络的创造性方法，摒弃了以往那种更换所有硬件元件的高成本方式。

从上述最初的技术突破开始，华为不断提高其创新能力，向附加值更高的技术领域挺进。

华为目前在上海设有研发中心，在职工程师 1 万多人，他们当中的许多人拥有计算机科学学位。在移动通信行业部署速度较快的第四代通信网络时，华为已经着手开发第五代通信网络技术，可望在 2020 年左右完成。

成本创新不仅对中间产品具有极其重要的意义，对最终产品也具有同样的意义。另一个经典案例是中国国有企业国际海运集装箱集团（以下简称"中集集团"），曾鸣、威廉姆斯以及其他人士曾对其进行过分析。1996 年，中集集团成为世界上最大的集装箱生产商。[82]中集集团置身于全球集装箱行业，面临着无情的成本竞争：全球集装箱价格从 1995 年的 2850 美元下降到 1999 年的 1300 美元。中集集团首先在本国市场确立了自身的地位，然后进军国际市场，在此过程中，他们不是通过压低工资，而是通过在原材料采购、运输、生产绩效标杆管理和国际融资方面进行创新，以达到降低成本的目的。由于进行了上述创新，中集集团将原材料成本降低了 33%，制造和管理费用降低了 46%。中集集团有如此强大的成本创新能力，以至于当西方竞争者为了利用中国劳动力成本低廉的优势而将生产环节转移到中国后，依旧达不到中集集团的低成本生产水平。[83]

中集集团的技术创新至少包括以下方面：

● 用比较便宜的经过热处理的钢而不是铝材制造集装箱。

● 高质量木材在集装箱总成本中所占的比重通常为 15%，中集集团用人造品取代了上述木材的 3/4，从而降低了成本。

● 中集集团通过提高管理水平和生产线规模，将从制造一种模型转向制造另一种模型的时间从 20 分钟缩短到 5 分钟，从而能以较低的价格制造较多种类的模型。

由于上述方法的采用，中集集团于 1996 年成为世界上最大的干货集装箱生产商。1997 年，中集集团建立了自己的大型研发中心，从而降低了对国外技术的依赖性。随着业务规模迅速扩大，中集集团加大了对研发领域的投入，投入金额超过任何竞争对手。因此，当英国的克莱夫·史密斯·考利（Clive-Smith Cowley）公司打算对折叠式集装箱进行革新时，意识到自己已经无法与中集集团竞争，只能通过出售其 60% 的股票给中集集团以获利。[84]

中集集团在特种集装箱制造方面也体现了同样的创新能力。为进入冷藏集装箱生产领域，中集集团通过技术许可方式从德国格拉夫公司购买了一条冷藏集装箱生产线。中集集团将其引进到国内后，对其进行了四次改进，使之在技术和成本方面都超越了其竞争对手。中集集团由此取得了市场主导地位。到 2005 年，格拉夫公司破产，中集集团以较低的价格购买了该公司的 77 项专利，进一步提高了自身的技术水平。

制造业总体实力

成本创新不仅与技术有关，还与管理能力有关。这体现在万向、曙光、中集集团始终不遗余力地坚持成本创新方面。丹·布莱兹尼茨和迈克尔·默夫里特别强调，在不断增强的国际劳动分工的推动下，中国定能将其在成本创新方面取得的初步成就发扬光大，不断提高其成本创新能力。他们指出：

> 中国从组装这个最简单的环节入手，得以跻身于 IT 行业全球生产网络，并围绕生产、物流、渐进性改进和第二代创新等方面发展起多方面的能力。如果生产领域没有出现空间碎片化分布格局，中国将不得不发展自己缺少的众多能力，以远远超过其经济和金融资源或其政治体制允许范围的规模进行投资。[85]

这恰恰表明中国有能力根据自身的具体情况吸收外国的技术和技能，本章早已指出，经济理论表明这种做法对处于目前发展阶段的中国是一种极其重要的创新方式。

苹果公司的 iPhone

上文详述了成本创新的种种体现，在本章行将结束之际，再举一个特别先进的案例。我们知道，中国的"成本创新"之所以如此成功，是因为其符合宏观经济规律；这就决定了中国的竞争战略必须是创造价格／价值优势，而不是依靠低工资，只有这样，才能抵御劳动者收入增加造成的成本压力，也就是说，只有这种竞争优势才能在中国逐步走向繁荣的过程下得以持续下去。杜赫格和布拉德舍对苹果公司与中国的关系进行了详尽的研究，出色地得出了这一结论；饶有趣味的是，这一结论竟然是由美国人做出的。[86] 下文将大量引用该论文的内容，但本人建议读者研读原文。

对于杜赫格和布拉德舍的分析研究，英国《周刊》杂志刊载的一篇文章给出了恰当的总结。这篇文章有一个自我解释性的标题"为什么苹果公司在中国制造 iPhones（和其他各种产品）"。文中提出了一个关键问题"中国有哪些美国缺少的东西？"，接着给出了答案：

> 太多了。中国有更多中等水平的工程师，有更灵活的劳动力供给，有瞬间就能加速生产的庞大工厂，中国还向科技型企业提供一站式解决方案。"现在，整个供应链都在中国。"苹果公司的一位前高级管理人员曾对英国《泰晤士报》杂志说过这样的话。"你需要1000个橡胶垫？对门那个工厂就有。你需要100万个螺丝钉？那个工厂离这儿只有一个街区的距离。你要的螺丝钉有点不一样？那得等三个小时。"[87]

杜赫格和布拉德舍具体说明了中国的决定性优势不再是低工资：

> 学者和制造业分析人士认为，劳动力在技术型制造业中所占的比重很小，雇佣美国劳动力也不过相当于每个 iPhone 的费用增加了65美元。鉴于苹果公司每个手机的利润往往高达数百美元，从理论上说，即使在本国生产也能给苹果公司带来丰厚的收益。
>
> 但进行这种计算……是毫无意义的，因为在美国制造 iPhone 所需要的绝不仅仅是雇佣美国人，而是需要改变美国和全球的经济。苹果公司高

级管理人员认为，苹果公司之所以将其生产环节转移到国外，是因为具有该公司所需技能的工人太少，或具有足够速度和灵活性的工厂太少。[88]

上述现实决定了苹果公司的生产战略。

杜赫格和布拉德舍以苹果公司怎样应对 iPhone 中一个具有潜在破坏性的问题为例，形象地分析了中国的优势。这个事件有助于形象地说明中国的真实竞争优势，现将其详述如下：

2007 年，距决定 iPhone 上市前一个多月，乔布斯先生将几名副手召集到一个办公室中。几周来，他的衣兜中一直装着这款手机的一个样品。.

乔布斯先生愤怒地举起他手中的 iPhone 并将其置于恰当的角度，以便在场的人都能看到塑料屏上的数十道划痕——当时在场的一位人士这样回忆当时的情景——接着，他从裤兜中拿出一把钥匙。

他说，人们把手机放在衣兜中，也会把钥匙放在衣兜中。"我不想卖这么不禁划的产品。"他绷着脸说。唯一的办法是用不会被刮花的玻璃屏。"我要换成玻璃屏，而且要在六周内做到完美。"

一位高管离开会场后，立即预订了前往中国深圳的机票。乔布斯先生要求完美，他没有其他地方可去。

中国是这位高管的唯一目的地，其原因在于当乔布斯先生要求尽快换成玻璃屏时：

多年来，手机制造商一直不肯使用玻璃屏，因为玻璃屏要求的切割和研磨精度很高，这非常难以做到。苹果公司选定美国康宁公司生产大面积的强化玻璃板。要将这些玻璃板切割成数以百万计的 iPhone 显示屏，就需要找到一家有空余生产能力的精密切割厂，数百块供试验用的玻璃，一批中等水平的工程师。单是做好这些准备工作就要花一大笔钱。

苹果公司的问题用下文所示的方法得到了解决：

一家中国工厂发来了投标书。苹果公司的人员前往这家中国工厂实地考察时，厂主正在建新的厂房。经理说："这是为了预备你们真的把合同授予我们。"苹果公司的一位前高管这样回忆当时的情景……这家工厂的仓库里堆满了准备随时向苹果公司免费提供的玻璃样品。厂主委派的工程师随时听苹果公司调遣，几乎是免费服务……"这家中国工厂最终揽到了这批活儿。"[89]

达成合同后的 iPhone 生产情况是：

苹果公司在最后时刻重新设计了 iPhone 显示屏，这家工厂只好对其装配线进行彻底检查和改造。新的显示屏样本在将近午夜时到厂……这家工厂在 96 个小时的时间内每日生产 1 万个 iPhone 显示屏……"他们的速度和灵活性令人瞠目结舌，"这位高管说，"没有一家美国工厂比得上他们。"[90]

从本章介绍的诸案例可以明显看出，没有任何一个案例显示中国的优势体现为低工资。中国的实力在于其技术和管理能力较高，可确保生产环节的低成本、高速度和高度的灵活性。

中国的创新实力

基于上述分析，很容易对创新方面的趋势加以总结。无论在西方还是中国，都有人声称中国"不善于创新"，这是一个基本的经济学上的错误。他们误认为创新只有一种类型，即保持现有价格不变，推出更优质的或全新的产品；事实上，这只是"生产创新"，创新还有另外的表现形式，这种将生产创新与创新等同起来的观点从基本的经济学观点来看是完全错误的。随着生产率的增长，完全可以通过技术、管理和其他技能以更低的价格生产出同等质量的产品，这就是"成本创新"。在未来几十年内，这将是对中国最具有决定性意义的创新形式。

中国远非"不善于创新"，恰恰相反，正是在对中国发展极其重要的领域，中国是世界上最善于创新的国家。在未来几十年内，中国的成功发展取决于其"成本创新"能力的进一步提高。因此，应将"成本创新"作为基础性要素纳入目前正在酝酿并行将确定的项目或计划，如"中国制造 2025"计划。鉴于中国人均 GDP 仅相当于美国的 24%，鉴于中国需要几十年的时间才能消除这个差距，鉴于在完全消除这个差距前中国早已达到很高的生活水平，在未来几十年内，"成本创新"将是中国繁荣之路的关键所在。

09 > 谁能挑起科技创新的大梁？

鉴于第 8 章分析过的原因，"成本创新"将是中国企业在相当长时期的主要竞争战略，这是中国宏观经济总体状况和中国目前在其繁荣之路中所处地位的体现。中国的发展体现了中国的独特国情，体现了"中国特色"，体现了普遍性的经济过程。然而，我们已经注意到，我们所分析的经济发展过程中出现的各种趋势都有其无可逃匿的内在逻辑。中国人均 GDP 的不断增长体现在劳动者工资的迅速增长和居民生活水平的不断提高。随着中国逐步走向繁荣，任何基于低劳动成本的战略都是越来越行不通的。因此，中国将日益依靠并综合运用下列方式：

• 保持经济的"开放性"——这意味着在充分利用国内劳动分工的优势的同时，还要充分利用国际劳动分工的优势，这就要求必须在国际开放性经济体系下保持自身在全球范围内的竞争地位。

• 高度固定资产投资——随着经济发展程度的提高，固定资产投资在经济增长中所占的比重将会增加。

• 成本创新——在创新基础上实现技术和管理升级，以便在劳动成本上涨的情形下保持具有国际竞争力的价格。

上述趋势是基本经济过程的体现，它们之间是相互作用和相互影响的。第 6 章已经指出，开放性经济在储蓄和投资方面高于封闭性经济。 创新也需要一个高投资水平，以实现技术进步。例如，美国最近一次重大的技术进步和生产率增长浪潮，即 20 世纪 90 年代和 21 世纪初信息通信技术的飞速发展，就伴随着急剧增加的固定资产投资。[91]因此,创新并非固定资产投资的替代物,创新通过固定资产投资得以实现,创新离不开固定资产投资。

同样地,创新和升级所必需的技术和管理效率的提高不是"凭空产生"的,即使在大多数情形下,中国从发达经济体引进先进技术,这些被引进的技术也不能机械模仿,需要对它们进行重新配置,使之适合中国的成本创新战略——第8章探讨的实例可以说明这一点。创新本身需要投入这一事实构成"迂回"生产的另一个例证,也是因不断增强的劳动分工促成的间接投入增长的另一例证。更确切地说,正如下文分析那样,无论自行开发新技术,还是对引进的技术重新配置,都要求中国具有并迅速提高其专业化研发能力。因此,这种研发需要对其成功的决定因素有准确的了解,不被媒体上时而出现的臆想之词迷惑。本章旨在阐述研发成功的决定因素,并说明这些因素体现了我们已经分析过的宏观经济过程。

研发成功是由内因决定的

从经济学原理角度看,在斯密创立的经济分析模式中,技术创新是劳动分工不可缺少的组成部分,也是劳动分工的产物,也就是说,劳动分工推动着技术创新,技术创新并不是劳动分工之外的独立因素。[92]用现代术语来说,斯密的技术进步理论是一种"内生"理论,而非"外生"理论。马克思在这方面继承了斯密的观点。斯密对此给出的结论是明确的,涵盖了技术进步的直接原因和终极原因:每个人一定会觉察到有多少劳动因恰当机械的使用而变得容易或得以避免……因而,我观察到的唯一情况是:所有致使劳动变得容易或得以避免的机械的发明看来从一开始就是劳动分工的产物。[93]

斯密观察到,技术发展的上述根源既适用于技术使用者的直接发明,也适用于专门化的科学研究。[94]总之,斯密预见到一个众所周知的观察结论,即托马斯·爱迪生最伟大的发明不是留声机,不是实际可用的灯泡,不是电影摄影机,也不是他的其他 1093 项专利中的任何一项,而是他的"发明工厂",即爱迪生创立的现代科研实验室。

研发支出

技术发展是内生的,由劳动分工和技术发展投入所造成,这意味着技术发展可用技术发展支出加以衡量。正是因为这个原因,研发是"迂回生产"发展的明确体现,即生产环节间接投入相对于直接投入的增加。斯密派分析模式给出的经验性预测是,研发成就与财务投入呈正比例相关,与任何正确的观点一样,这个观点也是经得起事实检验的。这与我们研究过的其他宏观经济过程是一致的。

研发成功与研发投入呈正比例相关这一结论被历史事实和当代研究成果充分证实。值得注意的是,美国在技术领域遥遥领先并不是仅仅因为美国的人均 GDP 最高,更不是某个人有"灵感",而是研发投入的不断增加和专门性科研机构的纷纷建立。在美国技术领先的整个历史时期,其技术领先地位的保持都是以美国在世界上遥遥领先的巨额研发支出为支撑的。正如麦迪逊所言:

> 美国经济体量足够大,足以培育巨型公司及其专业管理层;美国有庞大的科研预算,使其能够以英国不可能采取的方式将创新过程制度化。美国在主要大学建立了研发部门,对靠政府划拨土地建立的农业科研院校做出特别规定……从而加强了其在这方面的领导地位。美国有记录可考的研发支出从 1921 年占 GDP 的 0.2% 增长到 20 世纪 60 年代中期的将近 3%,达到当时的历史最高点。[95]

因此,研发成功需要相当大的财务资源和人力资源投入。那种认为基于研发的创新是因为"创造性教育"和"车库起家者"的观点只不过是臆想,更确切地说,这种观点根本就不了解这种"车库"连接着什么或坐落在什么地方。关于 2010 年的巨额研发支出，马什在其《新工业革命》中指出，全世界研发支出近 1.2 万亿美元，按实际价值计算，比 20 世纪 90 年代中期年均支出额高 25% 以上。该数字既包括企业直接投入的研发资金，也包括政府实验室和大学等机构的"纯"科研经费。2010 年，全球至少有 700 万人从事科技工作，比 1995 年增加 40% 以上。2008 年，他们在科技刊物发表论文 150 万篇，相当于 20 年前的 3 倍多。从 1990 年到 2010 年，美国专利局每年授予的专利数量增加了 143%。在最近发表的论文中，有 1/3 是由不同国家的科学家和技术专家合作完成的。[96]这些科研成果当然构成了生产环节的巨大间接"投入"，是"迂回生产"的最大例证之一，更确切地说，它们显示了高度劳动分工的作用和影响。

中国在国际研发中的地位

为更准确表明中国目前在全球研发中的相对地位，表 9-1 显示了中国研发支出的增长，并将其与美国长期以来的主导地位相比较。从表中可以看出，中国 1995 年的研发支出仅相当于其 GDP 的 0.6%，2013 年增长到 1.9%，这表明中国 2013 年的研发支出在经济总量所占的比重比 1995 年增长了两倍以上。

表 9-1　世界部分主要国家研发支出在 GDP 中所占的比重（%）

	1981	1991	1995	2005	2007	2013
以色列	—	2.5	2.9	4.7	4.7	4.2
瑞典	—	2.7	3.3	3.9	3.6	3.4
芬兰	—	2.0	2.3	3.5	3.5	3.6
日本	2.1	2.9	2.9	3.2	3.4	3.4
韩国	—	1.8	2.4	3.0	3.2	3.6
瑞士	—	2.7	2.7	2.9	—	2.9
美国	2.3	2.7	2.5	2.7	2.7	2.8

续表

	1981	1991	1995	2005	2007	2013
德国	2.4	2.5	2.2	2.5	2.5	2.8
新加坡	—	—	1.4	2.4	—	2.6
法国	1.9	2.4	2,3	2.1	2.1	2.3
加拿大	1.2	1.6	1.7	2.0	1.9	1.9
中国	—	—	0.6	1.3	1.5	1.9
英国	2.4	2.1	2.0	1.7	1.8	1.8

资料来源：1981-2005 (Dunning & Lundan, 2008, p. 346), 2007 (OECD, 2010) , 2013 (Batt-elle/R&D Magazine, 2013)。

到 2010 年，中国有近 150 万名科技工作者，与美国的情况大致相同。2008 年，中国科学家和工程师发表的科研论文占全球科研论文总量的 10% ；而 1988 年，这一数据仅为 1%。美国在这方面仍遥遥领先，占 2008 年全球总量的 21%，但美国的优势自 20 世纪 90 年代末（当时美国所占全球总量的份额大约是 2008 年的两倍）急剧下降。[97]

可将中国通过加大研发力度取得的进展与印度做一下比较，印度在某些研发指标上曾一度领先于中国。马什指出：

> 2008 年，巴西、中国台湾和韩国的科研人员发表的论文数量分别占全球论文总量的 2%，均相当于 20 年前的 10 倍多。2008 年，印度科研论文占全球的 3%，使其在全球中的地位比大多数低收入国家稳固。不过，印度的起点较高，1988 年的可比较数字为 2%。[98]

中国的科研论文数量从只有印度的一半增长到印度的 3 倍。

尽管如此，表 9-2 以可获取的最新数据表明，2013 年中国的研发支出仅相当于美国的 57%，预计到 2014 年将增长到 61%。这表明了中国在研发实力方面落后于美国的原因：中国的研发支出在其 GDP 中所占的比重为 1.9%，美国的研发支出在其 GDP 中所占的比重为 2.8%，中国在这方面比美国低将近 1 个百分点。

表 9-2　按购买力平价计算的全部研发支出

	研发支出（单位：10 亿美元）		在 GDP 中所占的比重（%）		2013 年相当于美国的百分比（%）	2012—2013 年变化率（%）
	2012	2013	2012	2013		
美国	447	450	2.8	2.8	100	0.7
欧洲	350	349	1.9	1.9	78	−0.3
中国	232	258	1.8	1.9	57	11.2
日本	160	163	3.4	3.4	36	1.9
全亚洲	561	596	1.8	1.8	132	6.2

资料来源：根据 Battelle/R&D Magazine（2013）提供的原始数据计算。

有必要指出，中国在研发方面与美国的差距并非出于认知上的错误，事实上，中国领导人在无数次讲话中一再强调研发的极端重要性。关键问题是在造就先进研发所必需的高端人才方面滞后期很长，一个人从开始上学到取得物理学、生命科学或工程学博士学位——这是研发活动最关键的资格要求——需要 20 年的时间。从经济学原理角度看，造就研发人才也是一项"迂回生产"，这就必然涉及投入和滞后期问题：提高劳动力质量的最高体现是造就大批合格的研发人才，而为造就大批合格的研发人才而在教育、培训和实验室资源等方面进行的间接投入是巨大的，但其滞后期是很长的。正是这个原因决定了研发领域必定是中国赶上甚或超过美国的最后领域之一。

中国研发进展的速度和限制

造就高水平的研发能力所需的时间漫长，即使中国庞大的财务实力也对此无能为力。尽管如此，中国在研发领域的进展仍是迅速的。从表 9-2 可以看出，2012—2013 年期间，中国的研发支出增长了 11.2%，而美国仅增长了 0.7%。美国巴特尔纪念研究所 2014 年全球研发活动年度报告指出，在过去 20 年里，中国的研发投资平均每年增长 12%—20%，而美国的研发支出增长速度尚不及中国的一半。目前，中国的研发投资已达到美国的 61% 左右，并且中国在继续缩小这个差距。按目前的增长速度，中国的研发支出预计将于 2022 年后超过美国；届时，中国和美国的研发开支可能达到 6000 亿美元左右。

关于中国研发领域的近期情况和中期前景，可以肯定的是，在中国经济迅速增长的推动下，中国在研发领域也将取得较大的进展。

还应当看到，尽管中国在研发领域做出了很大努力，表 9-3 显示，就研发支出在 GDP 中所占的比重而言，中国在世界上仅居第 18 位；中国 2013 年研发支出在 GDP 中所占的比重仅为 1.9%，而美国为 2.8%，德国为 2.8%；与亚洲主要经济体相比，尽管中国在绝对金额上超过了它们，但从比重来看，中国依然落后。如日本在这方面的比重为 3.4%，韩国为 3.6%。这些数据表明，尽管中国做出了很大努力并且有明确的政策，但仍需经过相当长的时期才能在研发投入方面赶上发达国家。

表 9-3　名列前 20 名的经济体研发投资在 GDP 中所占比重（%）

名次 （注：以 2014 年预计数据为 排序依据）	国家 / 地区	2012	2013	2014（预计）
1	以色列	4.3	4.2	4.2
2	韩国	3.6	3.6	3.6
3	芬兰	3.8	3.6	3.5
4	日本	3.4	3.4	3.4
5	瑞典	3.4	3.4	3.4
6	德国	2.8	2.8	2.9
7	瑞士	2.9	2.9	2.9
8	丹麦	3.1	3.0	2.9
9	美国	2.8	2.8	2.8

续表

名次 （注：以2014 年预计数据为 排序依据）	国家／地区	2012	2013	2014（预计）
10	奥地利	2.8	2.8	2.8
11	新加坡	2.6	2.6	2.7
12	卡塔尔	2.8	2.8	2.7
13	中国台湾	2.3	2.3	2.4
14	法国	2.3	2.3	2.3
15	澳大利亚	2.3	2.3	2.3
16	荷兰	2.0	2.1	2.1
17	比利时	2.0	2.0	2.0
18	中国	1.8	1.9	2.0
18	加拿大	1.9	1.9	1.9
20	英国	1.8	1.8	1.8

资料来源：根据巴特尔纪念研究所《研发杂志》刊载的《2014年全球研发经费预测》中的有关数据计算。

谁从事研发？

上文阐述了研发投入规模问题，现在介绍哪些机构从事研发。特别需要指出的是，在中国的发展问题上，应摈弃那种认为研发和创新主要或向来由小型企业和"初创企业"从事的错误观念。这是用来推销杂志或电影，或西方人用来争取小企业主选票的臆想之词，是不准确的，有可能误导中国的探讨和政策。为实现研发成功，与在任何问题上一样，必须做到"实事求是"。

首先，即使在据称奉行"小政府"理念的美国，在基础研究方面最强大的角色依然是政府。大学之类的学术研究机构承担了美国全部基础研究任务的60%，60%的大学研发经费来自美国联邦政府。[99]其次，从历史上看，由私人提供经费的研发机构和由政府提供经费的研发机构在研发效率上并没有差别，它们之间的差别主要是经费多少的问题。艾斯在其旨在对美国信息通信技术繁盛的初始时期进行分析的经典之作《创新与城市的壮大》中发现，企业投入的研发经费和大学投入的研发经费所产生的效果是大致相同的，他说：

无论机构规模大小，其研发功能对于创新性成果仍然是有效的。无论私人公司还是大学对研发进行的投入都会促成创新性成果的增加。[100]

为证明这一点：

● 图9-1 显示了美国各州全部研发经费与该州商业化创新数量之间的相关度，其相关系数为 0.89，而最高相关度的相关系数也不过是 1.0，由此可见，以上两个因素之间的相关度是非常高的，也就是说，商业化创新的数量在极大程度上取决于研发经费的高低。

● 图9-2 显示了美国各州企业研发经费总额与该州商业化创新数量之间的相关度，其相关系数为 0.87，这说明以上两个因素的相关度是很高的。

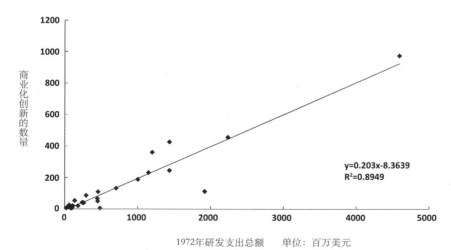

1972年研发支出总额　单位：百万美元

图9-1　美国各州研发支出与创新数量之间的相关度

资料来源：根据佐尔坦·J.艾斯《创新与城市的壮大》表2.6中的数据计算。

● 图 9-3 显示了美国各州大学研发支出总额与该州商业化创新数量之间的相关度，其相关系数为 0.86，与私人企业在这方面的表现是相同的。

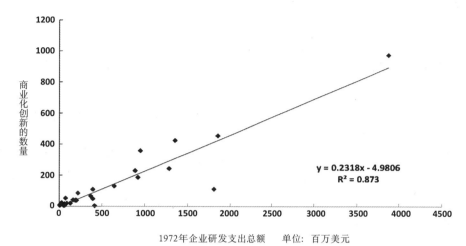

1972年企业研发支出总额　单位：百万美元

图9-2　美国各州企业研发支出总额与创新数量之间的相关度

资料来源：根据佐尔坦·J.艾斯《创新与城市的壮大》表2.6中的数据计算。

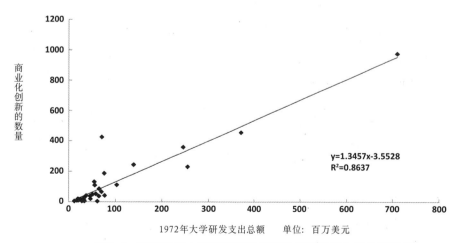

1972年大学研发支出总额　单位：百万美元

图9-3　美国各州大学研发支出总额与创新数量之间的相关度

资料来源：根据佐尔坦·J.艾斯《创新与城市的壮大》表2.6中的数据计算。

上述诸项相关度基本上是相同的，而且都非常高，这证明决定性因素是研发投入总额，至于研发活动是由政府资助大学还是由私人公司进行，那是无关紧要的。

初创企业

在研发经费的效益方面，政府资助大学与私人企业是相同的，这一事实澄清了关于小型"初创企业"的迷雾。美国硅谷的著名初创企业事实上都得益于它们与世界上最大的科研机构之一斯坦福大学有密切的关系，而斯坦福大学恰是一家政府资助大学。因此，硅谷的初创企业不同于遍布全国的普通中小型企业，而是与斯坦福大学这个庞大的科研中心有着密切的关系。正是由于这个原因，在高科技行业有明显的"集聚"效应，小型初创企业需要紧邻大型的、通常是由政府资助的知识中心。正如艾斯所言，"有……不同于传统经济中传统生产要素的知识基本特征……知识提高了极力上集聚的重要性。"[101]像斯坦福大学—硅谷结合体那样的围绕大型政府资助大学形成的小型初创企业中心在世界上其他地区也同样存在，尽管它们在先进程度上也许稍逊于斯坦福大学—硅谷结合体，围绕英国剑桥大学的新兴产业集聚区就是一个典型的例子。当然，中国也在试图创建类似的新兴产业集聚区。

由此看来，据称起家于"车库"的初创企业并没有违背"任何事情都不会凭空发生"这一通则。正如奥德斯所言：

> 这些小型的、通常是成立时间不长的企业能够获取的研发之类的科研活动投资往往是微不足道的，那么，它们是怎样在这种不利情况下产生创新性成果的？……是通过利用大学科研经费和大公司研发经费结出的成果。[102]

关于硅谷这个最著名的个案，艾斯说：

> 如有人问"是什么因素使硅谷这样独特？"，人们通常将其归功于著名的斯坦福大学。"硅谷和波士顿 128 公路之所以能成为商业创新和创业中心，是因为他们紧靠斯坦福大学和麻省理工学院。"[103]

奥德斯等人则从理论上说明：

> 在这里，机会并不被认为是外来的或他人给予的，恰恰相反，它们是内生性的，是私人企业、高等院校和科研机构为产生知识和新观点而进行的目标明确、组织严密的持续努力的结果。[104]

研发与大型企业

即便我们将考察范围锁定在企业界，实际情况也不同于某些媒体的臆想。无论在研发经费还是生产率方面，大公司都占主导地位。索罗维基在谈到公司规模与生产率之间的强烈正相关性时说：

> 这在部分程度上是因为大企业享有规模经济和范围经济的优势。还有，大企业更能对旨在提高生产率的技术和系统进行投资；以美国为例，大公司提供了绝大部分研发经费。[105]

由此可知，大公司还在研发等方面进行了巨大投资，推动着生产率的不断提高。例如，关于在相当长时期对美国生产率增长贡献远远超过其他行业的美国分销业：

莱文森表明，大西洋与太平洋茶叶公司（沃尔玛崛起前美国最大的零售商）投资改进其仓储交货系统，因而得以改进其存货管理，这对零售商具有极其重要的意义。竞争对手的库存周转率为 4 个月，而该公司仅为 5 周。同样地，沃尔玛为提高供应链的效率进行了大量投资，这在相当程度上直接促成了该公司 20 世纪 90 年代生产率迅猛提高。小企业就难以用这些方法创新。

大企业的生产率增长速度远远高于小企业，更大的企业规模为美国击败其竞争对手带来了优势，这体现在大企业为美国人带来的就业机会远远高于其竞争对手，详见第 10 章对其所做的分析。

在先进经济体中，谁是创新的促进者？

既然更多的研发活动是由大企业而不是小企业进行的，那么，鉴于国家是比任何公司大得多的经济单位，政府就应在科研方面承担最大的风险，采取更长远的观点。小型高科技初创企业的纷纷出现是与它们有政府资助的大型科研机构做依托分不开的，如硅谷与斯坦福大学之间的关系；基于同样的理由，目前人们倾向于认为，最具有创新性和反传统性的产品是与政府推行的大规模基础性科研计划或项目分不开的。 马里亚纳·马祖卡托所著的《创业型国家》现已成为经典，该著作及其催生的研究和其他一些科研人员的相关工作之所以有那么大的影响，正是因为明确揭示了这一规律。

鉴于大规模研发成本很高，并且研发结果和所需时间充满不确定性，企业更倾向于采纳和改进经实践检验的现有技术，而不是热衷于拓展前沿技术，在这种情况下，政府 在根本性创新方面发挥着决定性的作用。

事实上，商业机构特别是小型商业机构，从事的主要是第二级或第三级技术创新，而最基本的工作是由政府或非常大的商业机构承办的，美国电话电报公司贝尔实验室是后者的一个典型，晶体管就是在其垄断美国电信的时期发明的。这一现实还明确体现在信息通信业，这是当今最普及化的技术创新行业。关于该行业的"神话"认为它是私营业务的典范，事实上，私营部门的创新是以政府资助的基础研究为依托的次级创新。

马祖卡托对苹果公司这个最著名的案例进行了详尽的分析，他说：

> 使乔布斯的 iPhone 如此“智能”的所有技术都是政府资助的（互联网、地理信息系统、触摸屏显示器和最近的 SIRI 语音助手）。这种蕴含着极大风险的慷慨投资绝不会因“风险资本家”或“车库创业者们”的存在而出现。是政府这只看得见的手促成了这些创新的发生。假如我们坐等“市场”或企业靠自己的力量去做这件事，而政府只是袖手旁观，仅提供基础服务，创新就不可能发生。[106]

同样地，林毅夫（2012 年）一般性地谈到了美国在研发领域的全面领先问题：

> 目前就美国产业政策的必要性进行的讨论并没有改变美国联邦政府和州政府在最近几十年来在行业发展中发挥重要作用这个事实。政府干预措施包括将巨额公共资金投入国防相关性采购或将其用作研发经费，此项举措将在整个经济系统内产生强大的溢出效应。

从定量角度分析，林毅夫说：

> 联邦政府在全部研发经费中所占的份额，在 1930 年仅为 16%，在第二次世界大战后的几十年里保持在 50%—66% 之间。经济学家常建指出：“在计算机、航天和互联网之类的行业，美国仍保持国际优势，尽管其总体技术领先水平正在下降。如果没有联邦政府对国防相关性研发活动的投入，上述行业都是不存在的。”政府支持对经济体内其他部分如健康行业的发展也是极其重要的：政府对国立卫生研究院的公共投资在相当程

度上扶持了生物技术机构的研发活动，这对美国保持其在该行业的领先
地位具有极其重要的作用。

这种情况明确体现在信息通信业，美国其他众多高科技行业也存在这种情况。
在美国制药业，"最具有革命性意义的新药物主要是用公共资金而不是私人资金生
产的"，"风险资本在政府对生物技术行业的投资中'冲浪'"。马祖卡托非常明确
地指出，在美国，"在公共资金研发投入日益增加的行业，如制药业，而私人资金
研发投入日益下降。根据拉佐尼克和图鲁姆的观点，在过去 10 年里，美国国立卫
生研究院花费了超过 3000 亿美元（仅 2012 年就高达 309 亿美元）"。

其他经济体与美国在上述行业出现的情况相同，在高科技方面也出现了令人
瞩目的成功，林毅夫指出：

> 欧洲的情况也是如此，自第二次世界大战结束以来，欧洲始终存在
> 着关于是否应采取积极行业政策的讨论。事实上，欧洲许多令人瞩目的
> 行业成就（如空间技术项目阿丽亚娜火箭，飞机制造商空中客车公司等
> 等）都是在政府间相互合作且欧盟给予决定性政治支持的背景下实现的。

关于更多实例和更详尽的总体情况，在此向读者强力推荐马祖卡托的著作。

结论

从上述分析中，可以清晰看出研发领域的实际趋势。与我们探讨过的其他经
济过程一样，研发也同样取决于直接投入和间接投入等基本的宏观经济要素。研
发成功取决于内因而不是外因，换句话说，研发成功是"迂回生产"日益发展和
间接投入日益起主导作用的最佳体现。中国的繁荣之路不可能逃避这一进程的内
在逻辑，特别是：

• 首先，鉴于研发活动的长期性和研发成果的不确定性，大部分最基本的研发活动必须是由国家承担的。中国目前所处的发展阶段，即主要靠吸纳境外先进技术发展自己，意味着中国目前以由企业承担的二级和三级研发和创新为主。但随着中国逐步接近技术前沿，基础性研究的相对重要性将越来越高。因此，与某些人的臆想恰恰相反，随着时间的推移，国家在研发领域发挥的作用必将上升而不是下降。

• 其次，如仅就企业界而言，在研发领域起决定作用的是大企业。即便在关键性技术创新主要由小型"初创企业"产生的情形下，这些成果也主要是在依托国家资助的大型科研机构的背景下取得的，因为只有大型科研机构才拥有高科技行业基础性研发活动所必需的财务资源。起家于"车库"或企业孵化器的初创企业之所以能够存在，正是因为这些"车库"或企业孵化器紧靠大型的，特别是国家扶持的科研机构。世界上最著名的案例硅谷及其与斯坦福大学的密切关系就体现了这一趋势，其他国家也有类似的情况。

但上述分析揭示了中国在其繁荣之路上除面临其研发投入远远低于美国这一问题外，还面临着一个决定性的问题。中国的企业并不是以美国式的大企业所主导，恰恰相反，中国企业的规模和实力均弱于它们的美国竞争对手。美国企业巨大的技术实力远非目前规模的中国企业所能比拟，除非中国能够建立规模和实力与美国类似的大型企业。鉴于中国尚未达到那个发展阶段，一个关键问题就出现了："中国应采取什么样的战略，才能出现一批在规模上堪与美国竞争者相比的大型企业？"这正是下一章探讨的主题。

10 > 从最大到最强，中国经济的瓶颈在哪儿？

第 9 章表明，虽然中国将在未来 10 年发展成为世界上最大的经济体，但它的研发实力并不能在同一时期比肩美国。同样，虽然中国可以通过"成本创新"战略在实现繁荣富强的道路上更进一步，但达到美国人均 GDP 的水平仍然需要很长一段时间。在军事上也是如此，虽然中国可以显著提升它在周边地区的军事地位，但美国仍将长期保持其全球军事霸主地位。遗憾的是，这些因素致使我无法从客观上认同某些人的结论，例如胡鞍钢（2011 年）所言：中国将在 2020 年取代美国，成为世界头号超级大国。

除上述问题外，到 2020 年，中国的企业也还没有具备能够与美国企业相当的整体实力。而这将产生至关重要的影响：虽然这并不会阻挡中国发展的脚步，但会严重影响中国的综合国力。虽然 GDP 规模是衡量一个国家经济实力和综合国力的主要因素，但它并不是唯一因素。举例来说，中国在 1880 年前后仍然是世界上最大的经济体，但那时它却无力对抵抗模更小但却更先进的经济体（如英国、日本、俄罗斯、美国等）的侵略。虽然经济实力与综合国力受到 GDP 规模的影响很大，但它们同时还依赖于技术和制度优势。在现代经济中，确保技术和制度优势的一个重要前提条件是跨国企业的实力——这包括受政府扶持的大型企业拥有的研发能力。

这些跨国企业的规模的确惊人：世界上最大的 2000 家上市公司的营业额总和超过全球 GDP 总量的一半。因此，即便是拥有世界上最大的国内市场的美国顶尖企业也被迫进军全球市场，以保持自己的竞争地位。统计数据显示，到 2013 年，在标普 500 企业的总收入中，约有 1/3 来自美国以外的市场——许多美国领先企业的海外收入百分比不断提升并远高于国内收入比重。相比之下，中国企业的全球化质量远不如美国企业。正因为如此，它们规模也小很多。因此，了解中国企业在国际扩张方面赶超美国企业的相关动态显得至关重要。

国内生产总值和企业实力

为了避免误解，我们需要说明，一个国家的实力不能只通过它的 GDP 规模来判断，这并不是说只有在人均 GDP 与美国相当时，中国才会成为世界上最强大的经济体。如果真是这样，那么中国的 GDP 总量将是美国的四倍之多，届时，整个世界将改头换面。但在中国成为世界上最强的经济体之前，它必须同时具备以下条件：

- 总体经济规模远远高于美国。
- 显著缩小它与美国在制度优势方面的差距。

当然，这种比较只能采用粗略而简单的方法估算，比如：

- 中国的人均 GDP 是美国的一半，这意味着中国的经济规模是美国的两倍。
- 且中国的企业规模至少与美国的企业规模相当。

届时中国可能会被视为世界上最强大的经济体，即使美国在某些领域，如非常先进的民用技术和军事领域，仍然保持领先。

由于中国的人均 GDP 至少要等到 2030—2035 年才能达到美国的近一半，这意味着在未来十几年的时间里，中国只能是世界上最大的经济体，而不是最强的经济体。预计只有到了 2030—2035 年，中国的经济规模和实力才开始能够与美国相当——但前提条件是，届时，中国的企业规模基本上能够与美国相当。因此，在分析中国的企业所具有的实力和发展动态时，我们不能局限于 GDP 和宏观经济特征。

大型企业

对于中国实现繁荣和国力提升最为重要的企业类型由宏观经济进程决定。由
于中国在人均 GDP 方面明显落后于美国等发达经济体，因此，它的关键任务是创
建高生产率的企业——既有助于提高中国的人均 GDP，又可以减小与美国的生产
率差距。但要成功实现这些目标势必将创建大型企业，特别是跨国企业。事实证
明，创造更高生产率的是大型企业。

在中国，有时关于是小型企业而非大型企业创造了绝大部分就业机会的说法
也会产生困扰。这是正确的，而且不只在中国如此。但我们需要了解的是，小企
业创造的就业机会多的一个重要原因恰恰是它们的生产率低，而大型企业创造的
就业机会较少是因为它们的生产率更高，所以当它们发展壮大时，不会创造同等
比例的就业机会。因此，拥有更高生产率的大型企业肯定会产生不能创造足够的
就业机会的问题。但解决这个问题的方法是经济快速增长。而对小型企业拥有大
量生产率低下的工作机会的中国来说，根本没有出路：如果采用这种发展模式，
那么中国的人均 GDP 将永久保持极低的水平，根本不可能实现真正的繁荣富强。

大型企业和生产率

全球数据清楚地表明，大型企业的生产率比小型企业更高。而美国的生产率
显著高于其竞争对手的一大原因便是，美国的大型企业所发挥的作用更大。例如，
在就业方面，美国 45% 的就业机会由员工人数超过 250 人的企业提供，相比之下，
欧盟的这一比例只有 33%。[107] 与此同时，美国非农业个体户的比例（7.5%）只略
高于发达经济体平均水平的一半（12.8%）。美国和欧洲在这方面的对比差异同样
也出现在欧洲内部。在欧洲，中小型企业（SME）是指员工人数少于 250 人的企业，
员工人数为 0—49 人的是小企业，员工不足 10 人的属于微型企业。相关数据显示，
欧盟地区共有 2040 万家中小企业，大型企业只有 43000 家。而在这些中小型企业

中，92% 属于微型企业。

欧洲中小型企业的平均劳动生产率显著低于大型企业。2005 年，欧盟中小型企业提供了该地区 67% 的就业机会，但对经济增加值的贡献率只有 58%——欧盟中小型企业的生产率只有欧盟平均水平的 86%。该地区中小型企业比例最低的国家是德国——欧洲最成功的经济体。

正如索罗维基在一篇标题醒目的文章《大即是美》中指出：

> 从整个国家角度来看，小型企业并不是经济增长的真正驱动因素。人们可以通过观察世界各国的记录发现这一点。小企业雇用的工人比例最高的发达国家包括希腊、葡萄牙、西班牙和意大利——众所周知，这四个国家的经济问题对金融市场造成了严重的破坏。同时，小型企业雇用的工人比例最低的国家，如德国、瑞典、丹麦和美国，则是世界上最强大的经济体。[108]

《经济学人》也在一篇名为"小并不是美"的文章中指出：

> 看看欧元区的南部边缘地带。比如希腊、意大利和葡萄牙等国，有很多小企业……都非常不幸地没有获得成长。在这些国家，员工人数至少达 250 人的企业对制造业贡献的工作岗位不到全国的一半，但是欧元区最强的经济体德国做到了。缺乏大型企业导致生产率低下和竞争力不足（这也是导致欧元区危机的深层原因）。为小型企业提供全力支持的是那些拥有众多大型企业、能够维持最高生活标准的经济体。[109]

《经济学人》特别针对生产率——事关中国发展的决定性问题，给出恰如其分的结论：

沃尔玛以低于其他街头便利店的价格出售各种优质商品。规模有助于实现专业化，进而推动创新。谷歌或丰田的工程师可以集中全部精力处理一个具体的问题；老板也不会要求他去修理自己的笔记本电脑。员工人数达到或超过 250 人的欧洲大型制造商的生产率高出员工人数不足 10 人的"微型"企业 30%—40%。事实已经说明，微型企业在希腊更常见，但德国却很少见。[110]

如我们在第 9 章分析所述，大型企业能够实现更高生产率的部分原因是，与小型企业相比，它们所拥有的用于研发的资源更多。

事实上，如果将成长为大企业的小企业排除在我们的研究样本外，美国小型企业所创造的就业机会甚至不会多于大型企业——这需要的是能够发展为大型企业的小型企业。正如《经济学人》在研究美国的情况后指出：

> 因此，决策者们不应专注于规模，而应着眼于增长。人们都喜欢小型企业的一个原因是，它们创造的就业机会比大型企业更多。但是，许多小型企业始终保持原来的规模。小型企业和就业机会增加之间的关系完全取决于初创企业，这些企业的规模通常很小，而且肯定会提供新的就业机会（因为它们以前不存在）。近期针对美国企业的研究发现，一旦控制了企业年限这一变量，企业规模和就业机会增加之间的联系就会消失。
>
> 这并不意味着，政府要取消给予小型企业的补贴和监管支持，而是应集中力量消除其扩大规模的障碍。[111]

我们应该清楚地认识到，西方在中小企业问题上的小题大做主要是出于政治原因而非经济原因——一家只有 10 名员工的公司董事长在选举时投票数与一家员工达 250000 人的公司董事长相同，但员工人数只有或不足 10 人的企业数量是员工人数达 250000 人的企业的数万倍。然而，经济学的任务是分析现实，而不是搞吸引选民的政治宣传。中国不会通过无视实际情况、欺骗自己来获得经济上的成功。

经济发展和"走出去"战略

中国企业的规模显著小于美国企业的重要原因并不难理解——这反映出劳动分工不断增加的基本宏观经济进程（见第 5 章分析）。中国已经高度融入贸易领域的国际劳动分工，但全球劳动分工还具有一个更为成熟的特征——组织生产的国际化，这主要体现在外国直接投资（FDI）上。[112] 发达经济体的外国直接投资增长甚至比贸易更迅速，而且到了 21 世纪初，通过外国直接投资进行的全球化生产比第一次世界大战之前相对开放的全球经济时代更发达（就性质而言）。而这又是

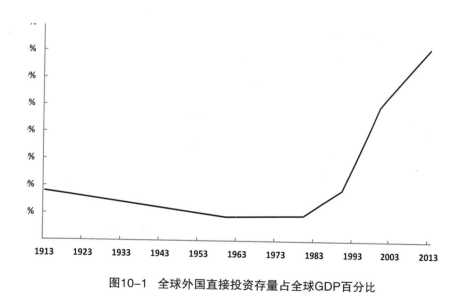

图10-1　全球外国直接投资存量占全球GDP百分比

资料来源：1913—1980 Kozul-Wright（1995），1990—2013联合国贸易和发展会议。

由不断提高的劳动分工所推动的宏观经济进程的最新发展，这一点我们前面已经分析过。

　　我们通过图 10-1 说明这一过程。1913 年——第一次世界大战爆发前夕的全球外国直接投资存量，大约相当于全球 GDP 的 9%。之后，受两次世界大战和大战之间的全球劳动分工瓦解影响，这一比例大幅下降，并在 1960 年降至 4%。之后，外国直接投资存量开始回升——开始较慢，后来非常迅速，并在 2013 年达到史无前例的水平——占世界 GDP 的 35%。

外国直接投资的部门扩张

　　从另一个角度来看，不同经济体间外国直接投资所占 GDP 的比例差别仍然较大。如图 10-2 所示，世界对外直接投资存量从 1980 年占全球 GDP 的 5% 上升至 2013 年的 35%。同期，发达经济体的外国直接投资增长更为迅猛——从占 GDP

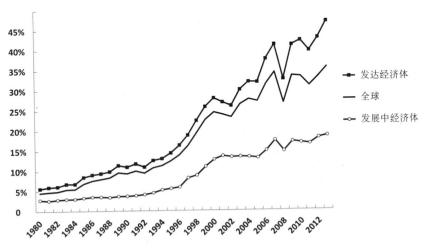

图10-2　全球不同经济体对外直接投资存量占GDP比重

资料来源：联合国贸易和发展会议.

的 6% 飚升至 47%。相比之下，发展中经济体的外国直接投资也有所上升——从占 GDP 的 3% 上升至 19%，但仍大大落后于发达经济体的水平。

发展中经济体与外国直接投资

图 10-3 对外国直接投资的趋势进行了分析，结果证实，发达经济体和发展中经济体的外国直接投资占 GDP 的比重与其对外贸易占 GDP 的比重情况截然不同。发展中经济体的贸易占其 GDP 的比重迅速增加，并在 2013 年已经与发达经济体基本处于同一水平：发展中经济体的贸易占 GDP 的 60.0%，发达经济体的贸易占 GDP 的 59.6%。但是，如图 10-2 所示，发展中经济体对外直接投资存量的相对水平不到发达经济体的 2/5：占 GDP 的比重分别为 19% 和 47%。这证明，通过组织国际化生产进行的劳动分工所代表的经济发展阶段比通过贸易进行的劳动分工所代表的经济发展阶段更先进。

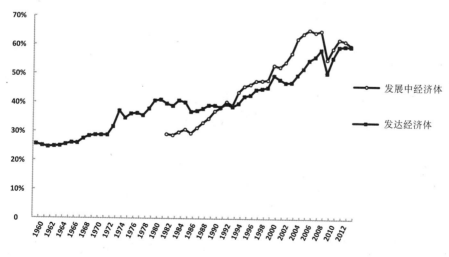

图10-3 全球不同经济体进出口贸易总额占GDP比重

资料来源：世界银行《世界发展指标》。

中国的外国投资地位

现在我们来看中国的外国投资情况。图10-4表明，中国的对外直接投资存量远低于发展中经济体的平均水平。2013年，中国的对外直接投资存量只占其GDP的6.6%，而发展中经济体的平均水平为19%。而美国的37.5%更是中国的5倍之多，而日本也是中国的3倍以上。欧洲国家的同类数字并不具有完全可比性，因为其中包括它们在欧盟内部的外国直接投资，但毫无疑问，它们的对外直接投资的水平远远高于中国。这证明，中国在外国直接投资方面仍远远落后于其他竞争对手，这也造成了它在参与国际生产劳动分工方面的落后。

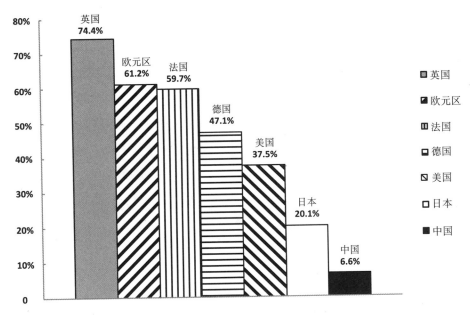

图10-4　2013年各国对外直接投资存量占GDP比重

资料来源: 联合国贸易和发展会议。

我们现在以绝对值而不是百分比来分析中国落后于美国的情况——如图10-5所示。2013年，中国的海外直接投资存量仅为6140亿美元，而美国则高达6.35

万亿美元,也就是说,美国的对外直接投资存量是中国的 10 倍。与欧元区相比,中国更是远远落后:欧元区的对外直接投资为 7.91 万亿美元,是中国的 12 倍。中国的对外直接投资存量不到欧洲各主要经济体的一半,如图 10—5 所示,与整个欧元区相比,更是相形见绌。只有与日本的对外直接投资存量相比时,才表明中国有机会在不久的将来迎头赶上——日本的对外直接投资存量为 9930 亿美元。

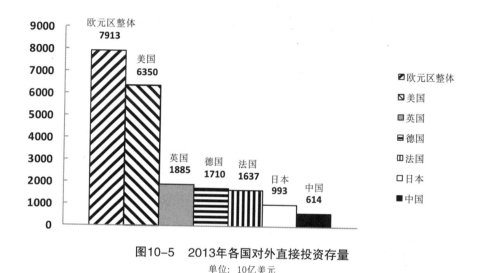

图10-5　2013年各国对外直接投资存量
单位:10亿美元

资料来源:联合国贸易和发展会议。

　　从图 10-6 可见,在对外直接投资流量方面,中国的对外直接投资比率呈飞速上升趋势——从 2000 年的 9 亿美元猛增至 2013 年的 1010 亿美元,年均增幅达 44%。到 2013 年,中国每年的对外直接投资流量已经超过了欧洲各主要经济体,虽然其总量只略高于整个欧元区的一半。但尽管如此,中国的对外直接投资流量仍不到美国 3380 亿美元的 1/3。考虑到中国在累积外国直接投资存量方面严重落后,因此中国将需要很长一段时间才能接近美国或整个欧盟的外国直接投资水平。

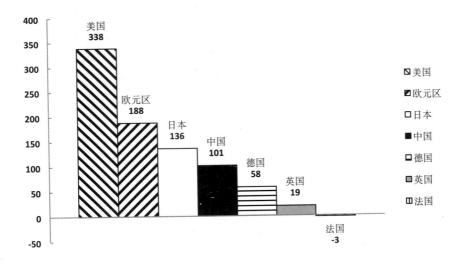

图10-6 2013年各国对外直接投资流量
单位：10亿美元

资料来源：联合国贸易和发展会议。

结论

上述趋势对中国的影响显而易见。由于现代化的大型企业在全球范围内开展运营，因此，中国面临的决定性挑战是如何创造高生产率，即全球化的大型企业——这是中国从世界上最大的经济体转变为世界上最强的经济体的前提条件。但反过来，如果中国的企业不能解决它们所面临的全球化问题（即如何有效参与贸易以及组织全球化生产两个领域的国际劳动分工），那么就不能成长为全球化的大型企业。为此，我们将在接下来的两章分析实现这些目标的驱动力和战略。

11
> **中美金融 "逼近" 与 "反超" 的一步之遥**

我们前面已经分析过,基本宏观经济进程决定了中国企业发展的部门动态与格局。同样,中国的企业无法按照自己选择的顺序发展成为各个经济领域的全球领导者,而只能根据宏观经济因素决定的顺序进行。

保护企业部门

但在分析最基本的趋势之前,我们应当说明,需要通过贸易保护主义和/或国家特殊扶持的具体企业部门的数量是有限的和明确的。开放型经济要求的是全面的开放,因此不遵守这些发展趋势的只能是为数不多的几个部门。例如,第二次世界大战之后,日本和韩国有效利用贸易保护主义来发展自己的汽车产业。再来看一个现代的案例,中国拥有一个巨大的、利润丰厚的消费互联网行业,知名品牌包括百度、腾讯、新浪微博等。实际上,这一行业的发展在很大程度上受益于国家的保护。无论是中国企业的个别产品居主要地位,或是微博的功能比 Twitter 更强大等,都是因为它们受到了保护,但在中国之外的国家/地区,消费互联网公司将受到其美国竞争对手的打压而被边缘化,原因是美国公司的全球化与标准化。虽然个别的中国互联网公司能够在面对美国公司全球竞争的格局下生存,但中国消费互联网行业的整体实力将被削弱。这给了中国一个合理的理由,便于它对消费互联网服务这一关键产业实施贸易保护主义。但出于前面已经分析的原因，贸易保护主义并不能成为一个可行的常规经济战略。总体而言，我认为，有效的经济政策必须是"开放的"，但它并不排除在一些行业实施贸易保护主义，不过需要严格控制其数量。

要素禀赋与经济战略

现在我们来分析中国各经济部门发展模式的整体趋势，这其中必须要包含中国的整体企业结构。林毅夫阐述了发展中国家在当代世界经济环境中取得经济成功的最先进的一般性理论。他提出的"新结构经济学"与进口替代主义和华盛顿共识所倡导的自由市场模式泾渭分明。鉴于这一分析的重要性，并且已被列为最重要的经济因素（前面已经分析），本人认为，有必要对此作一总结。林毅夫在分析中指出：

> 假设一个经济体的经济结构内生于其要素（资本、劳动力等）禀赋结构，并且持续的经济发展是由要素禀赋变化和持续不断的技术创新带动的。
>
> 一个国家要素禀赋在每一个特定时期是给定的，并随着时间的推移而变化。一个国家的比较优势及其最优的产业结构是由它的要素禀赋决定的。[113]

例如，对于亚洲的发展：

> 东亚新兴工业化经济体（NIE）……利用它们禀赋结构与日本类似这一事实而采取日本的雁行模式发展经济。这是非常有可能的，因为它们与目标国的人均收入差距并不大。[114]

这种经济模式是由中国经济学家而不是西方经济学家提出，这说明世界经济分析的中心正在发生重大转变；同样引人注目的是，近期关于世界经济发展的最全面的事实研究是由另一亚洲经济学家——越南的姜明武完成。正是因为林毅夫的分析最符合已经验证的经济发展的基本过程（不仅适用于发展中经济体，同时适用于所有经济体），因此我在这里特别提出。

新结构经济学和整体经济发展

正如林毅夫在《新结构经济学》中强调的：

如同其人均 GDP 所反映出来的那样，一个经济体不能自主选择，或以极度不均衡的方式，"越过"某些经济发展阶段；

一个经济体的发展会从劳动密集型行业向越来越多的资产密集型行业转变。

林毅夫总结指出：

仔细研究成功的赶超发达国家战略的因素就会发现，政策干预措施的性质取决于这些新产业的具体制约因素和国情。不过，虽然干预措施通常各不相同，但各个国家的产业发展模式大体类似。它们都从劳动密集型产业，如服装、纺织品、玩具和电子产品开始……并逐步沿产业阶梯上移，向资本更为密集的产业转移。[115]

因此：

升级某个国家的产业结构需要升级其要素禀赋结构——从一个劳动力和自然资源相对丰富的领域转向资本相对充裕的领域。[116]

林毅夫所提出的随着经济发展提高资本密集生产的模式不仅适用于现代发展中经济体，它还存在于整个历史经济结构以及决定了过去几百年经济发展进程的基本经济因素中。这些事实能够有力地说明林毅夫强调的趋势。劳动分工及其"乘数"效应，确保一个经济体在具体的发展阶段保持相对集中，而且不能"越过"某个/些经济阶段。此外，它也是劳动分工水平不断提升的结果，如第6章分析，正是因为固定投资占经济总量的比重不断提升，才驱动经济从劳动密集型产业向资本密集型产业发展。

比较优势

林毅夫的中心战略概念——改变"要素禀赋"，构成了一个更为全面的，即古典经济学中著名的"比较优势"概念（一个经济体与另一个经济体比较）。这个概念最初由大卫·李嘉图提出，旨在强调在地理要素方面的比较优势，如原材料的可获得性、气候、地理位置等。考虑到李嘉图提出这一理论时，几乎所有国家的投资都处于极低的水平，因此这一概念主要强调这些方面并不足为奇。[117] 然而，由于各经济体处于不同发展阶段，其资本和劳动力对于经济增长的贡献各不相同，因此比较优势可以更广泛地指代这些方面，而且"比较优势"应该是指任何生产要素的充沛或稀缺。林毅夫分析的独创性部分源于这个更全面的"比较优势"的概念。

反过来，这些基本的宏观经济因素又决定了所采取的经济战略。

• 劳动分工是促进经济发展的最重要因素，这不包括全球化经济体通过进口替代战略取得的成就。通过诸如确保充足的基础设施以及促进国际开放和贸易发展等措施创造提高国内劳动分工的条件则是一国政策对于经济发展所能给予的最有力的战略支持。

• 固定资产投资是促进经济发展的第二大推动因素。因此，除促进劳动分工与国际开放外，国家经济政策对于发展所能给予的最大支持是逐步增强投资水平——由于投资必须要有资金，因此这就需要提高储蓄水平。这就是林毅夫提出的改变要素禀赋的全过程。

● 促进经济发展的第三大推动因素是不断增加劳动投入，这一点可以通过如城市化、促进妇女参加工作，以及通过教育和培训提高劳动力素质等措施来实现。而后者则是亚洲发展中经济体政府在这类政策上支出增速高于世界平均水平的一个关键原因。[118]

● 提高全要素生产率（TFP），为一些重要的发展过程提供补充支持，包括革新从发达经济体中引入的技术、向技术前沿挺进等，这些发展过程对发展中国家而言尤为重要，但随着经济体的日渐发达，全要素生产率的比率和作用也趋于下降（原因见第9章）。

在经济发展过程中，不同要素的相对重要性决定了快速增长的亚洲经济体能够以"外向型／高投资"模式获得巨大成功——中国是其中最典型的例子。正如姜明武概述：

> 亚洲经济增长模式的秘诀，并不在于实现生产力的高速增长，而是在长期密集的要素投入调动过程中，仍然能保持生产力的合理增长。[119]

需要再次强调的是，这种发展模式并不仅针对亚洲发展中经济体，而且贯穿于历史上所有经济发展时期。其原因在于，这些趋势展现出促进经济发展的最强大力量。

中国企业全球化的宏观经济基础

我们已经说过，一个经济体会在其发展过程中，从资本密集水平较低的模式向更高的模式转变，这个事实反过来必然对其企业的部门发展产生至关重要的影响，而它的整体企业结构也会受到波及——所有国家和地区都是如此。投资必然需要等量的储蓄提供资金支持，因此，为资本密集型产业融资就必须有一个与之对应的金融服务部门——金融服务部门的基本宏观经济作用是提供投资基金。这一基本的宏观经济事实决定了中国的企业发展及其逼近、赶上并最终反超美国竞争者的进程。宏观经济和企业的发展进程必然密切相关，相互影响，原因是，企业是以更为抽象的宏观经济术语分析这一进程的机构体现。

在掌握了这些基本的宏观经济事实之后，我们就会了解，中国企业的发展过程为何与媒体不时报道的不同，或不像一些经济学教科书中描述的那样简单。要了解中国企业发展的真实模式，我们需要认识中国经济实力的核心——因为它反过来决定了中国企业在全球不同的生产和竞争领域取得的相对成功的地位。

中国的金融服务部门已位居世界第一

为了全面了解中国经济与企业实力的核心及其当前的国际化进程，人们往往试图通过以单个行业的规模来说明，但我们必须要指出，这种做法是错误的。我们可以列举一些典型的例子：

- 中国生产的水泥比世界其他国家／地区生产的总和还多。
- 中国生产的钢铁比排在后面的 40 个国家／地区的总和还多。
- 中国是第一个手机用户超过 10 亿的国家。
- 中国的互联网用户是美国的两倍多。

这样的数据令人惊叹，但它们并不是中国基本经济实力的核心，而只是其中一些具体领域的成就。正如我们已经在前面分析的，在实施开放政策、面向国际劳动分工开放后，中国宏观经济中的主导力量是在 GDP 中占据高比重的固定投资。但是，这样高的投资水平需要同等水平的储蓄支持。这意味着，服务于资本投资的金融业是中国经济实力的核心支柱，它决定了中国企业结构的发展。因此，金融服务业（尤其是银行业）的强大实力是为中国高比重的固定投资融资的必要条件。

中国的金融实力

在为资本投资提供资金的能力方面，中国已经远远超过美国——这不仅表现在比例上，还表现在绝对金额上，中国在这个领域以极大的优势排名世界第一。2013年（国际可比数据公布的最新年度），中国和美国的储蓄额分别为 4.7 万亿美元和 2.9 万亿美元，中国可供投资的储蓄量高出美国 63%。这一差距还将逐步扩大——不仅是因为中国的经济增长速度比美国快很多，还因为其储蓄率远高于美国。2013 年（提供最新数据的年度），中国的储蓄占国民总收入的 51.8%，美国只有 16.8%。

这些宏观经济和金融发展趋势在国内和国际层面均具有决定性影响。随着时间的推移，所有其他经济要素，如企业规模、技术、研发等，都可以获得：有的可以通过投资获得，有的可以通过购买获得，有的可以借助培训获得。但是，金融是市场经济的核心。中国在筹措投资资金方面拥有巨大的领先优势，这是在确保与美国的竞争中胜出和确保中国的 GDP 超过美国的决定性因素。这也意味着，由于缺乏投资资金资源，美国最终将无力在经济增长方面与中国相匹敌。同样，中国的金融实力可让其承担重要的国际举措，如创建亚洲基础设施投资银行。

正如我们将在第 16 章详细验明的，美国相信它的 "企业优势" 能够与中国的金融优势（中国强大的投资融资能力）一较高下是自欺欺人。即使美国比中国更有 "企业优势" ——这一点尚未得到证实，也没有证据证明所发挥的作用，充其量也就是为经济增长尽了微薄之力。然而，证明资本投资是经济增长的一个决定性因素的证据却显而易见。

虽然中国的 GDP 还不是世界第一，但它已经轻松坐上投资融资能力第一的宝座。鉴于中国具有决定性的竞争优势且扩大其国际影响力的能力不断提升，我们可以肯定地说，现在的中国，而不是美国，已经成为世界超级金融大国。这一点具体表现在增强中国的企业实力并晋升全球生产部门领导地位的过程中，我们将在下一章详加研究。此外，我们还将分析成为 "超级金融大国" 的中国可能制定的外交政策方面的举措。最后一章我们将分析这一事实所产生的一些地缘政治影响。

12 > 中国企业与美国同行的追逐战

我们已经在上一章证实，中国的储蓄量，即可以用于投资的资金量，位居全球第一。这一宏观经济优势同时决定了中国企业发展的部门模式，并赋予中国肩负重大国际倡议，如亚洲基础设施投资银行和"一带一路"等，加快自身发展的能力。这是因为储蓄是金融服务的"原材料"，而中国的储蓄量位居全球第一意味着中国拥有的"金融原材料"比美国更多。中国在可供投资的资金方面具有突出优势，但它在我们接下来分析的其他领域继续处于弱势，这决定了中国所采取的战略必然是：随着时间的推移，逐步将金融优势转化为涵盖更多行业的制度性企业优势——借助诸如企业规模、市场整合、在一个经济部门的相对竞争地位、研发能力等指标衡量的"制度优势"。中国在可供投资资金方面的这种宏观经济实力也使其政策和企业在可以应用金融优势的各领域获得关键优势——我们也可以简单地将之概括为：一个部门越容易获得资金，它所属的企业越强大；反之，越不容易获得资金，它们的实力越弱。我们下面将分析金融优势对于加快中国经济发展的可能影响。

这种宏观经济事实还纠正了一个常见的误区：由于中国已成为全球最大的制造业基地，并在工业产值方面超过了美国，因此中国的制造业企业是全球最强的。这种观点混淆了中国在全球制造业中的地理位置和中国制造型企业实力两个概念。如同我将在本章所要分析的，在中国的工业总产值中，在华外资企业的贡献占了很大一部分，而中国的制造企业，虽然发展迅速，但与其美国竞争对手相比，仍处于相对劣势。中国实力最强的全球性行业部门是银行业（最接近资金的行业）和金融服务业。这种宏观经济事实也解释了中国在诸如亚洲基础设施投资银行等方面所取得的成功。那么，中国是怎样将宏观经济实力融入企业结构，为中国经济发展创造国际化动力和机遇的呢？

中国企业部门的发展顺序

事实上，除贸易开放之外，中国经济实力的核心是资助投资的能力以及由此产生的高固定投资水平，这一事实阐明了为何媒体和一些初级经济学课程中给出的部门发展理念不能准确解释中国企业发展的模式。这些观点认为，一个经济体的发展进程应当遵照以下时间顺序：

- 首先是初级产品（原材料、农业、能源等）。

- 其次是第二产业（制造业）。

- 最后是第三产业（服务业）。

这套规划的问题是没能区分金融服务业（银行业和保险业等）和非金融服务业（零售、餐饮和传媒等）。如下文所示，这两者具有明显不同的发展动力。而事实证明，中国的企业发展顺序将是：

- 首先是初级产品。

- 其次是金融服务业。

- 再次是制造业。

- 最后是非金融服务业。

这种企业发展模式并非中国独有——其他两个金砖国家（巴西和印度）也是如此。从历史角度来看，它还以略作修改的形式存在于美国——世界上最先进的经济体，同时也是唯一已经发展到基本上所有主要企业部门都具备雄厚实力的经济体。

产业发展模式

我们在前文针对宏观经济基本机制的分析中已经阐明了中国企业发展遵循上述部门发展模式的原因。为了澄清这一点，我们首先通过图12-1说明制造业发展历史模式的典型过程（该版本改编自鞠建东、林毅夫和王勇2009年的相关分析）。我们特别以日本为例，但这个过程全球适用。就制造业而言，一个经济体首先会在资本密集度低的产业获得竞争力，然后过渡至资本密集度更高的部门——而这时，它在与那些资本密集度更低的国家的劳动密集型产业竞争时便失去了优势。因此，日本的发展从资本密集度较低的行业（如纺织业）开始，逐步转向资本密集度较高的汽车和先进的电子设备等行业。

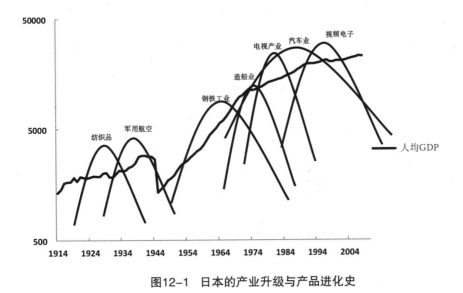

图12-1 日本的产业升级与产品进化史

资料来源：程式化模型是以鞠建东、林毅夫、王勇合著的《Endowment Structures ,Industrial Dynamics, and Economic Growth为依据.

然而，一个国家的经济不只包含制造业，因此上述产业发展模式是更广泛的经济环境的一部分。在该体系中，虽然一些初级产业，尤其是农业的发展，从历史上来看，由于采用小规模的生产单位，可以不需要大型金融机构的支持，但对资本密集型更高的大规模生产部门来说，没有大型金融机构的支持根本不可能运行。我们以美国为例，美国的初级生产部门——农业具有很高生产率：美国的农民创造了高额储蓄，这部分资金与其他资金来源一起，为美国的大型资本形成和大规模生产行业的发展融资奠定了宏观经济基础。但是，为了将这种宏观经济潜能转化为实际的经济发展，这些储蓄必须通过美国金融服务行业中的大型机构来聚集、统筹。[120] 美国大型金融服务企业的发展，如最具代表性的摩根大通，甚至早于亨利·福特——美国工业实力的代表。摩根公司直接参与美国工业力量的最初支柱性企业（如通用电气和美国钢铁公司等）的融资和组织。显然，美国的大型金融服务企业不能在大规模制造业发展后起步，而是必须同时或是先于后者发展。因此，在19世纪下半叶，美国已经出现了超大型金融服务企业。相比之下，美国大部分非金融机构部门（餐饮、传媒、酒店、互联网等）形成大型生产性企业的时间较晚——大多是在"二战"之后。事实上，作为世界上最先进的经济体，美国仍然是世界上唯一拥有全面发展的大规模非金融服务生产部门的国家，这一点我们将在下面说明。非金融服务业的发展较晚表明它是最发达的经济部门。因此，由于未能区分金融业和非金融服务业，提议按照"初级、二级、三级"时间顺序发展各个产业的观点混淆了这些不同的发展进程。

美国不同行业的大型企业的真实发展进程——就其对美国人均GDP增长的贡献而言，具体发展顺序与中国相同，即：

- 初级产品。

- 金融服务业。

- 制造业。

- 非金融服务业。

这将表明，这种模式帮助美国企业部门获得特殊优势，但却导致中国的企业部门处于特别的弱势——在全球产业结构上也是如此。这种模式是由前面已经分析过的宏观经济进程决定，并且它决定着中国企业发展的产业模式。但通过初步分析，我们可以简单地指出，它决定着中国的企业发展遵循与美国企业发展模式类似的历程。对于企业部门发展顺序的强调源于经济发展过程中的关键因素，尤其是不断提高的资本密集度——从亚当·斯密开始，到后来的李嘉图、马克思、凯恩斯以及现在林毅夫等人进行的经济分析都把它视为建设先进的经济体过程中的一个决定性因素。

中国的企业发展模式

我们已经在前面说明，大型企业决定着生产率的发展，因此，我们将它作为此处分析的重点。为了分析中国大型企业在全球竞争中所处的位置，我们采用可按照时间追溯的最大的国际标准化样本——福布斯全球企业 2000 强（"福布斯2000"）。福布斯 2000 涵盖世界上最大的 2000 家上市公司，是间或用于进行国际比较的财富世界 500 强企业数量的四倍，因此是一个规模更大的比较样本。福布斯 2000 中的企业营业额相当于全球 GDP 的 50% 以上。因此，它可以被用作跟踪中国跨国企业发展模式的主要数据来源。但是，为了验明其发展趋势，我们也将分析财富世界 500 强中的美国和中国企业。

首先来看不同国家之间的整体趋势，表 12-1 给出了中国大型跨国企业在收入方面与 G7 经济体、金砖国家及欧盟同行的多边比较。结果表明，2013 年，就单个国家而言，中国企业的收入占福布斯 2000 的 8.5%——是仅次于美国（29.3%）和日本（12.3%）的第三大集团。但是，整个欧盟的企业收入（27.2%）仍大大高于中国。虽然表 12-1 中的中国企业收入份额的增长率是由这一时期不断上市的中国企业带动，但中国企业的快速全面发展显而易见。我们也可以从表中看出，与其他金砖国家相比，中国的企业已经确立了重要的国际地位。而根据公司规模等标准衡量的其他实力最强的金砖国家——巴西和俄罗斯，其各自的企业收入最高只占全球总量的 1.8%，与中国的 8.5% 相距甚远。

表 12-1　福布斯全球企业 2000 强中的各国企业收入占总收入的百分比（%）

	2004年	2005年	2006年	2007年	2008年	2009年	2010年	2011年	2012年	2013年
美国	38.9	38.1	37.7	37.0	34.3	31.4	29.9	31.1	30.0	29.3
日本	16.6	15.1	14.2	12.6	12.0	14.5	14.2	12.5	13.0	12.3
中国	0.8	0.9	1.3	1.9	2.4	3.2	4.9	5.6	7.2	8.5
法国	6.5	6.2	6.5	6.4	6.8	7.0	6.7	6.5	5.8	5.7
英国	7.4	7.7	7.4	7.6	7.3	5.6	6.4	6.0	5.5	5.6
德国	7.0	7.0	6.5	6.4	6.4	6.3	5.9	5.8	5.6	5.4
加拿大	1.9	2.1	2.2	2.2	2.4	2.0	2.2	2.3	2.2	2.2
意大利	2.2	2.6	2.6	2.1	2.3	2.7	2.8	2.5	2.2	2.1
俄罗斯	0.5	0.5	0.6	1.0	1.2	1.5	1.6	1.5	1.7	1.8
巴西	0.5	0.6	0.8	1.0	1.2	1.2	1.6	1.9	1.9	1.8
印度	0.5	0.6	0.7	0.7	0.9	1.2	1.3	1.4	1.6	1.6
欧盟	31.0	32.7	32.0	32.5	33.2	32.2	31.2	29.9	27.4	27.2

资料来源：根据各个年度的福布斯全球企业 2000 强数据计算。

与美国企业相比，中国企业明显处于劣势

然而，尽管中国的企业发展迅速，但表 12-1 还是清楚地表明，与美国竞争对手相比，它们整体仍处于劣势。为了便于分析两国企业的相对地位，图 12-2 给出了中美两国企业的双边比较。图 12-2 显示，2013 年美国大型跨国企业的收入几乎是中国同类企业的 3.5 倍。鉴于中国的 GDP 是美国 GDP 的 60%（以当前汇率计算），中国大型跨国企业相对于其美国竞争对手的地位远远落后于中国 GDP 相对于美国 GDP 的水平。美国的 GDP 不到中国的两倍——即使是以当前汇率计算，但美国跨国企业的收入规模是中国企业的 3 倍以上。与两国的 GDP 差距相比，两国企业实力的差距更为明显，这也再次印证了经济规模不等于经济实力这一说法——与中国的企业相比，美国的企业更具制度优势，而且更加集中。

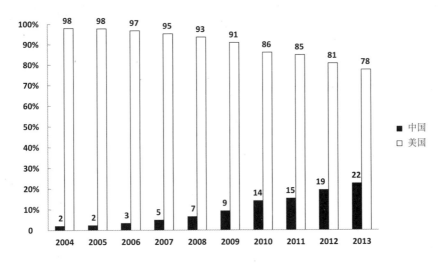

图12-2　中国与美国大型跨国企业收入
占中国和美国企业总收入的百分比

资料来源：根据各个年度的福布斯全球企业2000强数据计算。

中美两国企业在财富世界 500 强中的比较

需要指出的是，由于美国的大型跨国企业数量比中国多，所以入选福布斯
2000 强的美国企业数量也比中国多：2013 年上榜的美国和中国企业总数分别为
543 家和 149 家。为了证明中国企业的相对地位没有被这些规模不同的样本影响，
我们利用表 12-2 比较了跻身财富世界 500 强的美国和中国企业——从而均衡两个
国家的上榜企业数量。我们可以看出，比较等量企业所得出的结果只发生了些许
变化：中国企业的收入有所提高，略高于美国企业收入的 1/3。其中的原因是，这
种趋势主要是由每个国家规模最大的企业主导。表 12-2 还可表明，两国企业具备
优势与呈现劣势的行业模式基本上与福布斯 2000 强中的多国比较结果一样。因此，
与美国的大型跨国企业相比，中国的大型跨国企业处于明显的劣势地位。有关这
些趋势更为详细的行业细分如表 12-2 所示。

表 12-2　2013 年中美两国入选财富世界 500 强企业的收入对比（％）

	中国	美国
建筑业	81.3	18.7
初级产品	40.6	59.4
金融服务业	29.8	70.2
制造业	20.1	79.9
非金融服务业	11.6	88.4
综合性大企业	9.1	90.9
合计	25.6	74.4

资料来源：根据 2013 年中美两国财富世界 500 强上榜企业数据计算。

各国的相对地位

我们利用福布斯数据进行多边而不仅仅是双边的比较，其中可能需要注意的一个显著的全球趋势是美国企业的全球相对地位不断下降——尤其是在收入方面。由于个别美国企业在高科技领域获得了切实而令人瞩目的成功，如苹果和谷歌，导致人们总是认为，美国企业近期的整体国际地位必定在不断加强。但全球趋势分析清楚地表明，事实刚好相反——这也说明分析系统性数据而不是选用个别案例的重要性。面对发展中国家企业的日渐壮大，尤其是来自中国的企业，所有主要发达国家的企业市场份额都在不断减少。而美国企业优势地位的丧失尤为明显。为了进行更为精确的比较，我们在表 12-3 中列出了福布斯 2000 强的企业利润份额，以补充前面已经给出的收入数据。收入和利润两个方面的趋势表现为：

● 中国企业在全球范围内的崛起显而易见，而且在利润增加方面的表现甚至更胜于收入层面的表现。2004—2013 年间，中国上市公司的全球收入份额从 0.8%上升至 8.5%，同期利润份额从 2.6% 提高至 12.9%。这说明，中国企业的盈利能力高于其收入能力。在与美国进行双边比较时，我们可以看到，2013 年中国企业的利润占两国企业利润总额的 26%，相比之下，中国企业的收入只占两国企业收入总额的 22%。这意味，在与美国企业比较时，中国企业的盈利能力表现强于其收入能力，虽然无论以哪种指标衡量，美国企业仍然毫无争议地居领先地位。

面对中国企业的强势崛起，以及更多地来自发展中国家日渐壮大的企业的竞争，发达经济体的企业表现出如下趋势：

• 2004—2013 年间，美国企业的收入份额从 39% 下降至 29%，减少 10%；利润份额从 64% 下降到 36%，减少了 28%。美国企业的利润份额仍然高于其收入份额，表明美国企业的盈利能力仍高于全球平均水平，但美国企业在收入和利润两个方面的全球地位正显著下降。

• 同一时期，欧盟企业的收入份额从 31% 下降到 27%，只减少 4%；利润份额从 11% 上升至 15%，增加 4%。欧盟企业的利润份额低于其收入份额。但欧盟企业在地位方面的损失小于美国——不能混淆欧盟各成员国的表现（比美国更差）与欧盟跨国企业的全球地位。

• 同一时期，日本企业的收入水平下降，收入份额从 17% 下降至 12%；但其盈利能力有所提高，从 1% 增加至 5%——虽然这个数值很低（日本企业的利润份额比其收入份额低很多）。

因此，就发达国家企业的发展趋势而言，美国企业在收入和利润方面双双领先于欧盟企业，但这种领先优势已经缩小，这是因为在应对来自中国和其他发展中经济体企业的日趋激烈的竞争中，美国企业不像欧盟企业那样成功（相对而言）。日本企业的收入份额缩小，但盈利能力提升，不过后者是建立在非常低的起点之上。总体而言，中国企业在收入和利润两个方面的地位快速提升（利润方面表现更强），但美国和欧盟依然在企业实力方面具有很大的领先优势。然而，考虑到中国企业快速的增长率，中国的大型企业部门有望在相对较短的时期内在规模上超越日本。

表 12-3　福布斯全球企业 2000 强中的各国企业利润占总利润的百分比（%）

	2004年	2005年	2006年	2007年	2008年	2009年	2010年	2011年	2012年	2013年
美国	64.1	45.2	39.9	36.9	28.9	10.1	31.8	32.0	33.0	36.0
中国	2.6	1.9	2.8	3.2	3.9	8.5	10.0	8.7	9.9	12.9
俄罗斯	2.0	1.4	1.4	1.9	3.1	5.4	4.5	2.8	3.6	4.8
英国	3.1	7.7	7.6	7.8	8.7	6.0	7.1	5.6	6.4	4.7
日本	0.9	6.8	7.0	7.5	6.7	12.2	−1.2	4.0	5.4	4.5
德国	−0.3	2.4	3.6	3.7	4.9	4.3	2.8	3.6	3.4	3.9
加拿大	3.1	3.0	2.6	2.8	3.3	3.1	3.2	3.1	3.0	3.0
法国	1.0	3.7	5.0	5.2	5.4	6.1	4.9	4.5	3.8	3.0
印度	1.2	1.1	1.1	0.9	1.3	2.7	2.4	2.1	2.3	2.2
巴西	0.9	1.1	1.3	1.5	1.8	2.9	3.5	3.0	3.0	1.8
意大利	1.0	1.8	1.9	2.1	2.2	4.1	2.6	1.4	1.3	−0.3
欧盟	11.2	26.3	29.1	30.0	33.4	32.5	25.0	24.2	20.7	14.7

资料来源：根据各个年度的福布斯全球企业 2000 强数据计算。

中国跨国企业的发展模式

暂且不说整个国家层面的比较，我们现在来详细分析中国的企业在不同行业的优势和劣势。有关数据显示，2013 年在全球经济中，中国四大部门的总收入规模大体相当，分别是：

- 制造业（9.6 万亿美元）。
- 初级产品（9.5 万亿美元）。
- 非金融服务业（9.4 万亿美元）。
- 金融服务业（7.7 万亿美元）。

除此以外，还有两个规模相对较小的全球性行业部门：建筑业（1.2 万亿美元）和综合性大企业（1.0 万亿美元）。[121]

在这一全球大框架下，我们通过表 12-4 展示了中国与美国企业发展的具体模式。表 12-4 显示，2013 年，中国只在一个全球性行业部门——规模相对较小的建筑业——占据主导地位，该部门不仅包括房屋建设，还包括铁路、堤坝建设等。在建筑领域，中国以 31.2% 的收入份额和 29% 的利润份额位居世界第一——这一领先地位反映出中国在基础设施建设、高速列车等领域具有雄厚的实力。建筑行业包含多个中国具有重要的；全球领导地位的领域，但同时我们也应该注意到，这个部门的规模很小——仅占福布斯 2000 总收入的 3.2%。

表 12-4　2013 年中美两国企业在福布斯全球企业 2000 强中的地位（按行业部门）

	行业收入占福布斯 2000 强总收入百分比（%）	企业收入占行业总收入百分比（%）		企业利润占行业利润百分比（%）	
		中国	美国	中国	美国
制造业	25.0	4.2	31.7	3.2	43.7
初级产品	24.8	11.5	21.0	11.1	27.1
非金融服务业	24.5	4.0	43.7	7.2	45.2
金融服务业	20.0	12.7	19.6	29.7	26.4
建筑业	3.2	31.2	6.1	29.0	11.1
综合性大企业	2.5	1.7	51.4	1.8	63.3

资料来源：根据各个年度的福布斯全球企业 2000 强数据计算。

现在来看中国企业在全球大型行业部门中所处的位置：

● 中国在初级产品领域（石油、天然气、采矿等）的实力相当强大，就单个国家而言，仅次于美国位居第二——虽然远远落后于欧盟。然而，美国企业在初级生产中的规模大约是中国企业的两倍——美国企业在收入和利润方面领先中国（两国的收入份额分别为 21% 和 11.5%，利润份额分别为 27.1% 和 11.1%）。

● 中国非金融服务业的收入排位极低，只占总量的 4%；利润排位也很低，只占总量的 7.2%。

- 中国制造业的收入和利润份额都很低,分别为 4.2% 和 3.2%。

与这些部门不同的是:

- 在金融服务业,中国的收入排位相对较高,份额为 12.7%,而其盈利能力极为强大——约占总量的 29.7%。如果只分析其中的银行业,则中国更具优势——其收入和利润份额分别为 18% 和 42%。

正如我已经指出的,这些事实驳斥了有关制造业是中国实力最强的跨国企业部门的观点。相反,在全球主要行业部门中,中国目前实力最强大的行业当属金融服务业,尤其是银行业。这证明了我们前面已经概括的宏观经济趋势的一般规则:越容易获得资金的部门,其所属企业的实力越强大。因此,我们可以看出,中国的宏观经济结构直接决定了中国企业在全球竞争中的地位。

美国企业和中国企业的双边比较

最后,为了概述中国企业发展必须经历的漫漫征途,我们有必要从收入和利润两个方面比较中国与世界上最先进的经济体——美国之间的差距。这种比较凸显了美国大型跨国企业的综合实力和中国企业所处的地位(见图 12 3 与图 12 4)。中美两国企业优势的比较趋势再次遵循前面已经分析过的宏观经济进程。在进行双边比较时,我们以每一行业中两国企业的收入和利润占两国收入总额和利润总额的百分比作为衡量标准:

- 只有在规模相对较小的建筑业,中国企业的收入和利润高于美国企业,收入份额为 84% 对 16%,利润份额为 72% 对 28%。

- 美国企业在金融服务业收入方面领先中国,份额为 61% 对 39%;但在盈利能力方面不及中国企业,份额为 47% 对 53%。

- 美国企业在初级产品收入和利润两个方面远远高于中国企业,两国的收入份额为 65% 对 35%,利润份额为 71% 对 29%。

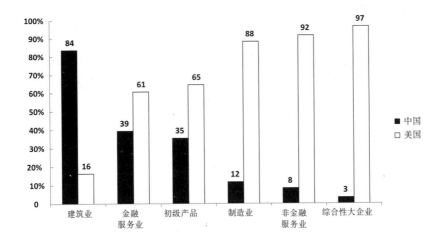

图12-3 中国与美国不同行业企业收入占两国收入总额的百分比

资料来源: 根据2013年福布斯全球企业2000强数据计算。

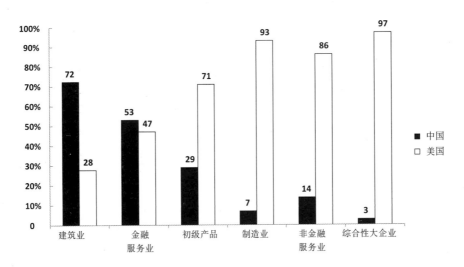

图12-4 中国与美国不同行业企业利润占两国利润总额的百分比

资料来源: 根据2013年福布斯全球企业2000强数据计算。

- 在制造业领域，美国企业具有绝对优势，两国的收入份额为88%对12%，利润份额为93%对7%。

- 在非金融服务业领域，美国企业以92%和86%的收入与利润份额遥遥领先中国的8%（收入）和14%（利润）。

- 在综合性大企业领域，美国企业以绝对优势领先中国企业，美国企业的收入和利润份额均为97%，而中国企业的收入和利润同为3%。

因此，不考虑规模相对较小的建筑部门，这种比较再次证实，中国企业仅在金融服务业一个领域的实力开始接近美国。然而，虽然中国金融服务企业的规模，尤其是银行，正在接近其美国同行，但它们在全球地位上仍有很大不同。中国的金融服务企业已经开始国际化扩张，但其业务仍主要集中在国内市场，而不具备美国竞争对手那样的全球影响力（这是我们将在本章后续部分研究的发展动态问题）。除了金融服务业，美国企业在全球最大的行业部门全部以巨大优势领先于中国企业——而在制造业和非金融服务业，这种优势是压倒性的。

金融部门与中国企业的全球化

鉴于这些趋势和大型企业在生产力发展中发挥的决定性作用，中国企业应如何缩小与美国企业的差距？这个问题的答案至关重要，因为如果不缩小两者在综合生产力水平上的差距，中国就不可能缩小自身与美国及其他最先进经济体在生活水平方面的距离。鉴于中国与发达经济体在生产力水平以及人均GDP方面的巨大差距（中国的人均GDP只有美国的24%、德国的29%），缩小这一差距不能通过一些想当然的或短期的方法实现，而只能依靠长期利用前面已经分析过的最有力的宏观经济力量来实现。

发展在企业层面最重要的表现——反映出中国的总体宏观经济发展，是中国企业正在稳步 "有组织" 地追赶其美国同行。2013年，美国跨国企业的收入和利润大约同为中国的三倍：收入为29%对12%，利润为36%对13%。三倍的优势看似很大，但在不久前的 2008 年，两国的差距曾高达 10 倍。中国与美国在各个部门的差距都在缩小，这反映出中国宏观经济战略的持续成功。中国宏观经济战略立足于贸易开放、高水平的固定投资、有关提高劳动力素质和减轻劳动力人口减少影响的措施、中国企业全球化程度的提高、研发支出增加以及其他推动中国成本创新战略的措施。考虑到中国"大陆板块级"经济体的超大规模和劳动分工的影响——有些部门产生生产力"乘数"效应而有些则产生"减数"效应，因此中国不可能只依赖单个经济部门实现生产力水平的提高。这一目标的实现必须依赖非常广泛的各经济部门和企业的发展。

但尽管如此，除了诸多前沿领域的有组织发展，中国还可以利用它在金融领域的优势加快和增强企业的国内投资与全球扩张。因此，中国的金融优势，主要是银行，但也包括更广泛的金融服务业，不应只拘泥于直接为国内和国际投资提供资金并支持中国金融服务业实现全球化等层面。虽然这两个方面的发展至关重要，但中国的金融优势还可以在经济和外交政策方面发挥更广泛的战略影响。

资金（储蓄）在市场经济中具有主导地位，这使得中国可以将银行业和金融服务业的优势作为战略先锋，帮助更多中国企业拓展全球业务。中国尤其可以利用这一优势带头发展资本密集型项目，如基础设施领域——特别是在亚洲等地区。例如，该优势为中国提出的"一带一路"等多国合作倡议提供了重要基础，尤其说明了中国在倡议成立亚洲基础设施投资银行方面的成功，以及众多国家不顾美国的强烈反对坚决加入的意愿。而在这类由中国雄厚的金融实力和高水平的储蓄能力促成的海外合作项目中，中国的商业银行及国家开发银行能够并正在发挥积极作用。

我们列举一个国际方面的案例。在 2005—2011 年间，中国国家开发银行和中国进出口银行共为拉丁美洲地区提供了价值超过 750 亿美元的贷款承诺。我们来比较说明这一数额的规模，2010 年，这两家中国银行提供的贷款承诺共计 370 亿美元，超过世界银行、美洲开发银行和美国进出口银行的总和。[122] 在非洲，从 2005 年开始，中国进出口银行的贷款金额每年均高于世界银行的贷款金额。

另一个经典案例是，利用中国雄厚的金融实力，通过与信实集团（由阿尼尔·安巴尼领导的印度最大的产业集团之一）合作，帮助中国的发电和电信企业扩大在印度的业务。印度是中国最大的发展中国家出口市场。《金融时报》曾指出中国金融实力与更广泛的中国企业发展之间的相互关系：

> 安巴尼……已从中国三家国有银行获得了一笔价值12亿美元的贷款，凸显出印度企业正如何被迫跳过西方银行，寻找新的融资渠道。

以中印业务为核心的企业咨询机构马凯公司（E.J. McKay）的董事总经理卡迈勒·罗塔表示："在当前困难时期，许多规模较大的印度企业正转向中国，看是否也能享受到优惠的融资利率。"

据称向信实提供贷款的三家中国机构是中国工商银行、国家开发银行和中国进出口银行。

位于新德里的政策研究中心印中关系专家布拉马·切拉尼表示，安巴尼愿意向中国政府支持的制造企业下订单，这为他和中国金融机构建立密切关系打下了基础。

毫无疑问，印度在亚洲基础设施投资银行创建之初便同意成为创始成员的目的就是获得中国的资金支持。在分析商业银行（而不是央行）的这类开发项目时，彭博社记者亨利·桑德森和迈克尔·福赛斯称，中国国家开发银行行长陈元是"世界上最有权势的银行家"。关于中国银行业，业内权威杂志《银行家》2013年的银行排名也得出同样的结论：

> 中国的银行首次跃居《银行家》全球银行1000强排名首位。中国工商银行（ICBC）15%的资本增长使其从上年的第三位跃升至今年的首位……
>
> 中国工商银行的出色表现标志着中国银行业实力不断壮大并达到一

个新高度。同时，中国第二大银行中国建设银行（CCB）也以15%的资本增长……

中国共有96家银行跻身全球1000家银行排名，并有4家银行进入前十位的行列，它们分别是中国工商银行、中国建设银行、中国银行和中国农业银行。同时，它们也在盈利能力排名中，领先于其他同行。[123]

《银行家》杂志总编辑布赖恩·凯普兰在总结这一全球趋势时指出：

近几年来，欧洲和美洲的银行都陷于停滞和萎缩，而伴随着中国经济的快速增长，中国的银行规模正在不断扩大。在本次榜单的众多衡量指标上，他们的得分或者与西方银行持平，或者优于西方银行。[124]

在2013年福布斯企业排名中，中国工商银行不仅成为全球第一大银行，同时也是所有行业中按收入、利润、市值和资产进行综合评定后排名第一的企业。我们无须评估确切的排名就能了解，除银行业和金融服务业之外，中国没有哪个大型经济部门所属的企业能够称得上世界第一。

结论

综上所述，我们可以看出，不仅中国的总体经济发展——它实现繁荣富强的道路，还有更为具体的企业发展都符合并取决于本书前几章分析的基本宏观经济进程。在经济开放的背景下，中国极高的固定资产投资水平是一大关键的宏观经济实力。为如此高的投资水平融资需要并已经造就了一个实力极其强大的金融服务部门——主要是银行业。正是银行业，而不是制造业，让中国在全球产业发展中拥有了实力最强大的企业。由于金融实力是市场经济的核心，中国所面临的决定性战略挑战是如何逐步把这种实力转化为众多经济部门的等量的制度优势，其中包括收入、管理能力、技术进步和研发能力。

在更具体的行业部门发展层面，中国已经在金融服务业拥有了雄厚的实力，并在初级产品领域具备一定的优势。中国实现行业部门全面发展的下一个行业是制造业，最后是非金融服务业。中国确保这种模式未来发展的综合战略优势是中国企业开展成本创新（原因见第8章分析）。最后分析的这种发展模式不仅取决于个别企业的技术——虽然这是成功的先决条件，同时也依赖于基本的宏观经济因素。

此外，这些宏观经济进程还为中国在推行其国际经济政策（"一带一路"和亚洲基础设施投资银行）获得的成功奠定了基础。因此，企业的发展趋势与外交政策的走向再次清楚地说明，中国的成功靠的是本国具体国情与经济发展的普适规律相结合——如同中国经济改革的缔造者们所言。正是通过这些方式，中国取得了世界历史上最伟大的经济和社会成就——为中国实现繁荣富强奠定了基础。

我们将在本书的第19章分析中国崛起产生的地缘政治影响。这些地缘政治影响会产生一个可以被概括为"中国的银行与美国轰炸机"的对抗过程。但是，为了理解该发展进程，我们首先要分析目前世界上最强的经济体——美国的发展历程。读者将在下一部分看到同样的宏观经济发展过程的作用：在中国是正面的，而在美国则是负面的。也就是说，因为中国立足于促进经济发展的最强大的力量，并利用"实事求是"的政策指导经济发展，因此在过去的30多年中，它实现了人类历史上一个主要经济体最快速的经济增长。反观美国，由于它的经济发展基于一种虚假理论，并背弃了促进其发展的最强大的力量，因此经济增速放缓。正是中国经济的快速增长与美国经济增长放缓的双重作用，促使中国的经济规模超越美国，成为世界头号经济体。

【注释】

〔1〕邓榕《我的父亲邓小平》，2002年，第1页。

〔2〕林毅夫，2012年，第66页。

〔3〕垄断的存在当然也可能有其他原因。比如警察和军队，从经济方面来看是垄断，但也是出于政治目的。法律上暂时的垄断也可能存在，如出于专利保护等目的。

〔4〕尤其是，它提供了一种更好的分析，并经常被克鲁格曼(克鲁格曼《亚洲奇迹的神话》，1994年)引用。对于后者的扩展性评论部分见罗斯，2009年。

〔5〕马克思指出："在所有这些情形下，结合工作日的特殊生产力都是劳动的社会生产力或社会劳动的生产力。"(马克思《资本论(第一卷)》，1867年)

〔6〕亚当·斯密《国富论》，1776年，第13页。

〔7〕同上，第32页。

〔8〕同上，第31页。

〔9〕斯宾格勒，1959年，第402页。

〔10〕沃麦克、琼斯和鲁斯《改造世界的机器》，2007年，第73页。

〔11〕亚当·斯密《国富论》，1776年，第748页。

〔12〕"中间产品"是指不属于成品组成部分但却对其生产必不可少的物品。例如，硬盘驱动器一般不直接使用，但却是计算机的一项配置；万向节一般不直接使用，但它却是汽车的关键零部件等。

〔13〕索洛《技术进步与总量生产函数》，1957年。

〔14〕对于其中一些重大变化的进一步分析见戴尔·乔根森2009年有关论述。

〔15〕乔根森在《生产力经济学》的序言里所做的单项历史调查是最有力度的(戴尔·乔根森，2009年)。

〔16〕概念解释的相关变化见戴尔·乔根森，2009年。有关详细的技术研究见经合组织(2001年、2009年)。

〔17〕查尔斯·I. 琼斯《宏观经济学》，2008年，第2页。

〔18〕同上。

〔19〕林毅夫《经济学将东移》，2012年，第2997页。

〔20〕对于"中国制造2025"见新华网，2015年。

〔21〕见Erumban等，2010年。

〔22〕"以中间产品的交易衡量，过去10年中生产分散化的程度进一步加深。然而，这种现象主要限于发达国家和东亚地区。虽然将生产转移至其他发展中国家地区的情况也在增加，但幅度仍然有限。"(联合国贸易和发展会议，2013年，第16页)

〔23〕费雷拉和特雷霍斯为此过程提供了理论分析。(费雷拉和特雷霍斯，2008年)

〔24〕"商品的设计和制造方式将变得更为复杂。如研发、生产和服务等流程将遍及全球运营的'价值链'。在这个价值链中，各国企业都将会有更多参与的机会，无论成本高低。针对特殊用户群体的小众化'利基'产品的制造和销售的可能性更大，往往遍布全球，并将继续扩大。"(马什，2012年，第214页。)因此："在许多产品领域，由于技术变革、全球化和作为营销工具的互联网的出现，这些机会也越来越多。这些都为新的'小众化利基产业'——专注于提供有限范围产品类型的行业部门打下了基础。"(马什，2012年，第17页)

〔25〕维基百科(2015年3月20日)对这类战略及其知识来源给予了完全正确的定义："进口替代工业化(ISI)是一种主张以国内生产替代国外进口的贸易和经济政策。进口替代工业化的前提是一个国家应试图通过本地的工业化产品生产降低自身对国外依赖的程度。这一术语主要是指20世纪的发展经济学政策，虽然这类政策从18世纪开始便被弗里德里希·李斯特和亚历山大·汉密尔顿等经济学家提倡。"正如下文所述，马克思对李斯特的观点进行了猛烈的抨击。

〔26〕拉迪，1993 年，第 8—9 页。

〔27〕在 1929 年之后形成的格局下，国际劳动分工不能被有效利用，主要原因是贸易保护主义的迅速崛起和世界经济的崩溃加剧，这是苏联政策获得成功而西方处于相对停滞的一个原因。

〔28〕这一点被恰如其分地强调。（于明姜《经济增长动力：对亚洲经济政策的比较分析》，2013 年）

〔29〕任若恩和孙琳琳，2007 年，第 93 页。

〔30〕这一点于明姜在 2013 年所著《经济增长动力：对亚洲经济政策的比较分析》中进行深入分析。

〔31〕例如马丁·沃尔夫指责中国奉行"重商主义"战略（2011 年 1 月 25 日）。马丁·普伦德同样宣称中国采取"重商主义"策略（2011 年 3 月 8 日）。

〔32〕罗斯，2010 年 10 月 13 日。

〔33〕例如杜马斯攻击"已经坚信出口导向型经济增长是发展现代经济的方式"。（杜马斯，2010 年，第 8 页）

〔34〕托马斯·弗里德曼《世界是平的：21 世纪简史》，2005 年。

〔35〕习近平《习近平谈治国理政》之《顺应时代前进潮流，促进世界和平发展》，2014 年。

〔36〕这其中一个最明显的负面实例是，每个拉丁美洲国家的贸易基础设施与美国的相比，拉美地区内的贸易基础设施极不发达。

〔37〕萨克斯与华纳，1995 年，第 51 页。

〔38〕例如查尔斯·杜马斯呼吁："占 GDP 30% 的投资率……上限为 33%。"（杜马斯，2010 年，第 116 页）

〔39〕查尔斯·I. 琼斯《宏观经济学》，2008 年，第 2 页。

〔40〕亚当·斯密《国富论》，1776 年，第 276 页。

〔41〕同上，第 343 页。

〔42〕同上，第 277 页。

〔43〕同上，第 334 页。

〔44〕李嘉图指出："社会的初级阶段，在许多机械或耐用资本使用前。"（李嘉图《政治经济学及赋税原理》，1817 年，第 42 页）

〔45〕这是马克思提出的关于资本有机构成提高的概念。有时人们会误认为发达经济投资百分比上升的趋势是马克思提出的。正如在这里所提到的，这一点是错误的。马克思利用这一趋势，称之为"资本有机构成提高"，但他并不是这个概念的始创者。

〔46〕凯恩斯对于投资在经济中的比例不断提高的解释是，这反映出经济比例的不断上升——作为收入增长。根据凯恩斯的分析，投资必然等于储蓄，因此经济中储蓄比例的上升必然意味着投资比重的上升。

〔47〕弗里德曼《消费职能理论》，1957 年。

〔48〕总结见巴罗和萨拉 - 伊 - 马丁《经济增长》，2004 年。

〔49〕麦迪森还指出："美国崛起成为技术带头人主要是得益于它在投资方面巨大的努力。在 1890—1950 年的 60 年间，美国的国内投资率是英国的近两倍。1890 年，美国从业人员的人均资本存量水平是英国的两倍，并在 20 世纪 80 年代之前，在这方面一直保持对于所有其他国家的压倒性优势。在 1890—1913 年间，美国从业人员的人均资本存量增速是英国的三倍。"（麦迪森《世界经济千年史》，1991 年，第 40 页）

〔50〕为了维持可比性，还用到了用于计算第二次世界大战后其他经济体的世界银行数据。

〔51〕于明姜《经济增长动力：对亚洲经济政策的比较分析》，2013 年，第 187 页。

〔52〕布雷姆纳《预言亚洲 2007》，2007 年。

〔53〕杜马斯和乔伊利瓦《来自中国商店的账单：亚洲储蓄过剩是怎样威胁世界经济的》，2011 年，第 56 页。

〔54〕技术上讲，是投资份额在 GDP 中的比重除以 GDP 的增长百分比。

〔55〕更广泛地说，中国的投资在创造增长方面并非效率低下，而是最有效的之一，只有印度的投

资效率能够与中国媲美。

〔56〕皮林《亚洲模式的成败与中国》，2013年。

〔57〕与误传谬论相反，这就是快速发展的亚洲经济体的政府支出迅速快增长的原因。有关详细信息见于明姜《经济增长动力：对亚洲经济政策的比较分析》，2013年，第86—95页。

〔58〕亚当·斯密《国富论》，1776年，第30页。

〔59〕这里使用"人力资本"一词是因为它被普遍运用，但从严格的经济角度来看，皮凯提的说法才是正确的："资本不包括人力资本（不能在非奴隶社会的任何市场上进行交换）。"（皮凯提《21世纪资本论》，2014年3月10日，第49页）

〔60〕亚当·斯密《国富论》，1776年，第118页。

〔61〕从另一个角度来看，这个数据也印证中国的固定资产投资是有效的——生产率增长速度低被认为间接地反映出投资效率低。

〔62〕林毅夫，2012年，第236—240页。

〔63〕根据国际货币基金组织2014年10月计算。

〔64〕当然，这意味着实际价格，即经通胀调整后。与适用于实体产品一样，同样适用于服务。

〔65〕苹果公司即是这种策略——价格通常高于竞争对手的最佳范例。

〔66〕这种混乱的典型范例见舒曼2015年所著《中国2015年将重演日本式危机》。

〔67〕详细的分析见罗斯《小米或苹果——中国的两个创新战略》，2015年。

〔68〕这里的计算采用了世界大型企业联合会2005年的购买力平价数据，因为其数据可以追溯至1950年。世界银行最新数据，采用2001年购买力平价，计算出中国的人均GDP是美国的22.4%。因此利用世界银行购买力平价不会使得根本局势产生重大差异。

〔69〕布瑞茨内兹与默弗里《奔跑的红色女王：中国的政府、创新、全球化和经济发展》，2011年，第8—9页。

〔70〕同上，第4页。

〔71〕同上，第231页。

〔72〕同上，第15页。

〔73〕曾鸣与威廉姆森《龙行天下：中国成本创新如何颠覆全球竞争》，2007年，第43页。

〔74〕蒂默、洛斯与罗伯特·斯特尔《反思竞争力：全球价值链革命》，2013年，第15页。

〔75〕杜伊格和布拉德舍《苹果为何不救美国？》，2012年。

〔76〕同上。

〔77〕德瑞克、克拉莫与林登，2008年。

〔78〕布瑞茨内兹与默弗里《奔跑的红色女王：中国的政府、创新、全球化和经济发展》，2011年，第197页。

〔79〕伟世通的亚太区采购部主管表示："伟世通并没有把万向作为竞争对手……我们明确地将其视为汽车零部件供应商。"（曾鸣与威廉姆森《龙行天下：中国成本创新如何颠覆全球竞争》，2007年，第44页）

〔80〕曾鸣与威廉姆森《龙行天下：中国成本创新如何颠覆全球竞争》，2007年，第44—45页。

〔81〕同上，第59—64页。

〔82〕同上，第3—14页。

〔83〕同上，第3—14页。

〔84〕同上，第3—14页。

〔85〕布瑞茨内兹与默弗里《奔跑的红色女王：中国的政府、创新、全球化和经济发展》，2011年，第197页。

〔86〕杜伊格和布拉德舍《苹果为何不救美国？》，2012年。

〔87〕《美国周刊》，2012年。

〔88〕杜伊格和布拉德舍《苹果为何不救美国？》，2012 年。

〔89〕同上。

〔90〕同上。

〔91〕有关详细研究见戴尔·乔根森 2009 年所著《生产力经济学》。

〔92〕"雇用大量工人的资本家必然会力图把他或工人们能想到的最好机械提供给他们。在某个工厂里的工人们中间所发生的事情，会以同样的理由发生在社会上的工人们之间。劳动者的人数越多，员工分类和劳动分工就越普遍。为了完成各自的工作，更多的人忙于发明最合适的机械，这些机械因此可能被发明出来。"（亚当·斯密《国富论》，1776 年，第 104 页）

〔93〕亚当·斯密《国富论》，1776 年，第 19 页。

〔94〕关于特定行业里的直接研究参见亚当·斯密《国富论》，1776 年，第 20 页。
　　关于科学研究更基本的论述参见亚当·斯密《国富论》，1776 年，第 21—22 页。

〔95〕麦迪森《世界经济千年史》，1991 年，第 42 页。

〔96〕马什《新工业革命》，2012 年，第 220 页。

〔97〕同上，第 222 页。

〔98〕同上，第 222 页。

〔99〕美国巴特尔纪念研究所《研发杂志》，2013 年，第 10—11 页。

〔100〕Acs，2002 年，第 188 页。

〔101〕同上。

〔102〕奥德斯、Keilbach 和雷曼《企业家精神与经济增长》，2006 年，第 634 页。

〔103〕Acs，2002 年，第 3 页。

〔104〕奥德斯、Keilbach 和雷曼《企业家精神与经济增长》，2006 年，第 71 页。

〔105〕索罗维基《群体的智慧》，2011 年。

〔106〕马祖卡托（Mazzucato）《创业邦：揭穿公共与私营部门的神话》，2013 年。

〔107〕根据米尔恩 2010 年数据计算。

〔108〕索罗维基《群体的智慧》，2011 年。

〔109〕《经济学人》，2012 年。

〔110〕同上。

〔111〕同上。

〔112〕截至 2003 年，美国按部门划分的对外直接投资比例分别是：第一产业 4.9%，第二产业 21.5%，第三产业 73.6%。（邓宁与伦丹《跨国企业与全球经济》，2008 年，第 37 页）

〔113〕林毅夫，2012 年，第 223 页。

〔114〕同上，第 3009 页。

〔115〕同上，第 3009 页。

〔116〕同上，第 223 页。

〔117〕李嘉图《政治经济学及赋税原理》，1817 年，第 128—149 页。

〔118〕于明姜《经济增长动力：对亚洲经济政策的比较分析》，2013 年，第 86—95 页。

〔119〕同上，第 242 页。

〔120〕实例见戴维斯和高尔曼 1978 年所著《美国 19 世纪资本形成》。

〔121〕建筑业不仅仅包括建筑物，也包括铁路、水坝等。

〔122〕加拉格尔、欧文和科勒斯基《城里的新银行：拉丁美洲的中国金融》，2012 年。

〔123〕《银行家》，《全球银行 1000 强》，2013 年。

〔124〕同上。

一盘大棋？
中国新命运解析

第三部分

中美经济的此消彼长

13 > 美国的崛起是用钱"砸"出来的

在本书第二部分，我们已经从战略层面分析了中国经济崛起及其有能力实现国家繁荣富强的原因。但还有另一个对中国和地缘政治产生深远影响的过程，它说明了除中国自身的快速崛起外，还有其他原因促使中国经济逐步缩小其与美国经济的差距。这个原因就是美国经济增长逐步放缓。我们已经在第二章通过相关统计数据简要说明，但当时并没有分析美国经济减速的原因。现在，我们要证明的是，美国经济增长放缓的原因恰恰是支撑中国经济快速发展的原因的另一种表现方式。如果中国经济取得的惊人增长是因为它顺应了最强大的经济发展力量，那么美国经济增长放缓则是因为它的做法与这种强大的力量背道而驰。

首先，我们需要分析美国能够在第二次世界大战结束后取得全球经济主导地位的原因，以及导致其经济增速放缓与经济增长不能大幅加速的原因。

美国经济发展的兴衰曲线

为了将美国的经济发展置于最广泛的历史背景下，图 13-1 显示了自 19 世纪 70 年代以来美中两国 GDP 占世界经济的比重。美国的发展趋势非常清晰：美国 GDP 占世界 GDP 的比重逐步提高，并在第二次世界大战后达到顶峰，然后开始下降。毫无疑问，这些变化意味着：

- 直到第二次世界大战结束后，美国的经济增长速度高于世界平均水平。

● 第二次世界大战结束几年后，美国的经济增长速度开始低于世界平均水平。

很显然，针对上述事实，我们必须要回答两个基本问题：

● 美国的 GDP 增长速度为何高于世界平均水平，并一直持续到"二战"结束后几年？

● 美国的 GDP 增长速度为何在"二战"结束几年后开始低于世界平均水平——

尤其是在 1980 年后，美国经济增长开始大幅减速？

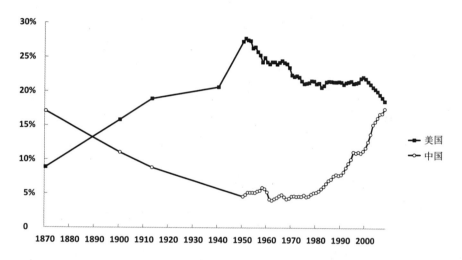

图13-1 美国GDP与中国GDP占世界GDP的比重

以1990年国际元计算

资料来源：根据麦迪森《世界人口、GDP和人均GDP》数据计算。

分析美国的经济发展趋势

为了进一步阐明美国经济发展的趋势，我们需要指出，图 13-1 中的数据是由麦迪森采用国际元（一种技术层面的国际购买力平价计算方式）计算，可以让我们进行长时期比较。[1] 为了证实美国衰落和中国崛起的基本走势不受计算所采用的经济单位的精确度影响，我们在图 13-2 和表 13-1 中分别以市场汇率和世界银行购买力平价两种方式，给出最近一段时期中美两国 GDP 占世界 GDP 比重的趋势。比较结果证实，虽然采用市场汇率或不同形式的购买力平价计算的结果会使某些绝对数值有所不同（这是必然的），但这并不会对美国 GDP 比重相对下降的基本走势产生影响。[2] 更确切地说：

• 麦迪森的数据显示，美国 GDP 占世界 GDP 比重从 1951 年 27.7% 的最高点下降到 2008 年的 18.6%（2008 年是麦迪森去世前所做的最后一个计算年度）。

• 以市场汇率计算的世界银行数据显示，美国 GDP 占世界 GDP 比重从 1960 年的最高点 38.6% 下降至 2013 年的 22.4%（1960 年为世界银行首次公布此类计算数据的年度）。

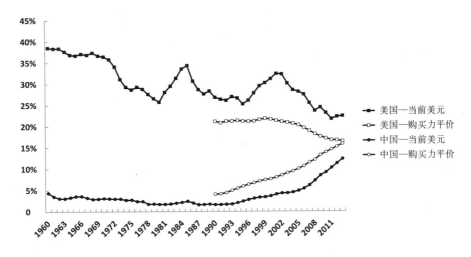

图13-2　美国GDP与中国GDP占世界GDP的比重
以当前美元和世界银行购买力平价计算

资料来源：根据世界银行《世界发展指标》计算.

• 以购买力平价计算的世界银行数据显示，美国 GDP 占世界 GDP 比重从 1990 年的 21.1% 下降至 2013 年的 16.5%（1990 年为世界银行首次公布以其当前购买力平价计算的数据年度）。

因此，美国经济发展的总体趋势不受所采用的衡量方法的影响，也就是说，美国 GDP 占世界 GDP 比重持续上升，直至"二战"结束后的几年，之后开始下降。

表 13-1　美国 GDP 占世界 GDP 的百分比（%）

	1990 年国际元（麦迪森）*	世界银行购买力平价美元**	世界银行当前汇率**
1870 年	8.9	–	–
1900 年	15.8	–	–
1913 年	18.9	–	–
1940 年	20.6	–	–
1951 年	27.7	–	–
1960 年	24.3	–	38.6
1990 年	21.	21.1	26.8
2008 年	18.6	19.8	23.2
2013 年	–	16.5	22.4

*：根据麦迪森《世界人口、GDP 和人均 GDP》数据计算。

**：根据世界银行《世界发展指标》计算。

美国经济增长放缓

为了更详细地研究美国经济自 20 世纪初的发展趋势，我们在图 13-3 中给出以 20 年移动平均值表示的美国年均 GDP 增长率。20 年移动平均值是一个长期框架，可用来消除纯粹的短期波动影响并专注于关键的增长趋势。我们可以从图中看到，美国自 20 世纪初以来的经济增长主要分为四个阶段，这是我们必须要通过分析美国经济增长来说明的关键事实。这四个阶段分别是：

- 美国经济快速增长阶段：从 20 世纪初到 1929 年。

- 美国经济增长严重下滑阶段：1929 年后的大萧条期间。

- 美国历史上经济增长最快的阶段："二战"期间——正是这段时期的快速增

长抬升了美国经济增长的平均水平，直到 20 世纪 50 年代初。美国在全球经济中的地位正是在这一时期上升至史无前例的水平。

● 美国经济增长逐步放缓阶段：在"二战"结束几年后开始，并从 20 世纪 80 年代初开始明显减速。

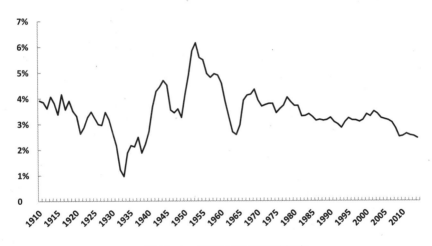

图13-3　美国GDP年均增长率
20年移动平均值

资料来源：根据1889—1928年《经济学人》发布的《百年经济统计数据-1929》及美国经济分析局NIPA统计表1.1.3数据计算。

为了提供关键转折点的确切增长率，我们再以 20 年移动平均值计算年均增长率：

● 截至 1913 年（第一次世界大战爆发前的最后一年），美国的 GDP 年均增长率为 4.1%。

● 截至 1933 年，美国的 GDP 年均增长率下降至 1.0%。

● 截至 1953 年，美国的 GDP 年均增长率上升至 6.2%——这主要归功于"二战"期间的高速增长。

● 截至 1978 年，美国的 GDP 年均增长率为 4.0%，而到了 2014 年，已经放缓至 2.5%。

因此，针对美国经济增长所做的任何分析都必须阐明美国经济史上的这四个基本阶段。

美国经济增长的决定因素

我们已经在前面说明了决定美国经济增长的国内因素，即在精确的增长核算数据可供使用的时期内最重要的量化因素，是提高劳动分工——反映在中间产品的增长上。而关于国际劳动分工对美国经济发展的影响，不能用增长核算量化测算研究衡量，而应通过美国经济增长的时期与同一时期美国经济的开放程度的相关性衡量。我们已经在第 5 章给出了美国经济国际开放程度的历史数据，并将之与图 13-3 所示的增长趋势进行比较，结果证实：

• 在第一次世界大战前，美国的经济相对开放，这与该阶段的高增长率相对应。

• 美国经济在两次大战期间逐步封闭，并在大萧条时期达到顶点，这与美国的低增长率相对应。

• 美国的国际贸易在"二战"期间开始复苏，并在战后逐步加强，这与美国经济再度快速增长遥相呼应。

因此，我们可以看出，在这三个时期，美国的经济增长与其国际开放程度之间的正相关关系非常明显，而且与第 5 章针对国际劳动分工作用的分析完全一致。美国表现出的模式与其他经济体的模式相同，即高水平的国际开放对应高经济增长率、低水平的国际开放对应低经济增长率。因此，除了第 5 章中给出普遍性分析外，无须再通过具体分析来说明这些相关性。

然而，在美国经济增长与其开放程度之间呈正相关关系的趋势中，也有一个明显的例外。这就是"二战"结束几年后的趋势，以及从 20 世纪 80 年代开始的趋势。在这两段时期，虽然美国经济的国际开放程度不断提高，但它的增速却不断放缓（尽管仍高于 1929 年后的水平）。因此，一个必须分析的具体问题是，为什么美国经济日益开放，而它的经济增长却在放缓？

资本积累和增长

为了分析美国经济增长的这种放缓，我们需要指出，在经济增长过程中，固定投资是仅次于劳动分工的第二大最有力的因素。实证分析证明，从历史上来看，美国的经济增长随着其国际开放程度的变化而波动，但在这一波动框架内，美国经济增长率的变化主要是由固定投资水平的变化决定。具体表现为：

• 高水平的固定投资阐明了美国经济在 1929 年前的快速发展，以及美国超越英国（前世界经济霸主）的原因。

• 1929 年后，私人固定投资的骤减决定了大萧条的进程和持续时间。

• 第二次世界大战期间，国家主导的固定投资激增带动经济快速增长，使美国的全球经济领导地位上升至前所未有的高度。

• 美国经济中的固定投资水平逐渐下降，这种情况在 1980 年之后加剧，导致美国经济增长长期放缓。

关于美国经济发展中出现的这种趋势的真实背景，我们可以从"二战"结束后开始出现的增长核算数据研究中发现。相关研究清楚地表明，全要素生产率（TFP）增长在美国经济增长中发挥的作用很小，而贡献最大的首先是资本投资，其次是劳动力投入。乔根森、戈洛普和弗劳梅尼在其著作《生产率和美国经济增长》中描述的"二战"后初期的情况与此研究结果并无实质性的不同：

> 1948—1979 年间的美国经济扩张……背后的驱动力量……是规模庞大的资本和劳动力资源的调动。在此期间，对美国经济增长做出最重要贡献的单个要素是资本投入。在 1948—1979 年间，资本投入对 GDP 的年均贡献为 1.6%……

> 1948—1979 年，美国民营经济产值每年的增长率为 3.4%，其中资本

和劳动力投入每年的贡献为 2.6%。这两个要素约占当时产值增长的四分之三以上。相比之下，生产率水平提高每年对产值增长的贡献只有 0.8%，不到资本和劳动力投入贡献的 1/4。[3]

因此，美国的经济发展趋势与我们在第 6 章分析的全球经济增长趋势完全吻合。有关"二战"前的增长核算数据并不存在，但美国经济增长趋势主要由固定投资方面的变化决定，这一点是明确的。这既符合前面几章已经分析的经济发展长期结构性因素，也符合西方针对商业周期的详细研究（由凯恩斯提出，我们将在第 17 章予以分析）。在本章，我们将介绍促使美国成为全球霸主的决定性因素——美国经济在第二次世界大战结束后实现了空前的繁荣，并获得了无与伦比的全球经济地位。而在第 14 章，我们将分析美国经济随后放缓的原因。届时我们将会发现，导致美国经济兴衰的是同样的力量。

第一次世界大战前

图 13-4 证实：在 1913 年之前，与英国——前全球经济超级大国相比，美国在固定投资占 GDP 比重方面具有领先优势。麦迪森总结道：

> 在 1890—1950 年的 60 年中，美国的国内投资率是英国的近两倍。美国 1890 年的人均资本存量水平是英国的两倍，而且它在这方面的水平远远高于其他各国，并将这种优势一直持续到 20 世纪 80 年代初。在 1890—1913 年间，美国的人均资本存量增长速度是英国的三倍。[4]

图 13-4 显示，第一次世界大战前，英国年度固定投资占 GDP 的比重最高时仅为 10.6%；相比之下，美国最高达 21.8%；而同期的英国最低水平为 6.8%，美国的最低水平则是 14.2%。

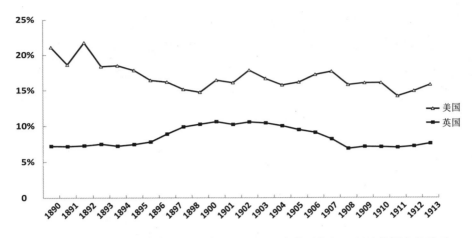

图13-4　英国与美国的固定投资总量占GDP（英国）和GNP（美国）的比重

资料来源：根据《经济学人》发布的《百年经济统计数据》计算.

　　而结果，是美国在经济表现上遥遥领先于英国——1890—1913年期间，美国的年均GDP增长率为3.9%，而英国只有1.9%。简言之，美国远高于英国的固定资产投资水平使得它成功取代前世界经济霸主。

大萧条发生的原因与真相

　　如果说美国在1913年前的快速增长表现归功于其高水平的固定投资，那么1929年后的经济崩溃同样是由于美国固定投资严重下滑所致。如图13-5所示，在1929—1933年间，即经济崩溃进入大萧条时期，美国私人固定投资大降69%——降幅超过美国GDP下滑水平的两倍。相比之下，美国居民消费的下降幅度只有18%——低于同期26%的GDP降幅。图13-5还表明，到1938年，即第二次世界大战爆发的前一年，美国GDP不同组成部分的发展趋势是：

- 美国居民消费和政府支出已经高于1929年水平。
- 美国私人固定投资仍比1929年水平低39%。

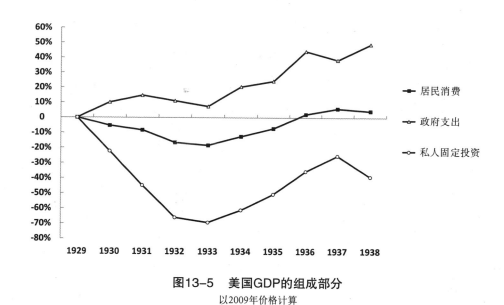

图13-5　美国GDP的组成部分
以2009年价格计算

资料来源：根据美国经济分析局NIPA统计表1.1.3数据计算。

消费复苏但私人投资却未能回升的现象解释了美国 1938 年 GDP 较 1929 年水平只提高 2% 的原因，这也意味着，美国将近 10 年的 GDP 年均增长率仅为 0.2%。因此，私人固定投资水平的变化不仅控制了美国经济的长期增长，同时也影响了其在经济周期内的波动——大萧条是由美国私人固定投资暴跌驱动。[5] 在大萧条时期，美国的消费波动幅度小于 GDP 波动幅度（以百分比计算），但固定投资的波动幅度远远高于 GDP 的变化幅度。

投资与商业周期

美国私人固定投资在大萧条期间暴跌的严重程度及其主导美国商业周期的方式，凸显出媒体在分析经济周期时频繁发生运算错误。这种错误包括，假设由于消费占 GDP 的比重最大，因此消费层面的变动才是驱动经济周期的决定性因素——我们将在第 15 章说明，媒体在分析 2008 年后的经济发展时犯了同样的错误。这是一个简单的运算错误，因为它没有分析固定投资的相对比重波动可能产生的影响规模比消费更大，而且到了足以抵消投资其在 GDP 中所占比重小于消费这一事实的程度。而 2007 年国际金融危机爆发后，美国经济也出现了同样的过程。

统计数据显示，1929 年，美国居民消费占美国 GDP 的 74%，而私人固定投资只占 16%。但在大萧条时期，美国固定投资的跌幅几乎是居民消费的 4 倍。因此，虽然与居民消费相比，固定投资在美国经济中所占的比重较小，但在大萧条最严重时，美国固定投资暴跌的影响几乎与居民消费跌幅总和的影响一样严重（按照绝对价值计算）。而且，私人投资领域的萧条期远远长于消费下滑的持续期——到 1938 年，美国居民消费（以 2009 年价格计算）高出 1929 年水平 340 亿美元，而私人固定投资仍低于 1929 年水平 390 亿美元。因此大萧条的持续时间是由美国私人固定投资的下滑决定而不是由消费趋势决定。

美国如何摆脱大萧条

谈及美国摆脱大萧条并在 20 世纪中期成为世界上无可争议的经济超级大国的方法，有时人们会错误地认为这主要归功于罗斯福新政的推行。但在现实中，如前所示，到 1938 年——"二战"爆发的前一年，美国的 GDP 较 1929 年水平只增长 2%。与大萧条最严重的 1933 年相比，这无疑是重大进步：1933 年美国的 GDP 较 1929 年水平大降 26%。在从大萧条低谷复苏的 1933—1938 年间，美国 GDP 平均增幅为 6.7%，即使考虑到从之前的深度衰退"反弹"的影响，这一表现也非常强劲。但这与美国经济在随后的"二战"中的表现相比，根本不值一提。此外，在整个 1929—1938 年期间，美国经济的年均增长率只有 0.2%，几乎可以忽略不计。

分析罗斯福用于实现美国经济部分复苏（截至 1938 年）方法后得出的结果十分明确。图 13-6 概括了 1929—1938 年间美国 GDP 组成部分的规模变化，并再次表明，美国居民支出在此期间已经高出 1929 年水平 18 亿美元（以 1937 年价格计算），但私人固定投资规模仍低于 1929 年水平 54 亿美元。由于私人库存和净出口

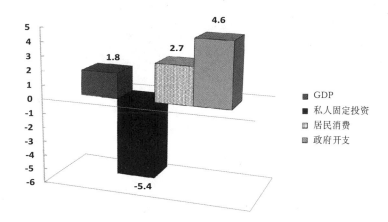

图13-6   与1929年相比，美国1938年GDP组成部分的规模变化
以1937年价格计算，单位：10亿美元

资料来源：根据美国经济分析局NIPA统计表1.1.6a数据计算。

规模分别略低于和略高于 1929 年的水平，因此 1938 年美国的私营经济规模仍低于 1929 年水平。但美国国家开支已经高出 1929 年 46 亿美元。因此，与 1929 年相比，美国经济在"二战"前增加的 54 亿美元主要是受国家开支增加带动——美国国家开支占 GDP 的比重从 1929 年的 9% 上升到 1938 年的 16%。

同样清楚的是，在新政期间，伴随着国家开支的增加，国家投资增长的速度快于国家消费的速度。如图 13-7 所示，到 1938 年，美国政府消费比 1929 年提高 45%，而国家投资则上升 56%——显然，新政下的经济复苏是由国家领导的，而以百分比计算时，国家投资的增幅比国家消费的增幅更高。

第二次世界大战期间

然而，与接下来的经济增长相比，即便是由国家领导的新政的影响规模都难以企及。在 1939—1945 年，美国的 GDP 暴增 91%，年均增长率高达 11%。在 1939—1944 年（战争结束前的最后一个完整年度），美国经济年均增幅达 14%——这是世界

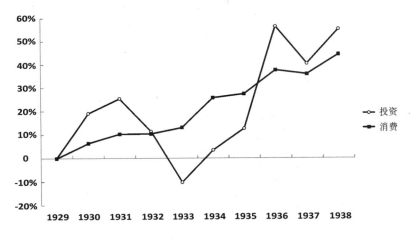

图13-7　1929年—1938年美国政府支出变化

资料来源: 根据美国经济分析局NIPA统计表3.9.3数据计算。

历史上一个主要经济体在 5 年期间所取得的最快的经济增长速度。这一速度是罗斯福新政时的两倍。到 1945 年，美国的经济规模已经较 1929 年翻了一番以上——虽然中间还曾经历了大萧条。因此，我们可以断言，帮助美国在"二战"后的几年中成为全球经济霸主的不是罗斯福新政而是"二战"时期的美国经济发展。

这再次表明，推动美国经济出现史无前例增长的是庞大的国家财政支出。在 1938—1945 年间，美国的居民消费增长 30%，私人投资增长 12%，而国家支出则飙升 553%。以 1937 年价格计算，在 1938—1945 年间（美国经济史上增速最快的时期），美国 GDP 增长的 82% 由政府支出贡献。图 13-8 给出了美国 GDP 组成部分的规模变化。

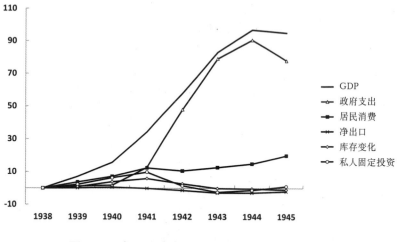

图13-8　与1938年相比，美国GDP组成部分的规模变化

以1937年价格计算，单位：10亿美元

资料来源：根据美国经济分析局NIPA统计表1.1.6a数据计算。

驱动美国经济在"二战"期间快速增长的主要因素

如果对美国经济增长最快时的组成部分进行分析，那么得到的趋势与在新政复苏期间的一样，只是规模被无限放大。直到"二战"结束前最后一个完整的年度，即1944年，美国国家投资的增幅甚至比国家消费的增幅更快——国家消费增长588%，而国家投资增长756%。尽管按照经济学术语来说，大批军备物资采购、支付军人薪资等也属于国家消费。从1938年到其达到峰值时的1944年，美国国家支出从占GDP的16%猛增至48%——占GDP的比重增加32%。同一时期，美国国家消费占GDP的比重增加20%，从11%提高至31%；美国国家投资占GDP的比重增加12%——从5%上升至17%。因此，68%的国家支出流入消费领域，主要用于与战争直接相关的方面，其余32%称为国家投资。结果是，美国政府基本上取代了私营部门，成为驱动固定投资的主要力量：到1943年，美国83%的固定投资由国家进行。因此，美国经济史上增长最快的时期，即确立它无可争议的经济超级大国地位的时期的实际情况是，经济增长是由国家投资而不是私营部门拉动的。

总之，美国确立其无与伦比的国际经济主导地位，以及美国历史上增长最快的时期——为美国最终在 20 世纪下半叶崛起成为经济超级大国奠定了基础——并不是由私营部门推动，而是在规模空前的政府支出热潮下得以实现！正是这只"看得见"的手，而不是"看不见"的手促使美国登上全球经济霸主的宝座。

当然，美国的思想体系极不愿意面对这些事实，而且通常禁止其被披露。但对任何希望探究经济现实而不是传播谬论的人来说，这些事实显而易见、不言自明。而且，事实远比谬论更强大，它有自己的表达方式。在美国，出于意识形态方面的原因，美国崛起成为无可争议的世界经济超级大国的真实方式被压制，这意味着它并没有从中汲取经验教训。这不仅有助于解释美国经济增长在"二战"后的长期放缓态势，而且还可以特别说明为何美国无力应对 2008 年开始的国际金融危机的冲击。

14 > 美国经济放缓原因：自己没钱也借不来钱

"二战"期间，美国经济在世界经济中的比重不断提高，即美国经济增长高于全球平均水平；而"二战"结束几年之后，美国经济在世界经济中的比重开始下降，即美国经济增长低于世界平均水平。这其中产生的一个问题是，为何美国在全球经济中获得史无前例的主导地位后，其增速开始低于世界平均水平？此外，还需要说明的是，美国的经济增长不仅从"二战"后开始低于全球平均水平，而且其经济增长持续放缓了至少 40 年——无论是以相对价值或是绝对价值计算。因此，究竟是什么原因导致美国的经济增长减速？

美国经济增长放缓

可以说，美国成为全球经济霸主应当归功于它拥有比英国（前经济超级大国）更高的固定投资水平，以及"二战"期间规模庞大的国家财政支出和投资，助其取得空前的全球经济主导地位，而"二战"后美国经济增长整体放缓，其基本特征是逐步而持续的经济增长长期减速，而且这种境况在 1980 年之后加剧，如图 14-1 所示。

图14-1 美国GDP年均增长率
以20年移动平均值计算

资料来源：根据美国经济分析局NIPA统计表1.1.3数据计算。

采用20年移动平均值计算是为了消除短期波动的影响：

- 1967年，美国GDP的年增长率为4.1%。

- 1977年，美国GDP的年增长率下降到3.7%。

- 1987年，美国GDP的年增长率仅为3.2%。

- 2014年，美国GDP的年增长率已降至2.5%。

因此，美国经济增长在过去40年中持续放缓。

美国经济减速的原因

美国经济增长逐步放缓的原因，尤其是1980年以后明显减速的原因显而易见，这种逐步但持续的放缓由两个过程之间的相互关系确定：

- "二战"后，美国经济的国际开放程度日益提高，即参与国际劳动分工的水平不断提高。因而美国经济的持续开放确保其不会遭遇1929年那样的暴跌。

- 但推动美国经济增长的第二个最大动力，即固定资本投资的水平大幅下降——初时幅度较小但在 1980 年后加剧。尤其需要指出的是，美国固定投资净额（新固定投资减去折旧）占 GDP 的比重大降 2/3：从 1966 年占 GDP 的 10.9% 降至 2013 年的 3.6%。

由于固定投资是仅次于劳动分工的第二大经济增长动力，因此净投资的下降必然导致美国经济增长减速，即便是在美国经济开放程度不断提高的背景下。

固定投资水平下降

"二战"结束后的最初几年，美国资本存量即净投资比重提高，固定投资水平占经济总量比重下降，其主要原因是，美国新投资（固定投资总量）的增长水平没能跟上现代经济中资本快速贬值的速度：美国每年的固定资本消耗从 1950 年占 GDP 的 11% 上升至 2014 年的 16%，如图 14-2 所示。资本消耗速度的加快，加上固定资本形成总额的水平相对稳定，必然导致净资本产生的速度减慢。然而，这种情况在 1980 年后进一步恶化，原因是美国的固定投资总额本身开始变得不稳定，然后其占 GDP 的比重开始大幅下降。1979 年，美国固定投资总额占 GDP 24%，但到了 2013 年，这一比例已经下降至 19%。美国固定投资水平的这种下滑必然导致经济增长放缓（原因前面已经概括）。总之，在摒弃保护主义而实施开放政策后，美国经济避开了再次发生大萧条的威胁，但由于固定投资增速放缓，导致美国经济增长长期减速。

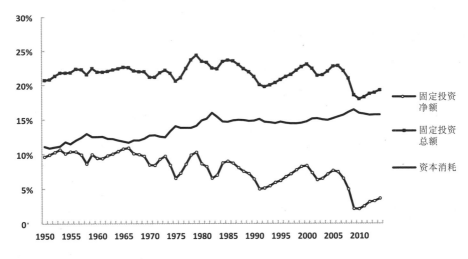

图14-2　美国固定投资净额占GDP比重

资料来源：根据美国经济分析局NIPA统计表1.5.5与5.1数据计算。

美国储蓄水平下降

美国固定投资水平下降的原因显而易见。我们前面已经阐明，投资必然需要等量的储蓄来资助，但从 20 世纪 50 年代中期开始，美国的储蓄总量开始急剧减少，如图 14-3 所示。[6]

● 美国总储蓄从 1965 年占 GDP 的 25% 下降至 2013 年占 GDP 的 18%——所占比重下降 7%。

● 同一时期，美国固定资本消耗水平从占 GDP 的 12% 上升至 16%。

● 受总储蓄减少和资本消耗上升的综合影响，美国净储蓄从 1965 年占 GDP 的 13% 大降至 2013 年的仅 2%。

因此，到 2013 年，美国资本产生净额占 GDP 的比重急剧下降。即便如此，2013 年情况还较 2008—2010 年间的水平有所提高。在 2008—2010 年间，美国的资本消耗量超过资本产生量，也就是说，在以净价值计算时，美国并没有产生任何资本！这种情况严重与其世界头号资本主义强国的身份相背离。

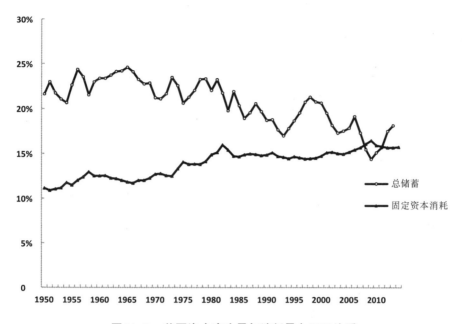

图14-3　美国资本产生量与消耗量占GDP比重

资料来源：根据美国经济分析局NIPA统计表5.1与1.5.5数据计算。

　　美国经济上一次未能产生净资本的情况还要追溯到1931—1934年的大萧条期间。我们通过图14-4给出了美国净资本产生的长期趋势：从大萧条时期的负数水平上升至"二战"期间的峰值水平，并在20世纪60年代中期保持较高水平，之后再次下降，并在2008—2010年再次降至负数水平。

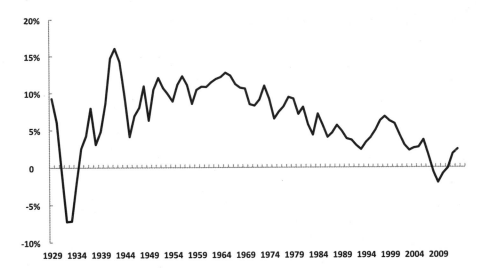

图14-4　美国净资本产生/净储蓄占GDP比重

资料来源：根据美国经济分析局NIPA统计表5.1与1.5.5数据计算。

美国投资对外国资本依赖度提高的危机

　　如前所述，正是美国储蓄的逐步下降，造成固定投资和经济增长放缓及其在1980年之后的恶化，同时它也是导致国际金融危机对美国产生严重影响、尤其是阻碍美国经济增长再次加速的主要因素。20世纪80年代，美国的国内储蓄总额已经在不断下降，到了2008年，其降幅甚至已经大大超过美国固定投资下降的水平。如图14-5所示，2008年，美国固定投资占GDP的比重为21%，而总储蓄仅占GDP的15%——两者在GDP比重上相差6%。由此可见，美国2008年的国内储蓄不足以为美国的投资提供资金，这意味着美国资本产生的增加部分必然来自国外融资。从2002年开始，美国储蓄以外的其他资金来源已经占到美国净投资的一半以上，到2008年，来自其他国家／地区的储蓄资金总量已经超过美国的净投资总量。这说明，在美国的资本产生净额中，2002年的大部分以及2008年的全部，均源于非美国储蓄融资。

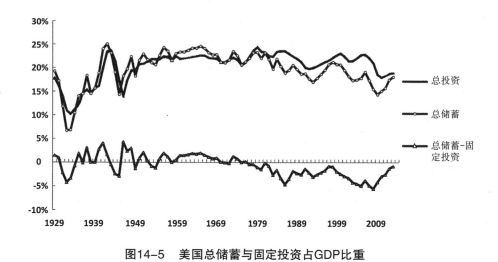

图14-5　美国总储蓄与固定投资占GDP比重

资料来源: 根据美国经济分析局NIPA统计表5.1与1.5.5数据计算。

国际金融危机的影响

从积累融资资本这一基本面来看，我们可以清楚地揭示为何 2008 年金融危机会给美国经济造成致命的战略性问题，并进一步减缓其经济增长速度。国际金融危机重构并减少了全球的资本流动。尤其是作为美国国际融资潜在来源的中国，中国的国际收支顺差占 GDP 的比重从 2008 年的 10.1% 降至 2012 年的 2.3%。鉴于全球资本流动的这种变化，美国的国际借贷必然大幅下滑：非美国来源的美国投资融资占 GDP 的比重从 2008 年的 6% 降至 2013 年的 1%。

我已在前面指出，2008 年美国固定投资占 GDP 的 21%，而同期美国的总储蓄仅占 GDP 的 15%。显然，在 2008 年，超过美国固定投资总额 1/4（占 GDP 6%）的部分，是由非美国储蓄来源融资。受国际金融危机影响，这种来自国外的资本流入在 2008 年后急剧减少，导致美国的对外借贷随之下降，因此美国别无选择，只能借助下列方式来解决这一问题：

• 提高美国国内储蓄。

● 或者，削减美国投资。

面对这一无法回避的过程，在金融危机爆发后的 2008—2013 年间，美国储蓄与固定投资之间的差距从占 GDP 的 5.6% 缩小至 0.8%——缩减 4.8%。但这种差距的缩小依赖于：

● 美国国内储蓄占 GDP 的比重提高 2.6%。

● 固定投资在美国 GDP 中的比重下降 2.1%。[7]

2013 年，美国固定投资总额占 GDP 的比重已经从之前的 21.0% 下降到 18.9%，固定投资净额比重降至 3.2%。因此，只有略高于一半的美国国内储蓄和固定投资间的差距缩减归功于国内储蓄的增加。由于美国从国外获得投资融资的规模已经不可能再达到之前的规模，因此美国固定投资占 GDP 的比重必然下跌，而它的下降势必导致美国的经济增长进一步下滑。

美中两国间的投资对比

现在我们来对比中美两国的固定投资，可以从图 14-6 中看到，无论是从 20 世纪 80 年代开始或是 2007 年金融危机之后，两国的固定投资走势都非常清晰。图 14-6 显示，2014 年，美国的固定投资总额只占 GDP 的 19.3%，而中国则高达 44.2%。中国固定投资占经济总量的比重是美国的 2 倍多。此外，如同第 6 章分析，中国在促进增长的投资效率（增量资本产出率）方面也要高于美国，这意味着，中国投资对增长的单位贡献比美国更大。

由此得出的中美两国经济表现趋势详见表 14-1。通过对比我们可看到，在国际金融危机爆发前，中国固定投资占 GDP 的比重就已经是美国的近两倍。中国的固定投资水平远高于美国，而且中国投资在促进 GDP 增长方面的效率也比美国高得多，这保证了中国经济的增长速度比美国的更快。

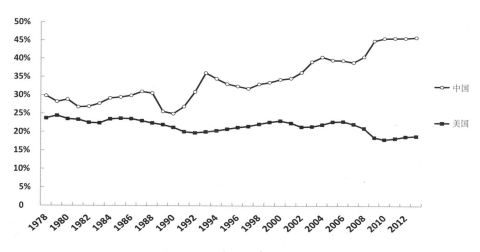

图14-6　中国和美国固定投资占GDP比重

资料来源：美国数据来自美国经济分析局NIPA统计表1.5.5数据计算；中国数据来自《中国统计年鉴(2014)》。

表 14-1　中国和美国 5 年期间的年均比较

	2002—2007 年	2008—2013 年
固定投资占 GDP 比重（%）		
美国	22.4	19.0
中国	39.4	45.3
增量资本产出率（%）		
美国	8.3	19.2
中国	3.5	5.0
GDP 增长率（%）		
美国	2.7	1.0
中国	11.2	9.0

资料来源：根据世界银行世界发展指标计算。

美国经济增长不能加速的原因

由于上述基本因素对今后经济和地缘政治的发展至关重要，因此它们决定了美国经济增长不可能显著加速。一个国家的 GDP 增长必然等于其固定投资占 GDP 的比重除以其增量资本产出率。因此，美国经济增长若要加速，则必须做到以下一点或两点：

- 美国固定投资占 GDP 的比重将显著增加。
- 美国的增量资本产出率将大幅提高。

而在这其中，美国只能选择通过融资提高固定投资占 GDP 比重的方式，而这需要：

- 美国重新开始大规模国际借贷，但这在国际金融危机后的全球环境下不太可能实现。
- 或者，美国国内储蓄水平显著提升，但在这种情况下，必须要说明国内储蓄将从何而来。

通过分析表 14-1 中的可靠数据，我们可以得知，即使美国能够将其增量资本产出率完全恢复至金融危机前的水平，但在固定投资总额占 GDP 19% 的情况下，美国经济的年均增幅也只有 2.3%。因此，在目前固定投资占 GDP 比重维持低位的情况下，美国经济只能维持缓慢增长的态势。我们必须清楚地认识到，这些基本参数表明，没有有效方式能够大大加快美国的经济增长速度。

这一事实具有明显而重要的经济和地缘政治影响。如果美国经济不能加速，那么美国能够阻止中国经济规模取自己而代之，即达到美国新保守派目的的唯一可行方法只剩下——减缓中国的经济增长。我们将在后面的第 19 章分析美国试图达到削弱中国经济发展目的的方法及其所产生的地缘政治影响。

15 > **西方经济集体低迷的真相**

虽然前一章的分析表明，与美国相比，中国具有结构性增长优势，并且美国的经济增长持续放缓，但我们必须认识到，对于美国经济所做的任何"极度乐观"的分析（即认为美国的经济能够显著加速）或"极度悲观"的分析（即认为美国经济将大幅度下滑的观点）均不可取。美国固定投资水平较低等宏观经济因素决定了美国经济不会快速增长，但现在也没有任何理由让人相信，美国经济会急剧下降——除非发生重大的决策失误，但这种可能性很小。诸如保罗·克鲁格曼等经济学家所持的"极度悲观"观点（2012 年），甚至更为直接地与 1929 年后大萧条的比较分析，都有误导和夸大之嫌。这类观点并未深入分析 1929 年大萧条表现出的罕见严重性的原因：两个最大的经济增长促进因素的水平同时严重下滑。具体表现为，1929 年后：

- 美国重新启动贸易保护主义，从根本上破坏了国际劳动分工。
- 1929 年后，美国私人固定投资骤减近 70%，即便在 10 年后仍低于危机前水平。

正是这两个过程的相互作用导致美国经济在 1929 年之后出现罕见且势不可挡的衰退趋势。相比而言，自 2008 年以来：

- 美国并未极力推行贸易保护主义政策。
- 美国固定投资水平显著下降，但幅度远不及 1929 年后水平。

因此，除非美国重新推行贸易保护主义政策（这需要推翻美国政府的现行政策），否则没有理由相信美国经济未来将出现大萧条式的严重衰退。受根本的宏观经济条件所限，美国经济将维持长期缓慢增长态势，但这并不意味着其产值将会大减——美国经济的前景是持续缓慢的增长，而不是经济衰退。同样，只要中国保持其经济开放，以便从国际劳动分工中获益，并推动中国企业参与激烈的国际竞争，就没有理由相信中国的投资效率会下降至低于美国水平。

考虑到这些基本的经济参数，中国固定投资水平明显高于美国的这一事实将从战略上继续确保中国的经济增速快于美国。然而，除这一长期因素外，我们还将在本章说明，固定投资水平的变化直接影响到中美两国经济周期的发展与变化及其短期宏观经济政策的成败。

2007 年后经济崩溃后的真实情况

我们已经指出，决定一个主要经济周期波动中经济增长变化的主要是固定投资水平的波动，这一点在大萧条中表现得尤为明显，而现在我们将证明，同样的过程于 2008 年后的国际金融危机期间再现。

我们首先来分析国际金融危机期间的经济发展趋势。图 15-1 显示出 2007 年（国际金融危机爆发的前一年）至 2013 年（具有可与中国比较的详细数据的最近年度）的美国 GDP 主要组成部分的变化。以 2009 年通胀调整后价格计算，截至 2013 年：

- 美国 GDP 较 2007 年水平增长 8370 亿美元，或 3.3%。
- 美国居民消费较 2007 年水平增长 6580 亿美元。
- 美国净出口较 2007 年水平增长 2920 亿美元。
- 美国政府消费较 2007 年水平增长 390 亿美元。
- 美国私人库存较 2007 年水平增长 280 亿美元。
- 美国的私人固定投资和国家固定投资分别较 2007 年水平减少 1420 亿美元和 500 亿美元——固定投资总额较 2007 年水平大约减少 1920 亿美元。[8]

这清楚地表明美国 2007 年后的经济模式与"大萧条"时期相同：正是美国固

定投资的低迷导致美国从国际金融危机中复苏的步伐缓慢。

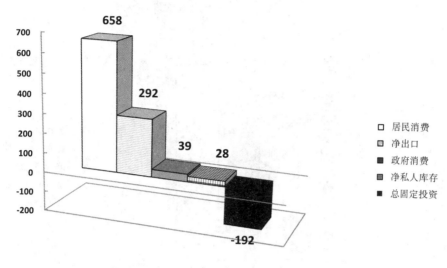

图15-1　2007—2013年以来美国GDP构成变化

以2009年的价格计算，单位：10亿美元

资料来源：根据美国经济分析局NIPA统计表1.5.6数据计算。

发达经济体

　　为了说明其他主要西方发达经济体在近期的大衰退期间也遇到了与美国同样的固定投资水平大幅度下降的问题，图 15-2 给出了经合组织所有成员国 GDP 组成部分在 2008 年（危机前经合组织经济周期的顶峰）和 2013 年间的变化情况。当时，受固定投资水平下降与复苏乏力影响，经合组织的年均 GDP 增幅只有 0.8%。图 15-2 显示，到 2013 年：

　　• 经合组织的居民消费、政府消费和净出口均高于危机前水平。

　　• 经合组织固定投资（根据通胀调整后的购买力平价计算）较 2008 年水平减少 5530 亿美元。

　　因此，与美国一样，固定投资水平下降是导致经合组织 GDP 增长在 2007 年后的国际金融危机期间下滑的根本因素。

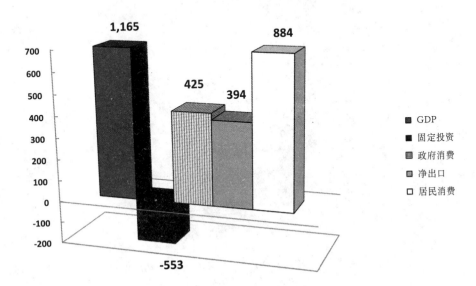

图15-2　2008—2013年以来经合组织成员国GDP构成变化

按不变购买力平价计算，单位：10亿美元

资料来源：根据经合组织发布的《季度国民账户手册》数据计算。

同样与美国一样的是，整个经合组织成员国固定投资水平在国际金融危机期间下降是一种长期趋势的持续——经合组织固定投资水平从 1973 年占 GDP 的 27% 下降至 2012 年的 20%。

欧洲

图 15-3 表明，欧洲、美国及整个经合组织均表现出相同的模式。图 15-4 显示出所有欧洲经合组织成员国 GDP 组成部分在 2008 年（欧洲金融危机前的经济周期顶峰）至 2013 年间的变化。在这段时期，以净值计算的经合组织欧洲成员国 GDP 缓慢增长——年均增幅只有 0.2%。但是：

- 到 2013 年，该地区的居民消费、政府消费和净出口均高于危机前水平；
- 拖累经合组织欧洲成员国 GDP 增长的是固定投资——2013 年，以不变价格购买力平价计算的固定投资低于危机前水平 3590 亿美元。

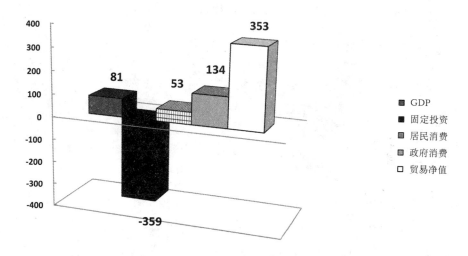

图15-3 2008-2013年经合组织中欧洲国家GDP构成变化
按照购买力平价计算，以通胀调整后的美元计价，单位：10亿美元

资料来源：根据经合组织发布的《季度国民账户手册》数据计算。

与美国及整个经合组织的情况一样，欧洲的固定投资水平下降是一种长期趋势的持续。在 1973—2013 年间，经合组织欧洲成员国的固定投资从占 GDP 的 27% 下降至 19%。

日本

日本的情况与其他 G7 经济体相同。如图 15-4 所示，2013 年，日本的 GDP 仅高于其 2007 年（危机前经济周期峰值时）水平 0.7%。然而，到 2013 年：

- 日本的居民消费和政府消费均远高于危机前水平;

- 日本的固定投资仍远低于危机前水平。[9]

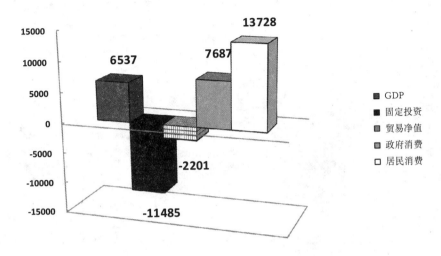

图15-4　2007-2013年以来日本GDP构成变化
以通胀调整后的日元计价，单位：10亿日元

资料来源：根据经合组织发布的《季度国民账户手册》数据计算。

这再次表明，日本的固定投资水平下降也是一种长期趋势的持续。日本固定投资占 GDP 的比重从 1973 年的 36% 下降至 2013 年的 22%。

中国

数据分析清楚地证明，在 2007 年后的国际金融危机中，G7 各国的经济均表现出与美国同样的模式。与 20 世纪 30 年代的大萧条时期一样，导致 2007 年后大衰退的国内驱动力是固定投资水平的下降。因此，固定投资不仅是决定经济长期增长率的关键因素，同时也攸关经济周期的短期动态。实际上，用"投资大降"

来称呼这一时期或许比"大衰退"更合适。总之，正是固定投资水平未能恢复到
之前水平导致西方各国的经济低速增长。

相比之下，中国的表现堪称惊艳。如图 15-5 所示，2007—2013 年（2013 年
为中国 GDP 组成部分变化的最新可用数据年度），依通胀调整后价格计算的中国
GDP 增长 13.7 万亿元人民币。同期的净出口和库存总体变化可以忽略不计。这表
明，驱动中国 GDP 增长的三大要素（通胀调整后）为：

- 政府消费：增长 1.9 万亿元。
- 居民消费：增长 5.0 万亿元。
- 固定投资：增长 7.5 万亿元。

可以看出，中国的固定投资水平增长成为推动其经济在金融危机后快速增长
的最大功臣。

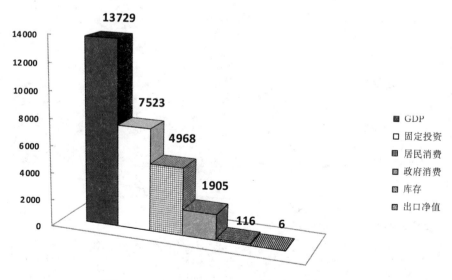

图15-5 2007—2013年以来中国GDP构成变化
以通胀调整后的人民币计价，单位：亿元

资料来源：根据世界银行发布的《世界发展指标》计算。

对比中国和美国的固定投资发展趋势

中美两国固定投资在国际金融危机期间的不同趋势所产生的总体效果是：中国的经济强劲增长，而美国的经济增长则在减缓，其余 G7 经济体的经济增长更是缓慢。在 2007 年(前一个经济周期的高峰期)至 2014 年间，美国的 GDP 增长 8.1%，而中国的 GDP 大增 80.1% (如图 15-6 所示)。美国在此期间的 GDP 年均增长率为 1.1%，中国则高达 11.4%——两者相差 9 倍多。经济增长层面的这一巨大差距还产生了其他广为人知的全球性变化，包括中国的工业产值超越美国、中国取代美国成为世界上最大的贸易国等。这是在人类历史和平时期短期内发生的全球经济力量平衡层面的最大变化之一。

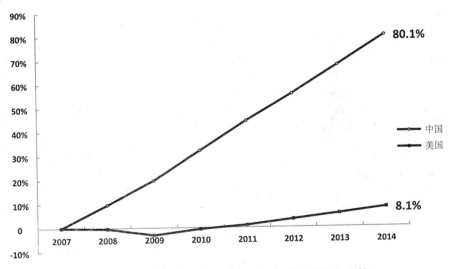

图15-6　2007—2014年以来美国与中国GDP变化比较
以通胀调整后的美元计价

资料来源：根据国际货币基金组织2015年4月发布的《世界经济展望》数据计算。

中国的投资控制

《华尔街日报》对于中国经济的非凡表现进行了准确、全面的概括（奥利克，2012 年）：

> 大多数经济体可以运用两个杠杆来促进经济增长：财政政策与货币政策。但中国拥有第三种选择——中国国家发展和改革委员会可以加快投资项目的进程。

因此，中国的宏观经济调控体系，即"社会主义市场经济"，在对抗经济周期中的消极趋势时（如在 2007 年后面对大萧条以来最严峻的经济周期）表现出极大的优势。唯一需要解答的谜题是，为何中国能够通过提高固定投资水平来对抗危机，而美国为何放任其固定投资水平下降？美国的这种下降尤为引人注目，因为美国曾经借助大规模的国家支出（包括国家投资）度过了此前历史上最严重的经济危机——大萧条。但这一次，美国并没有采取此类应对之策。为何这次美国会任由这些趋势发展？我们又能够从中得出怎样的结论？

16 > "看不见的手"不好用

美国并不缺钱

在分析美国经济增长为何从 20 世纪 80 年代开始进一步放缓以及美国未能成功应对 2007 年后出现的固定投资水平急剧下降背后的原因时，我们首先应该清楚，这并非由于美国企业缺乏可供投资的资金。相反，在美国固定投资水平下降的同时，美国企业收入占其经济总量的比重大幅上升。图 16-1 表明：

• 1980 年后，美国企业营业盈余大幅提高：从 1980 年占 GDP 的 20% 上升至 2013 年的 26%。

• 与此同时，在 1979 年后，美国私人固定投资减少：从占 GDP 的 19% 降低至 15%。

1980 年，美国固定投资占 GDP 的比重高于美国净营业盈余 3%，而到了 2013 年，固定投资占 GDP 的比重低于净营业盈余 7%。在美国企业营业盈余占 GDP 比重上升的同时，固定投资比重下滑，说明将不断提高的美国企业盈利能力转化为更多投资的机制显然没有发挥作用。

此外，如图 16-1 所示，美国也没有通过增加国家投资来弥补私人投资水平的下降：美国国家投资占 GDP 的比重从 1980 年的 4.6% 下降至 2013 年的 3.5%。因此，与美国借助大规模国家投资摆脱 20 世纪 30 年代大萧条的做法不同，在 2007 年后的大衰退期间，美国国家投资占 GDP 的比重不升反降。由于私人投资和国家投资占 GDP 的比重同时下降，美国经济增长必然只能维持低速增长态势。

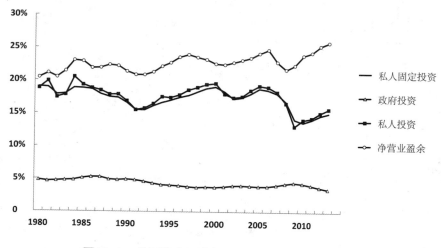

图16-1　美国营业盈余与投资占国内总收入的比重

资料来源：根据美国经济分析局NIPA统计表1.5.5和1.10数据计算。

美国下调利率

这一基本宏观经济形势反过来造就了美国经济自 20 世纪 80 年代开始以及大衰退期间的第二大特点——包括美国金融市场的主要发展趋势。美国企业营业盈余不断增加和固定投资水平持续下降，使得美国企业持有大量未投资资金。因此，来自企业的资金供给非常充足，但对于投资资本的需求却很低。

资本供给加大但对这部分资本的投资需求降低必然导致资本价格——利率——面临强大的下行压力。[10] 因此，在 1980 年后的 30 年中，美国的投资级利率水平持续下滑，具体表现为美国国债收益率（是设定美国其他利率的基准）持续下调。图 16-2 表明，在 1981 年底至 2014 年底的这段时期：

- 美国 10 年期国债的票面利率从 14.0% 下降至 2.1%。
- 美国 10 年期国债的实际利率（考虑到通货膨胀因素）从 5.1% 下跌至 1.5%。

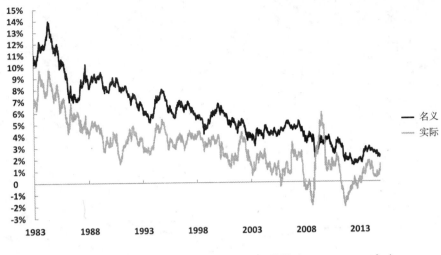

图16-2　美国10年期国债收益率走势（1983—2014年）

名义收益率与实际收益率（%）

资料来源：根据Trading Economics数据计算。实际收益率＝名义收益率－消费物价指数。

美国企业的现金极为充裕

在美国企业营业盈余增加和固定投资水平下降的共同作用下，美国企业积累了巨量现金。截至2013年中期，美国非金融企业持有的现金或现金等价物高达1.5万亿美元，这一数字相当于美国GDP的近10%（沃特斯，2014年）。因此，美国宏观经济形势的主要特点是，低水平和不断下调的利率或巨额现金持有量并没有推动美国企业提高其投资水平。按照凯恩斯的观点，这是一种典型的"流动性偏好"情况，即偏好持有现金或现金等价物而不愿进行固定投资。此外，这部分可用资金也未被用作国家投资，虽然企业和政府都能够以极低的利率筹集资金。

中国未出现投资危机的原因

中国没有出现与美国类似的固定投资问题的原因显而易见：中国的经济结构与美国不同。

- 中国的经济拥有一个大型的国有部门，政府可以指示该部门增加固定投资。
- 中国的核心银行体系为国有制，因此政府可以指示其为投资提供贷款。

显然，中国经济与美国不同，它拥有能够确保将可用资金用于投资的机制。正因如此，在国际金融危机期间，中国能够扩大固定投资，促进经济持续强劲增长；而美国的固定投资水平则大幅下跌，进而先导致其经济出现"大衰退"，然后进入"新平庸"时代。

中美两国鲜明的对比提出了两个重要问题：

- 美国为何不以应对大萧条的方式（通过大规模国家支出和投资）应对大衰退？
- 为何中国的宏观经济在应对国际金融危机的影响时比美国更成功？这阐明了哪种宏观经济理论？中美两国各自的宏观经济效率如何？

我们将按照上述顺序来分析这些问题。

深谙解决之道的西方专家

在阐述美国未能成功应对大衰退及随后"新平庸"时期的经济增长放缓的原因时，我们可以立即否定西方专家均不了解真实情况的说法。事实恰恰相反，许多西方著名的经济专家深谙美国和其他西方经济体的问题所在，即将企业收入转化为投资的机制未能充分发挥作用，而解决之道便是国家采取干预措施，促进这部分资金投资——如同大萧条时期的做法。我们接下来将引述其中几位专家针对其政府措施的看法，从而准确、全面地呈现其分析的本质。

美联储主席本·伯南克在卸任后立即公开呼吁（2015 年）：

一项结构完善的公共基础设施发展计划，将通过创造就业机会和提高经济生产率为经济增长提供短期和长期支持。

美国前财长劳伦斯·萨默斯认为：

我们现在或许处于"长期增长停滞"时期——经济增长疲软、产值低迷以及就业率远低于潜在水平，也许会与有问题的低实际利率共存一段时间……

最有希望的一种策略是致力于在任何既定利率水平上扩大需求……这意味着，需要终止政府支出和就业率逐年降低的灾难性趋势，同时利用目前的经济疲弱期，翻新并扩建基础设施。如果过去5年政府投资更多的话，债务对收入的比率将有所降低；听任经济衰退已损害了长期增长潜力。[11]

《金融时报》首席经济评论员、世界上最有影响力的经济记者之一马丁·沃尔夫认为：

简而言之，世界经济产生的储蓄量已经超过企业希望使用的范围，即便利率水平非常低。存在这种问题的不只有美国，大多数高收入经济体也是如此。

储蓄过剩已成为制约当前投资需求的一个因素。但是，由于它与投资低迷密切相关，因此这也意味着未来的供给增长缓慢……

那么，我们该如何应对？解决储蓄意愿高于投资意愿的措施将是推行更低的负实际利率。这就是一些经济学家支持较高通胀的原因。但这个目标很难实现，即使它在政治上可以接受……

然而，许多经济学家（包括我本人在内）支持另一种措施，即利用目前过剩的储蓄进行大规模的公共投资。

最好的对策是旨在提高私人投资和公共投资生产率的措施。的确，错误在所难免。但是，承担犯错的风险总好过接受一个贫困潦倒的未来。[12]

《彭博经济快讯》高级经济学家理查德·亚麦隆尖锐地指出（2014 年）：

> 政府拒绝采用经济方案，如安排闲散和失业人员（数以百万计的制造和建筑工人）参加必要的电网、残破公路、高速列车、老旧桥梁、隧道、港口和输水管道等公用设施的改造建设，而是通过政治手段提高失业人员福利、实施巨额食品券计划——为失业人员提供一张安全网，而不是"激励性"措施。
>
> 与为后人留下大批重要基础设施（包括桥梁、隧道、公路、艺术、大坝及发电站）的大萧条时期不同，2007—2009 年经济衰退的唯一遗留物是一支就业不足的大军——他们收入只是以往的一小部分、技能水平下降，还有一群前途未卜的应届大学毕业生。

值得注意的是，关于 2007 年后西方各国增长缓慢——表现为超低的利率水平和企业持有大量未被用于刺激固定投资水平提高的资金——与凯恩斯对此类危机的分析极为相符。至于解决办法，西方国家政府甚至不需要借鉴中国，它们只要仔细阅读这位 20 世纪西方最著名的经济学家的理论就能发现。但问题是，凯恩斯提出的应对这类经济形势的方法遭到西方既得利益集团的抵制。而同时，这些利益集团自己提出的替代方案根本不起作用——因为它们与决定经济增长的基本因素背道而驰。

具有深刻地缘政治讽刺意味的是，正是这些西方既得利益集团通过成功抵制凯恩斯式方案在国内的实施，转而频繁推行"新自由主义"和"新保守主义"政策，加快了中国超越西方和取代美国的步伐！因为中国拥有比凯恩斯更伟大的经济学家——邓小平以及倡导中国经济改革的先行者，他们能够审时度势，将一些类凯恩斯式措施融入其更为全面和独特的体系中。对这些措施的分析将证明，与美国相比，中国的宏观经济杠杆具有本质上的优越性。

17 > "开放"的邓小平与"封闭"的凯恩斯

中国赖以确定其经济政策的"改革开放"理论在内容上要比凯恩斯的经济理论宽泛得多。确实，从基本观点上看，中国的经济政策在起点上与凯恩斯的经济理论正好相反。中国的经济政策是在马克思的理论体系下发展起来的，而马克思的理论体系是在亚当·斯密和大卫·李嘉图的古典经济学基础上逐渐发展起来的。我们都知道，早在现代国家贸易保护主义政策在德国经济学家弗里德里希·李斯特那里刚刚露头时，马克思就对其进行了强烈批评（1845 年）。与斯密、李嘉图和马克思支持国际劳动分工形成鲜明对比的是，凯恩斯认为，一个国家的经济政策应着眼于加强本国的自给自足能力，减少国际经济联系。如果说中国的政策是"开放"，那么，凯恩斯的主张可称为"关闭"，他说：

> 我赞同……将国与国之间的经济利益纠纷降到最小，而不是将其放大到最大。观念、知识、艺术、款待、旅行等因其自身的性质决定了它们是不分国界的；至于货物，还是用本国的吧。[13]

凯恩斯具体主张：

> 比 1914 年程度更高的单个国家自给自足和国与国之间经济孤立。[14]

凯恩斯没有预见到日后发生的外贸巨大增长，反而认为：

> 随着财富的增加，与不属于国际交换范围的住房、个人服务和当地生活娱乐设施及服务相比，初级产品和制成品在国民经济中地位相对下降。[15]

因此，凯恩斯赞同"旨在加强国家自给自足的政策"[16]和"为加强国家自给自足和经济孤立而做出的努力"。[17]

在全球化经济资源已经具备的情形下实行这种自给自足和自我孤立的政策是不可能取得成功的，因为这种政策割断了本国与国际劳动分工的关系，或削减了本国对国际劳动分工的参与。凯恩斯的经济理论主张削减对国际劳动分工的参与，因而导致了经济增长速度下降。凯恩斯的经济理论和中国的开放战略形成了鲜明对比。不过，尽管中国的经济发展理论宽泛于且不同于凯恩斯的经济理论，但这并不意味着我们不能在中国的经济发展理论框架下理解从凯恩斯那里借用的某些具体方法。要做到这一点，就必须做到既理解中国的经济发展理论，又理解凯恩斯到底说了些什么——与亚当·斯密的《国富论》一样，凯恩斯的《就业、利息和货币通论》也是人们经常援引的著作，但很少有人真正静下心来认真研读。本书首先分析中国的经济发展理论，然后再考察凯恩斯的观点。

中国的应对之策

从前文中可以看出，具有国际开放性的中国经济结构允许它同时做到以下两点：
- 保持高位的固定资产投资规模，从而维持了长期经济增长。
- 在国际金融危机背景下逆流而上，加大投资力度。

中国之所以能同时做到上述两点，是因为中国的经济改革进程为其奠定了相应的机制基础。中国赖以确定其经济政策的马克思主义理论基础将在本书在线附录 2 中加以分析，本章仅考察其实用性干预手段。读者将会从下文的阐述中看到，这些实用性干预手段即使在西方经济学理论框架下也是容易理解的，正如中国人在其马克思主义理论框架下已经对此习以为常一样。

改革前的中国

1949 年中华人民共和国成立之初采取的经济体制，明显借鉴了苏联 1929 年后逐渐发展起来的经济体制。[18] 苏联 1929 年后经济体制是一种"靠行政管理运行的经济"。在这种经济体制下，国家决定一切经济事务，甚至最具体的经济细节。比如，原则上，没有国家允许，一件物品在莫斯科和符拉迪沃斯托克不得以不同价格出售。所有重要的投入、产出和价格都是由国家控制的。

中国仿效苏联模式的经济原因是显而易见的，并非仅仅由于当时中国与苏联有密切的政治关系。正如第 2 章所述，苏联最初的迅速经济增长深刻地改变了这个与美国人口不相上下的庞大国家的面貌。苏联的迅速经济增长主要有以下三次：从 1929 年到 1939 年第二次世界大战爆发，苏联的年均经济增长率为 6%，在世界主要经济体中排名最高；第二次世界大战后苏联经济以惊人的速度迅速恢复，这对经历了日本侵略战争破坏且随后又经历了内战的中国不能不具有强大的吸引力；从 1946 年到 1950 年，苏联的年均经济增长率高达 11%。鉴于这些事实，1949 年新中国成立后理所当然地立即采取了苏联模式，当时其他许多发展中国家也深受苏联政策的影响。

苏联模式的错误

尽管苏联 1929 年后模式取得了很大成功，但从马克思主义和西方经济观点加以分析，就会发现这种模式是错误的。

• 苏联 1929 年后模式并不符合马克思理论，而是否符合马克思理论对由共产党执政的国家来说是一个事关重要的问题。我们之所以认为苏联 1929 年后模式并不符合马克思理论，是因为这种模式试图用单一的行政手段取代市场，而不是像马克思所设想的那样，在经历了漫长的历史时期后，社会经济已发展到市场难以容纳的程度，详见在线附录 2。

• 苏联模式是在与国际相脱离的封闭经济体系内进行高投资，也就是说，他们将推动经济增长的第二个最重要因素即固定资产投资置于首位，而不是将推动经济增长的第一个最重要因素即包括国际劳动分工在内的劳动分工置于首位。

从这个最基本的观点来看，苏联模式之所以在 1929 年后取得相对成功并在全球经济中遥遥领先，是因为在两次世界大战之间的时期，国际劳动分工受到极大削弱，全球经济在贸易保护主义盛行和世界贸易崩溃的背景下分崩离析。在这种情况下，苏联并没有因采取该模式而自绝于大规模国际劳动分工的优势，这是一种巧合，因为当时大规模国际劳动分工的优势已经荡然无存。[19] 苏联实行的在封闭经济体系内进行高投资的政策就是在这种国际背景下取得了相对于其他国家的令人瞩目的高速经济增长。鉴于这种现实，在 1949 年的中国，任何主张或支持基本经济法则分析研究的人士都很容易被视为"抽象理论家"而被边缘化，毕竟，苏联模式长达 20 年的经济成功是大家都看得见的事实。

世界经济的重新一体化

改变了全球面貌并使"抽象"的经济理论研究产生非同寻常的重大现实意义的，是第二次世界大战后世界经济的重新一体化以及随之而来的国际劳动分工的重新确立。在第二次世界大战后形成的全球格局中，首先是日本，随后是"亚洲四小龙"，发展起了一种更符合人们分析研究的基本经济法则的经济发展模式，显示了这些基本经济法则的现实力量。

日本和"亚洲四小龙"顺应国际劳动分工，形成了"出口驱动型"经济发展模式。[20] 正如第 6 章所分析的那样，在这种全球化体系内，日本和"亚洲四小龙"大幅度提高了固定资产投资力度，固定资产投资在本国 GDP 中所占的比重高达 30% 以上。然而，取得这些成就所采用的方法在大多数情况下并不是"自由市场"。特别是，为取得固定资产高位投资所需的储蓄资金，人们实际上被剥夺了将其储蓄用于其他方面的选择（如日本和韩国），或在强制下被迫储蓄（如新加坡）。这些政策确保了企业获取利息较低的大规模资金供应，为固定资产投资创造了良好的条件。

在这种体制下，作为储蓄者，人们从其储蓄中取得的收益很低甚至是负收益，但由此产生的大规模固定资产投资促进了经济的飞速增长，人们的工资和其他收入也不断增加，从而提高了生活水平。这种以高储蓄、高投资、高增长和高收入相互结合和相互促进为特征的新机制促成一种相对稳定，这种相对稳定不是从直接的政治意义来说的，也就是说，不是指新加坡、日本或中国台湾在这一经济增长过程始终保持着一党执政，而是说，尽管这一时期不乏政变、暗杀之类的事件，例如发生在韩国的种种不幸，但这些事件并没有改变总体经济政策走向。在这种模式下，推动经济增长的第一个最重要力量（劳动分工，包括国际劳动分工）和第二个最重要力量（固定资产投资）是相互结合和相互促进的，而不是像在苏联模式中那样相互抵触的。日本和"亚洲四小龙"在积极参与国际劳动分工的同时大力加强资本和劳动力积累，在此基础上实现了史无前例的经济增长。对于"亚洲四小龙"的经济增长情况，经济学家于明姜进行了特别详尽的增长核算分析（2013 年），他的统计分析对希望了解亚洲和中国"经济奇迹"的中外人士来说是不可缺少的。

中国的"改革开放"

1978 年，中国开始实行"改革开放"，从此与 1929 年后的苏联模式渐行渐远。在社会主义经济理论方面，中国重新重视马克思提出的从资本主义向社会主义过渡是一个漫长的历史时期的观点，做出了中国尚处于"社会主义初级阶段"的基本论断。[21] 从这一全面分析出发，1992 年中国共产党第十四次全国代表大会提出了建立"社会主义市场经济"。对于国有企业布局结构，则采取了"抓大放小"的做法，保留国有大型企业，而将规模较小的企业转为非国有性质。这种布局结构显然符合马克思理论，而不同于1929年后的苏联体制，详见在线附录2。

这一进程产生了一种史无前例的新型宏观经济体制，在这种体制下，国家并不直接管理经济，但其国有经济成分具有足够大的体量，足以决定宏观经济的主要参数，特别是总体投资规模。在这种体制下，资源配置主要是通过市场机制实现的，详见在线附录2。这种社会主义市场经济体制保持了《华尔街日报》观察到的这样一种现象（沃里克，2012年）："大多数经济体通过财政和货币这两种手段促进经济增长，而中国还有第三种选择，其国家发展和改革委员会能够加快投资项目的流动。"

正是这种足以决定总体投资规模的体量庞大的国有经济成分构成了中国"社会主义市场经济"与西方"私营市场经济"在布局结构上的根本差别。中国和西方的这一差别直到今天仍在保持着，正是因为体量庞大的国有经济成分的存在及其在国家经济生活中的决定性作用，李克强总理才能在2014年3月全国人民代表大会上的讲话中从容而自信地说"把投资作为稳定经济增长的关键"。

这一政策的实施必然使中国的经济既包含国有成分，也包含私营成分，但中国在宏观经济结构上与西方的"混合型经济"有根本性的区别：

• 在西方"混合型经济"体制下，私营成分占主导地位，国有成分体量太小，不足以决定总体投资规模。

• 而在中国，国有成分占主导地位，其数量在整个经济中并不占多数，但足以在投资规模上起决定作用。

因此，我们可将邓小平1985年在某场合说的下面一段话从根本性的宏观经济意义上加以理解：

> 我们在改革中坚持了……公有制经济始终占主导地位……我们吸收外资，允许个体经济发展，不会影响以公有制为主体这一基本点。相反

地，吸收外资也好，允许个体经济的存在和发展也好，归根到底，是要更有力地发展生产力，加强公有制经济。

邓小平的基本观点被后人继承下来，2013 年 11 月中国共产党第十八届中央委员会第三次全体会议重申：

> 必须毫不动摇巩固和发展公有制经济，坚持公有制主体地位，发挥国有经济主导作用。

如果说中国的"社会主义市场经济"结构是明确的，美国新保守主义的主要宏观经济目标也是明确的，其锋芒所向就是胁迫消除这种结构，确立私有制主体地位，这意味着推翻邓小平的理论。如果他们的这一目标得以实现，中国就会丧失控制投资规模的能力，最好的结果是像西方国家那样陷入经济停滞，整个国家长期处于相对贫困状态，但更有可能出现的是最坏的结局：届时，中国目前潜在的分裂性社会倾向就会在这种经济危机的孕育下迅速发酵，进而导致中国经济崩溃，国家分裂，就像俄罗斯和苏联在 1991 年经历的情形一样，这当然有助于确保美国在经济和地缘政治上的霸主地位，推翻中国共产党领导的政府，从而打断中国的民族复兴之路。这两个目标正是美国新保守主义者的意图所在，也正是他们极力鼓噪中国经济私有化和破坏邓小平始创的中国现行经济结构的原因。这方面的地缘政治因素将在本书最后一部分加以探讨。

凯恩斯的分析

中国是从自身的经济现实、在社会主义阵营中的经历和对苏联模式的反思中形成现行经济结构和经济理论的；在西方，凯恩斯则从西方资本主义的决定性经历即美国大萧条中得出了自己的结论。将凯恩斯的分析与中国的经济模式进行一番比较是很有启发性的，可以揭示中国社会主义市场经济与西方经济体制的主要特征，从而发现中国宏观经济调控机制的优越性。对那些习惯于西方经济学理论而不是马克思主义经济学理论的人士来说，本书提供了旨在帮助其理解中国经济体制得以成功的另一种方法。在线附录 3 就凯恩斯文章中专业术语给出了详尽的注释，以供对此感兴趣的读者查阅，这里仅作一下概述。

凯恩斯在其《就业、利息和货币通论》开篇就明确指出，正是投资下降才导致了美国大萧条。事实证明凯恩斯是正确的，结论是非常明确的。早在该书出版前的 1932 年 5 月 2 日，凯恩斯就在其演讲中指出：

> 我们将投资变动视为通常情形下的促发性因素，即那种因自身变动而在大多数情形下促发其他因素变动的因素。

关于美国大萧条中企业倒闭风潮主要体现形式的失业现象，凯恩斯指出：

> 我们只能……从中概括出这样一个一般性的结论：在所有正常情形下，就业量取决于投资额，任何提高或降低后者的因素也将提高或降低前者。[22]

凯恩斯的分析基于库兹涅茨收集的美国当代事实资料和克拉克收集的英国当代事实资料，后来的诸多研究为凯恩斯的分析增添了许多细节，但这些研究都证实了凯恩斯的分析。

凯恩斯指出，"有效需求"不仅包括投资需求，还包括消费需求。凯恩斯本人也因提出"有效需求"这一概念而名声大噪。但凯恩斯也赞同起源于亚当·斯密的分析，认为致力于投资的经济促进手段是随着经济发展而提高的。因此，凯恩斯指出，能否保持一定的投资规模是事关经济恢复和稳定的决定性问题：

总实际收入增加，总消费也增加，但不如收入增加得那样大。因此，要维持任何既定的就业量，就必须有一定的现行投资量，足够吸收在该就业量之下总产量超过社会消费量的部分。

因此，凯恩斯断言，投资控制着商业周期，从而控制着作为商业周期最直接体现形式的失业：

> 可以据此推断……就业均衡水平，即总体上不存在某种诱因致使雇主扩大或缩小目前用工规模的情形，取决于目前投资规模。[23]

凯恩斯指出，人们总要消费，因为这是构成其生活水准的基础，但在储蓄与投资的关系方面蕴含着储蓄不能转化为投资的风险，因为储蓄与投资是两种相互独立的行为。如果出现了这种情形，就意味着"有效需求"不足。凯恩斯用这样一则格言说明储蓄未必需要自动转化为投资：

> 个人储蓄行为意味着——还是让我举个例子吧—— 一个关于今天不吃晚餐的决定，但这并不意味着一个星期后或一年后一定会做出一个关于吃晚餐或买一双长筒靴的决定。[24]

更专业的说法则是：

> 错误在于试图寻求……这样一个推论：看到某人储蓄了一定金额，投资总额也会有相同数量的增加。[25]

凯恩斯明确指出，资本主义经济制度从其定义就可以看出是以生产资料私有制为主导的，在资本主义经济制度下，不存在能够利用所有储蓄进而保持某个足够程度的有效需求以确保充分投资的自动机制：

> 与充分就业联系在一起的有效需求是一种特殊情况……它仅存在于
> 这样一种情形下：即或由于偶然巧合，或由于有意设计，当前投资量恰
> 等于在充分就业情形之下，总产量之总供给价格与社会消费量之差。[26]

凯恩斯认为，正是投资下降才造成了美国大萧条，这一观点有待证实。但有时在有资金可用的情形下，人们也不进行投资，20 世纪 80 年代后的美国在总体上就是这种情况，日益增加的美国营业盈余产生了没有转化为投资的巨额储备资金，造成了利率极低、虽"现金充足"但固定资产投资严重不足的现象，即"流动性偏好"。

预算赤字和有效需求

众所周知，凯恩斯倡导的应对经济萧条的第一个对策是：靠政府借款冲减预算赤字，凯恩斯用当时的说法称之为"公债支出"：

> "公债支出"是对公共机构所有账户净借款的简明表达，无论这些账
> 户是否属于资本性账户，也无论该净借款是否用来冲减预算赤字。公债
> 支出的形式之一是靠增加投资运行，另一种形式是靠强化消费倾向。

凯恩斯指出，如储蓄没有转化为投资，或因其他原因存在有效需求不足，国家应用财政盈余加以刺激，以恢复充分的有效需求。

但从凯恩斯的基本分析中可以推断，这方面的关键问题是投资下降。因此，对国家的投资支出和消费支出不加区分，或犯下经济学常识性错误，误以为存在一种既不属于消费也不属于投资的"政府支出"，都是对凯恩斯理论的庸俗化或歪曲，但有些西方经济学教材就是这么讲的，附录 2 将专门探讨这个问题。从凯恩斯的基本分析中可以推断，大多数决定性问题是遏制投资下降，凯恩斯的政策性结论就是专门针对这些问题的。

低利率

凯恩斯明确认识到，在现代经济体制下，大规模投资并不是来自流动现金，而是来自借款。因此，影响投资决策的第一个关键因素是利率。

投资动力部分取决于投资与需求计划，部分取决于利率。[27] 投资是受利率影响的，从这一事实可以断定，要将投资保持在足够支撑有效需求的规模上，就必须保持低利率，这既可提高靠借款支撑的生产性投资的盈利能力，也阻抑了人们对持有现金或现金等价物的热情，因为它们的利率很低。[28] 鉴于投资在经济中所占的比重随经济发展而不断提高，保持低利率和尽力刺激必要程度的投资就日益成为决定性因素。因此，凯恩斯强调了投资在经济中所占的比重日益增加是怎样致使保持低利率成为一种关键性必要因素的：

> 在富裕社会中，不仅边际消费倾向更为微弱，而且由于其资本积累额已经很大，除非利息率能以足够快的速度下降，否则进一步投资机会的吸引性就很小。[29]

足以引发重新投资的低利率是决定性因素，因为它不仅要低于投资利润率，而且要低于投资利润率与克服"流动性偏好"所必需的额外优惠之和，即持有现金或其等价物在灵活性和其他方面的优势。

凯恩斯还明确指出，上述低利率会产生一个不可避免的后果，即我们将会在第18章所分析的重要的政治后果。低利率意味着将其资金用于储蓄而不是生产性投资的人士所得收益较低。因此，凯恩斯断言："……我把资本主义体系中的食利者阶层视为一个行将消失的过渡现象，"为更精辟地说明自己的观点，他断言自己预见到了"食利者的安乐死"[30]。从此，"食利者的安乐死"一语便广为流行起来。对其造成的后果，下一章将予以探讨。

由此可以看出，各发达经济体主要央行如美联储、日本银行和欧洲中央银行在国际金融危机后实行的量化宽松政策是完全符合凯恩斯利率理论的。量化宽松主要是指购买资产，特别是国债，借此提高它们的价格并压低利率，而普通债券的价格则呈相反的变动趋势。从这方面看，低利率有利于投资。各发达经济体主要央行采取量化宽松政策，实际上意味着他们采纳了凯恩斯所倡导的政策的核心部分，但凯恩斯本人的分析则走得更远。

较为全面的投资社会化

凯恩斯倡导低利率，但他认为低利率本身不可能克服投资严重下降造成的不利后果。因此，凯恩斯断言，国家应在投资中发挥直接作用。他指出：

> 只有经验表明：在何等程度上，对利息率的管理能够持续地刺激投资，使它达到合适的水平。我现在对仅仅利用货币政策来控制利息率的成功多少有点怀疑。我希望看到国家担负起更大的责任来直接组织投资。"[31]

凯恩斯断言，投资规模由国家而不是由私人部门确定："我断言，确定当前的投资规模是私人部门无力胜任的。"[32]因此有必要着眼于："由社会控制投资率"。[33]

但是，由国家确定"当前投资规模"的情形，必然使凯恩斯得出一个呼吁"较为全面的投资社会化"的关于基本经济结构的结论：

看来，银行利率政策的影响本身并不足以确定最佳投资率。因此，我们认为较为全面的投资社会化是实现近乎充分就业的唯一途径。[34]

凯恩斯明确指出，这种较为全面的投资社会化辅之以他所称的"必要社会化手段"[35]意味着国家触角的大规模延伸，但私人部门的作用并没有消失，只是以前由国家确定投资的局面转向由国家和私人部门共同确定：

这种必要性并不排除公共机构与私人部门合作过程中的任何和解方式和应对之策……除需要旨在调整消费倾向与投资倾向的主要控制手段外，并不比以前更需要经济生活社会化……为确保充分就业所必需的主要控制手段当然意味着政府传统职能的大范围延伸。[36]

凯恩斯与中国

概括地说，凯恩斯认为：

• 低利率政策应辅之以国家触角的延伸，且其延伸应达到能够确定整体投资规模的程度。

• 同时还存在私人部门，即并非像 1929 年后苏联模式那样基本上是清一色的国有经济。

美国和其他西方经济体 2008 年后采取的是低利率量化宽松政策，它们因下一章所分析的原因强烈拒绝凯恩斯方案的最后一个步骤，即"较为全面的投资社会化"。除在意识形态上持反对意见外，与所有西方经济体一样，美国的国有经济成分体量太小，不足以确定总体投资规模。而中国的国有经济成分体量庞大，在凯恩斯所说的"确定当前投资规模的责任是私人部门无力胜任的"的情形下，足以实施凯恩斯所倡导的"社会控制型投资"。正如习近平所言，中国完全有能力综合运用这种"看得见的手"和"看不见的手"保持国民经济的健康发展。凯恩斯倡导的那些政策措施，在西方，即使凯恩斯本人也只能做些理论分析，只有在中国才能将其付诸实施。

当然，上述分析并不意味着中国是在凯恩斯的影响下酝酿并确定其基本经济政策的，本书早已指出，中国赖以确定其经济政策的理论依据与凯恩斯的理论截然不同。中国现行的经济政策源于中国对自身经济现实的分析和对 1929 年后苏联模式的反思。但这一事实只能说明，对于客观的经济过程，即使从不同的出发点进行分析，也可以得出相似的结论。全十用西方经济学术语还是中国经济政策惯用的马克思主义经济学术语加以表述，并不是主要问题；最重要的是经济结构和经济政策问题。在马克思主义话语体系中，中国被视为"社会主义市场经济"；而在西方话语体系中，中国被视为创建了符合凯恩斯理论的经济结构。无论冠以什么名称，一个不容否认的事实是，中国的经济结构优越于西方，这种优越性既体现在对长期经济增长的影响上，也体现在对宏观经济调控的影响上。

邓小平——世界上最伟大的经济学家

马克思对经济进行了分析研究，但在实践上，直到 20 世纪 30 年代，现代世界只存在两种实际运行的经济体制，即斯大林体制和斯密体制。我们之所以将资本主义称为斯密体制，并不是指亚当·斯密创立了资本主义，而是指他首先对资本主义进行了全面的分析研究。凯恩斯在 20 世纪 30 年代设想了另外一种经济体制，但因某些原因（第 18 章将对此做出分析）没有在西方付诸实施；而中国则自 1978 年起在邓小平领导下逐渐建立了既不同于斯密体制也不同于斯大林体制的一种新型经济体制。

而且，邓小平在开创新型经济体制时并没有背离马克思，而是在马克思那里寻求理论依据，那种认为邓小平背离马克思的说法只是西方人自欺欺人的观点。关于中国社会主义市场经济道路符合马克思理论的详尽阐述见在线附录 2，从中还可以看出，邓小平完全是在有意识地运用马克思理论。即使暂时抛开那些理论，仅从最基本的原则着眼，也很容易理解中国的经济体制和政策。例如，"社会主义"一词就是源于"社会"一词，其含义为"社会化"生产；又如，"抓大放小"是指国家将大规模社会化生产控制在自己手中，同时将规模较小的生产活动从国有经济中剥离出来，这正符合马克思主义关于上层建筑及其法律体现符合实际生产关系的观点。农民或其他小私有者不是"社会化"生产。对这种生产方式实行事实上的"国有化"，如苏联的农业集体化或中国 1978 年前的人民公社体制，是试图利用政治上层建筑将某种生产关系强加于经济。从马克思主义观点看，这种做法本身就是一种经济冒险，这种经济冒险和其他任何经济冒险一样，都是行不通的。这正是中国在 1978 年后通过家庭承包责任制重新推行小规模农民单体生产和在占绝对优势的大规模"社会化"经济成分之外重新确立"民族资本主义"之所以必要并取得成功的原因。邓小平没有推翻而是重返马克思理论，这条路终于走通了！

有些人对西方经济学津津乐道，对中国的马克思主义经济学不屑一顾，而中国实现了凯恩斯所设想的目标，这对他们来说不啻为一种讽刺。凯恩斯提出的"较为全面的投资社会化"和"确定当前投资规模的责任是私人部门无力胜任的"，事实上是用西方经济学术语诠释了中国"公有制占主导地位"的含义。这里所说的主导地位并不是一个数量意义上的概念，要求国有成分在经济总量中占有多数，而是指国有成分规模足够大，力量足够强，用凯恩斯的话说就是足以确定整个经济体中的总体投资规模。中国拥有强大的国有经济，没有任何一个资本主义经济体拥有如此规模的国有经济，这正是中国在长期经济增长或宏观经济调控方面优于资本主义经济体的原因；也正是因为这个原因，美国新保守主义才处心积虑破坏中国的国有经济，从而削弱中国确定总体投资规模的能力，以达到阻滞中国经济发展的目的。

马克思的分析研究，是邓小平证明它确实行得通；凯恩斯只能由理论得出的合理经济体制，是邓小平将其移植到现实世界，并证明其只有在社会主义社会才能付诸实施。邓小平的功绩向世人表明中国的经济思维优于西方，也正是因为这个原因，只有邓小平，而不是西方什么人，才是现代世界最伟大的经济学家。

18 > "个人企业家精神"救不了美国

为什么反对凯恩斯？

上一章谈到，自 20 世纪 80 年代以来，特别是 2008 年以来，美国采取的经济政策只能使其经济保持缓慢增长。事实上，美国的这一趋势只不过是其数十年积累起来的矛盾的总体现。自凯恩斯提出其理论以来，西方形形色色的集团意识到凯恩斯的理论锋芒是指向他们的，因而强烈反对他的理论。正如上一章所指出的那样，针对那些靠利息收入而不是投资利润生活的食利阶层，凯恩斯提出以低利率甚至微利率政策限制他们的利益。与凯恩斯殊途同归的波兰著名经济学家米哈尔·卡莱茨基早在 1943 年就指出，凯恩斯政策的反对者必然来自金融界和企业界那些靠高利率获取丰厚利益的人士。卡莱茨基曾发表过一篇富有远见的文章，题为"从政治观点看充分就业"，他在这篇文章中指出：

在该理论（指凯恩斯理论）的反对者中，曾有（且至今仍有）与银行界和实业界关系密切且名气很大的所谓"经济专家"。这说明反对充分就业者是有政治背景的，尽管他们所持的理由是经济方面的……但顽固无知通常是深层政治动机的体现。

从更广泛的意义上，关于国家在经济中的作用，卡莱茨基指出，凯恩斯提出的政策显然会大大削弱私营企业直接支配政府政策的实力，因而受到他们的抵制。卡莱茨基的理论有很强的预见性，美国和其他西方经济体在 20 世纪 80 年代后发生的变动，特别是对国际金融危机应对乏力，都可以从其理论中得到解释。他指出：

> 我们应首先正视这种不愿……接受政府对就业问题的干预……通过政府支出创造就业加剧了反对者的声音。在自由放任体制下，就业水平在很大程度上取决于所谓信心状态。如果信心状态恶化，私人投资就会下降，从而导致产量和就业下降……这造成……对政府政策强大的间接控制：任何有可能动摇这种信心状态的因素都应小心翼翼地避免，否则就会造成经济危机；但是，一旦政府采用了靠自身购买行为提高就业的应对策略，上述强大的控制手段就失去了其往日的效能……"稳健财政"观的社会作用体现在它致使就业水平取决于信心状态。

卡莱茨基指出，如凯恩斯政策确实产生了高就业，既得利益集团的反对就会变得特别强烈，因为这会削弱企业将失业用作经济惩罚手段的能力（1943）：

> 我们研究了反对利用政府支出创造就业这一政策的政治原因。但是，即便这种反对得以克服——毕竟，这种反对很可能受到公众压力而不敢放肆——维持充分就业也将导致引发企业领导人反对的社会和政治变动。确实，在长期性充分就业状态下，"解雇"就不再成其为惩罚手段了……企业领导人更看重的是"工厂纪律"和"政治稳定"，而不是利润。他们的阶级本能告诉他们：持久性的充分就业对他们来说是一种不健全的状态，失业是"正常"的资本主义制度不可缺少的组成部分。

只有私有私营好

从卡莱茨基强调的原因中可以看出，为什么美国在 2008 年后尽管有可供国家投资计划使用的资金，权威人士也明确认识到国家投资的重要性，但国家并没有进行投资？这是因为，高投资可促成经济迅速增长和充分就业，使劳资双方的关系向着不利于资方而有利于劳方的方向转化；大规模的政府投资还会打破国家和私人部门的均衡，提高前者的重要性和影响力。正是因为这些原因，国家投资受到了基于意识形态理由的强烈反对。

而且，要推行国家投资计划，还必须对美国的现行经济结构进行重大变动，将国有成分扩大到足以在本国投资领域占主导地位的地步。确定投资规模并不需要国家控制全部甚或大部分投资，但确实需要国家拥有达到一定体量的、足以确定主要量化投资标准的经济成分。正是因为这个原因，萨默斯、沃尔夫和邓肯等人倡导的扭转美国投资下降的计划虽在理论上无懈可击，但不可能在美国 2008 年后的形势下实现，这是由美国的意识形态和经济结构决定的。

面对从前任接手的国际金融危机留下的烂摊子，奥巴马政府通过政府转移支付，如社保金、失业补助金、养老金等，利用联邦预算赤字保持私人消费，取得了良好效果。这是美国 2008 年后私人消费下降远远低于 1929 年后私人消费下降的主要原因。美国 2007 年后家庭消费下降幅度最大值仅为 2%，而大萧条时期则为 18%。美国政府政策通过这种方式在保持家庭消费方面发挥着相当重要的作用，但政府预算并未做出相应调整，因而未能在投资方面发挥堪与前者相比的作用。美国私人固定资产投资下降到危机前水平的 24% 以下。在此期间，国家投资不但并未像大萧条后恢复阶段那样逆向增长，反而不断下降，例如 2014 年的国家投资比 2007 年下降 10%。

从经济发展的角度看，美国采取的削减国家投资的政策，或许可称为"反凯恩斯"政策，具有很深的伤害性，我在第 16 章援引的分析人士就是这样认为的。美国采取该政策并不是基于其经济现实而是基于其一贯的意识形态立场，即"私有私营是好的，国家插手是坏的"。英国也曾像美国那样，在削减国家投资的同时，采取超低利率政策刺激房价上涨，马丁·沃尔夫在谈到这一政策时指出（2014 年）：

> 英国目前采取的经济恢复战略是否明智？只需回忆一下：上次，国家（指英国）试图通过信贷扩张促进经济增长，结果以巨大的金融危机而收场。难道这次采取同样的政策就能取得较好的结果？……
>
> 扩大私人借款以购买更昂贵的房屋是可以的，而扩大政府借款以建设公路或铁路则是不可以的。通过私人方式产生的信贷资金是稳健可靠的，而在政府操纵下产生的资金则是不稳妥的。这种做法并没有多大意义。

在第二次世界大战期间，以及相对次要的 20 世纪 30 年代政治危机期间，美国的战略地位岌岌可危，私人既得利益集团已经没有从中作祟的余地。极端共和党人可以攻击罗斯福总统是"共产党人"，但他为赢得战争而采取的方法是必要的；但在 2008 年后，美国面临的只是严重经济衰退而不是灾难性的战争挫败，美国尚有从容回旋的余地，因而既得利益集团还有兴风作浪的空间。

美国对国际金融危机采取的应对措施

如果说美国在 2008 年后出于意识形态的原因拒绝采取国家投资计划，那么，美国采取了什么样的对策？美国采取的对策是以培养个人的企业家精神为基础的，认为个人的企业家精神是推动经济增长的主要力量。这种方式的主要倡导者是曾担任乔治.W. 布什总统首席经济顾问的爱德华·保罗·拉齐尔，他说："企业家是现代经济中唯一最重要的角色。"[37] 奥德里特施、凯尔巴赫和莱曼在《企业家精神与经济增长》一书中指出："这种旨在促进企业家精神的政策体现了发达世界殊途同归的努力。"[38]欧洲尤为响应美国的倡导："罗马诺·普罗迪（欧盟委员会前任主席）和欧盟并不是唯一试图依靠企业家精神推动经济增长的。"[39]

正如前面我们所谈到的那样，亚当·斯密及其后继者马克思等人从劳动分工及其影响的角度对经济增长和生产率进行了分析研究，他们的结论得到了现代计量经济学的证实。而强调个人企业家精神的观察人士则给出了截然不同的解释，他们认为，与劳动分工、资本性投资和劳动力培养不同：

企业家精神基于发现和利用（创业）机会的人士的认知过程。[40]

"个人"和"认知活动"的作用，正如其拥护者所宣称的那样，是与"将公共政策专注于资本的模式"直接对立的。[41]

企业家精神方面的实际情况

这种基于"个人"和"认知活动"的企业家精神缺乏正规的量化证据，正是这一点，致使严肃的观察人士认为企业家精神并不是事实而是思想观念，这是企业家精神的拥护者们承认的事实。例如，企业家精神最强烈的支持者之一奥德里特施指出："使企业家精神运行起来以便进行实际测量是难以做到的。"[42]他承认："用以衡量创业活动的指标是很少的。"[43]任何一种观点，如不能加以量化，就必然是靠若干人为选择的例证或偶然事例支撑的，因而永远受到人们的怀疑。但在实际上，那种认为企业家精神"没有量化"证据的说法也是不正确的，这方面的量化证据还是有的，只不过是反证：我们很容易证明"个人"和"认知活动"在经济增长中并没有起重要作用，事实上它也不可能起什么重要作用。

有可能将企业家精神加以量化的理由是"个人"活动及其"认知活动"是经济增长的组成部分，且该组成部分并不是由中间产品、资本或劳动创造的，也就是说，企业家精神可作为全要素生产率增长的组成部分加以衡量，但正如我们所看到的那样，全要素生产率增长作为一个整体也只不过是经济增长中的微小部分。

即使在全球层面上，乔根森和于明姜指出（2010年）：

> 1989—1995年，生产率增长对全球经济增长的贡献率不足八分之一，而投入增长的贡献率在八分之七以上……1995—2000年，投入增长对经济增长的贡献率为五分之四以上，而2000—2004年和2004—2008年，投入增长对经济增长的贡献率接近八分之五。

如表18-1所示，于明姜发现，在整个1990—2010年期间，全要素生产率增长在全球GDP增长中所占的比重仅为18.9%，而资本和劳动所占的比重分别为51.8%和29.3%。[44]因此，即使在全球层面上，资本和劳动投入的影响也相当于全要素生产率增长的四倍以上。

但在据称是"个人"和"认知活动"即个人创业活动集中地的发达经济体，全要素生产率增长对经济增长的贡献率更小，仅为10.9%，而资本性投资和劳动投入增长的贡献率分别为56.9%和32.4%。为说明这个问题，现将第6章分析过的数据列示在表中。因此，即使将发达经济体中全要素生产率增长全部归因于上述"个人"，上述"个人"在经济增长中的重要性也仅相当于资本性投资的五分之一以下，劳动投入增长的1/3以下；更何况发达经济体中全要素生产率增长是绝对不能全部归因于上述"个人"的，这是因为在全要素生产率增长中起主导作用的是技术、生产规模、研发和其他因素，而不是上述"个人"。由此可以看出，试图依靠全要素生产率增长甚或"个人"和"认知活动"推动经济增长，就像试图依靠驱动极小的齿轮而不驱动甚或反向驱动比其大得多的齿轮来启动机器一样可笑。就推动经济增长而言，"个人"和"认知活动"即企业家精神是极小的齿轮，而资本性投资则是比其大得多的齿轮，片面强调企业家精神而不重视资本性投资是不可能促成经济增长的。即使从简单的量化理由来看，片面强调企业家精神也是显然不可能成功的。

表 18-1　1990—2010 年 GDP 增长要素

	全球	发达经济体	发展中经济体		
			全体	亚洲	非亚洲
年均增长率（%）					
资本	1.7	1.3	1.9	3.0	1.6
劳动	1.0	0.7	1.1	1.3	1.0
全要素生产率	0.6	0.2	0.9	1.2	0.6
GDP	3.3	2.3	3.6	5.5	3.2
对经济增长的贡献率（%）					
资本	52.5	56.9	51.8	55.2	50.6
劳动	29.7	32.4	29.3	22.9	31.5
全要素生产率	17.8	10.7	18.9	21.9	17.9
合计	100.0	100.0	100.0	100.0	100.0

资料来源：于明姜，2013 年，表 4-7。

经济增长诸要素的关联性

上述指标显示个人企业家精神并不是经济增长的重要因素，不仅如此，还有更详尽的研究表明，企业家精神在经济增长中的作用更微乎其微。假如"个人"和"认知活动"是经济增长的重要因素，则其重要性应体现在与发达经济体 GDP 高增长呈正相关关系的全要素生产率增长；但在现实中，尽管有充分的证据表明在发达经济体中，资本和劳动投入的高速增长是与 GDP 高速增长联系在一起的，却没有证据表明全要素生产率高速增长是与经济高速增长联系在一起的。

我对 24 个发达经济体包括所有主要经济体 1990—2010 年的数据进行了分析，情况如下文所示：[45]

• 资本增长与 GDP 增长呈明确而强烈的正相关关系，相关度约为 0.64，见图 18-1。

• 劳动投入增长与 GDP 增长呈明确而强烈的正相关关系，相关度约为 0.66，见图 18-2。

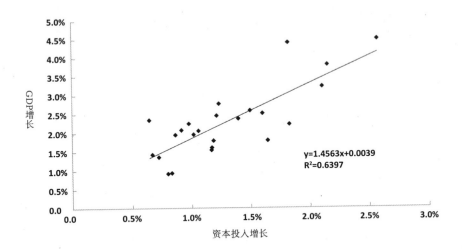

图18-1　发达经济体资本投入增长与GDP增长相关性

1990—2010年期间的年均增长率

资料来源: 作者根据于明姜提供的国别数据计算.

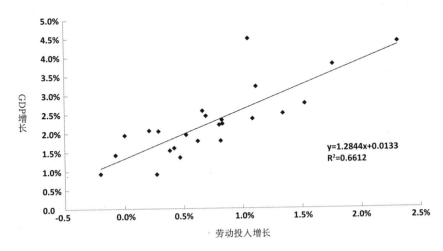

图18-2　发达经济体劳动投入增长与GDP增长相关性

1990—2010年期间的年均增长率

资料来源: 作者根据于明姜提供的国别数据计算.

● 全要素生产率增长与 GDP 增长基本上没有相关关系，相关度约为 0.01，见
图 18–3。

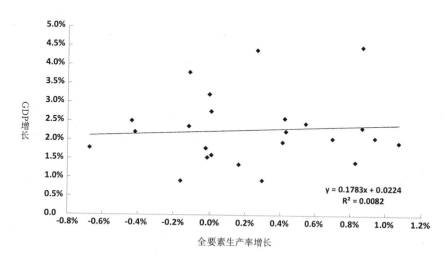

图18-3　发达经济体全要素生产率增长与GDP增长相关性
1990—2010年期间的年均增长率

资料来源：作者根据于明姜提供的国别数据计算。

在发达经济体中，全要素生产率与 GDP 增长之间没有统计意义上的相关性，
这意味着：

"个人"及其"认知活动"在不断提高的 GDP 增长中没有什么作用；

或：个人企业家精神的增长与全要素生产率增长中其他因素的负发展相互作
用，致使"个人"和"认知活动"的积极作用荡然无存，在这种情况下，个人企
业家精神当然无助于 GDP 增长，因为它已经被全要素生产率中的负面因素抵消。

既然没有证据表明个人企业家精神在发达经济体经济增长中起重要作用（或
者它根本就没有其任何作用），那么，为什么仍有一些例证表明"个人"和"认知
活动"在经济增长中发挥了一定作用？答案在于最基本的统计错误之一。任何一
种主要趋势都是就一般情况来说的，这意味着必然有可能发现远远高于或低于一

般情况的特殊事例，这两种特殊事例相互抵消后，所得的结果仍是一般情况。因此，对于一个在现实中根本没有统计学依据的理论，要想"证明"它，总会找出几则个例，这正说明了为什么关于个人企业家精神的文献往往只是罗列一些经选择的事例，即统计学意义上的个例，而全部相关系统性数据都明确表明企业家精神对经济增长并没有什么影响。

因此，只要研究一下有关事实，就必然会得出这样一个结论："个人"及其"认知活动"即个人企业家精神至多对促成经济增长产生一些微不足道的作用，更有可能的是，鉴于 GDP 与全要素生产率增长没有多少关联性，个人企业家精神在促进经济增长方面并没有什么作用。无论怎样渲染企业家精神在经济增长中的作用，与资本和劳动投入相比，这种作用是微不足道的。

西方国家的现行做法与美国为从大萧条中恢复过来而大举进行资本性投资形成了鲜明对比，这种大规模资本性投资也确实对促进美国经济增长发挥了很大作用。同样地，中国大力加强资本性投资，鼓励创新，提高劳动者素质，提高研发能力，这些措施对刺激经济增长产生了重大作用，这与西方国家试图依靠促进企业家精神来推动经济增长形成了鲜明对比，因为企业家精神对经济增长的作用微不足道甚至根本没有任何作用。西方国家专注于经济学意义上的细枝末节问题，试图以此推动经济增长，结果深陷于经济增长迟滞的泥潭中不能自拔，可以说这是一个显然的"自伤"实例。

戴尔·乔根森对上述情况给予了恰当的总结：

> 亚洲的崛起……是当代最伟大的经济成就。它创立了一种建立在全球化、人力和非人力资本的耐心积累的基础上的经济增长新模式。经济评论人士，特别是亚洲外的经济评论人士，始终不愿承认这个源于亚洲的经济增长新模式，因为这无异于承认那些在经济增长和发展文献上仍占主导地位的西方经济观的失败。

中国人的结论

经济现实决定着政治和政治影响的方向。如果说推动经济发展的最重要力量是劳动分工及其直接和间接影响，那么，最重要的社会力量就是那些体现劳动分工的社会力量。在以大规模生产为特征的现代经济体系中，这种社会力量是工人阶级。但这里所说的工人阶级不仅是西方在讽刺意义上所指的靠体力谋生的劳动者，还包括在劳动分工的基础上产生的拥有较高技能的科研人员、管理者、教育者、"大众企业家"、研发和创新人员。当然，得出这一结论的并不是亚当·斯密，而是卡尔·马克思。经济现实是中国共产党赖以确定其立场和观点的基础。

毛泽东在分析 1949 年中华人民共和国成立时中国各社会集团的关系时，以新政权奠基者的伟人气概，从最根本的意义上给出了这样一个著名定义：

> 人民是什么？在中国，在现阶段，是工人阶级，农民阶级，城市小资产阶级和民族资产阶级。这些阶级在工人阶级和共产党的领导之下，团结起来，组成自己的国家，选举自己的政府。

后来，中国在实践中修正了上述观点，以适应本国借鉴 1929 年后苏联体制而建立起的经济模式。最初属于"人民"范畴的民族资产阶级从经济上被消灭了，但这并非毛泽东的本意，毛泽东在 1949 年并没有提出消灭民族资产阶级。

但在后来直到 20 世纪 70 年代，"左"倾错误日趋严重，民族资产阶级基本上被消灭了，真正意义上的农民，即农村小生产者，在人民公社体制内受到极大限制。为纠正这一错误，中国在 1978 年后通过家庭承包责任制恢复了本来意义上的农民阶级，同时允许私有经济成分存在，从而恢复了民族资产阶级。这些政策措施纠正了"左"倾错误，但国有成分继续在经济中占主导地位的体制保留下来。国家不再用行政手段管理经济，但国家继续保持决定总体投资规模的能力。西方多数观察人士表示不想听中国说些什么，纡尊降贵地认为中国"转向资本主义"，但事实并非如此，从阶级观点而不是从严格的经济制度意义上看，中国正在转向毛泽东最初对人民的定义，这不仅体现在中国目前的主导经济成分仍然是国有经济，即体现工人阶级领导地位的社会化大生产，还体现在中国在坚持国有经济主导地位的前提下多种经济形式的并存。这并不是资本主义，恰恰是中国人所称的"有中国特色的社会主义"。

许多西方评论家对习近平一方面强调创新型经济，一方面强调毛泽东感到惊奇，这恰恰暴露了他们自诩"比中国人更了解中国"是多么傲慢无知。这些西方批评者认为他们比中国人更了解中国：中国人说"建设有中国特色的社会主义"，多数西方批评者自作聪明地认为中国人其实是想建立资本主义，只不过不好意思明说罢了。这些西方批评者认为要了解中国，重要的是阅读西方人研究中国的著作，事实并非如此，真正重要的是阅读毛泽东、邓小平和其他中国领导人的著作。在经济政策方面，如同在其他许多方面一样，中国不仅在实际表现上超过西方，而且在思想观念上也超过西方。

【注释】

〔1〕国际元是一种在特定时间与美国美元有相同购买力的计算通货单位。它与世界银行计算的购买力平价不同。

〔2〕表 13-1 中的数据表明一种大家熟知的情况，以市场汇率计算的发达经济体（如美国）GDP 高于以购买力平价计算的 GDP。

〔3〕乔根森、戈洛普与弗劳梅尼《生产率和美国经济增长》，1987 年，第 1—2 页。

〔4〕麦迪森《世界经济千年史》，1991 年，第 40 页。

〔5〕凯恩斯针对这方面的分析完全正确，他在《就业、利息与货币通论》中充分利用各种数据进行了计算。（凯恩斯《就业、利息与货币通论》，1936 年，第 386—392 页）

〔6〕需再次指出，总储蓄不仅仅是指居民储蓄，而是企业、居民和政府储蓄或负债总和。

〔7〕合计之间 0.1% 的偏差是由于四舍五入至小数点后一位所致。

〔8〕使用"大约"一词是因为不可能机械地添加链式不变价格数据。然而，在如此短暂的时间内，差异不可能极为显著。

〔9〕日本的情况与美国和欧洲不同，日本还存在净出口方面的重大负面影响。

〔10〕在美国，决定投资的是利率而不是由美联储设定的纯粹的短期利率，后者不会对投资决策产生与前者同样的显著影响。

〔11〕罗伦斯·萨默斯《美国应如何应对长期停滞？》，2014 年。

〔12〕沃尔夫《卡梅隆正将英国经济引向停滞》，2013 年。

〔13〕凯恩斯，1933 年，第 236 页。

〔14〕同上，第 237 页。

〔15〕同上，第 238 页。

〔16〕同上，第 240 页。

〔17〕应当明确的是，凯恩斯不主张采取严厉的贸易保护主义措施，而是着眼于提高自给自足程度。（凯恩斯，1933 年，第 236 页）

〔18〕1929 年是一个关键年份，因为苏联在这一年开始实施第一个五年计划，为苏联后来的经济政策奠定了基础。

〔19〕公平地说，这一事实对凯恩斯有很明显的影响。

〔20〕日本的贸易在其 GDP 中所占的份额仍然很低，但其主要企业，如丰田、索尼、日产等，都是高度面向全球市场的。

〔21〕这一论断是在 1981 年正式提出来的。

〔22〕凯恩斯，1932 年，第 40 页。

〔23〕同上，第 27 页。

〔24〕同上，第 210 页。

〔25〕同上，第 83 页。

〔26〕同上，第 28 页。

〔27〕同上，第 137 页。

〔28〕在通货膨胀率高于利息率时，甚至为负值。

〔29〕凯恩斯，1936 年，第 31 页。

〔30〕同上，第 376 页。

〔31〕同上，第 164 页

〔32〕同上，第 320 页

〔33〕同上，第 325 页。

〔34〕同上，第 144 页。

〔35〕同上，第 378 页。

〔36〕同上，第 378 页。

〔37〕拉齐尔，2002 年，第 1 页。

〔38〕奥德里特施、凯尔巴赫和莱曼，2006 年，第 48 页。

〔39〕同上，第 46 页。

〔40〕同上，第 71 页。

〔41〕同上，第 61 页。

〔42〕同上，第 118 页。

〔43〕同上，第 121 页。

〔44〕同上，第 181 页。

〔45〕这些国家是澳大利亚、奥地利、比利时、加拿大、丹麦、芬兰、法国、德国、希腊、冰岛、爱尔兰、以色列、意大利、日本、卢森堡、荷兰、新西兰、挪威、葡萄牙、西班牙、瑞典、瑞士、英国和美国。这些国家的数据由于明姜提供。

PART FOUR
第四部分

谁来引领繁荣？

19 > 当美国"领导"不了世界之时

本书序言部分就已指出，没有任何外来力量强大到足以消灭中国，阻碍中国民族复兴的唯一手段是诱导中国自杀。无论对中国还是人类来说，中国自杀都是一场灾难；幸而中国走的是与"自杀"倾向截然相反的道路。反腐败运动，外交政策如亚洲基础设施投资银行、"一带一路"等的成功，对技术和创新的高度重视以及其他种种举措和成就，都表明中国所走的并非自杀之路，而是坚定不移的民族复兴步伐。上述许多问题都是中国的国内政治问题，一个外国人不宜对此妄加评论，但这些问题的国际和经济方面及其对中国和人类的总体影响是明确的。

本书所分析的经济进程具有无可回避的影响。如中国经济继续以高于美国的速度增长，无论用什么方法衡量，中国必将在相对较短的时间内超过美国成为世界最大的经济体；另外，中国经济在质量上超过美国也只需短短几十年的时间。随着中国在经济上超过美国，中国的政治和军事实力也随之提高，中国将成为世界第一强国。上述种种因素结合在一起，构成了当今世界最重要和最令人瞩目的社会和心理性问题，即形形色色的势力试图迫使中国背离民族复兴和实现"中国梦"的轨道。这些问题正是本部分探讨的内容。鉴于中国崛起的国际背景与美国这个当今世界唯一的超级大国不可分割地联系在一起，因此，我们有必要首先分析一下美国的政治动态。

美国公众舆论的变化轨迹

本书序言部分曾简要谈到了为什么不能将中国的崛起与 20 世纪初美国取代英国成为世界超级大国简单类比。有些著作，如彼得·纳瓦罗的《即将到来的中国战争》，危言耸听地提出中国和美国存在不可避免的根本性甚或极其激烈的冲突。这种说法是错误的。中国崛起并非不可避免地导致重大战争。

核武器的存在，这是"冷战"不会演变为"热战"的根本原因。一旦中美发生重大战争，几乎不可避免地就会升级为核战争，这不符合任何一方的利益。两国人士普遍认识到这个事实，因此，中国没有任何严肃的群体支持这样一场战争，美国也没有任何有影响的新保守主义者加以支持。

还有一个重要事实，即两次世界大战的主要原因是两个强国（德国和美国）而不是一个强国试图取代英国这个日渐衰落的超级大国。20 世纪上半期可概括为"德国和美国 1914—1945 年争夺世界霸权"，这是该期间暴力冲突的主要原因。而现在并不存在这样两个正在崛起的势均力敌的对手。欧洲力量太分散，日本和俄罗斯力量太小，都不是美国的对手。在 21 世纪后半期，只有一个国家堪与美国抗衡，那就是中国。目前的情况并不是由两个国家（即德国和美国，如算上日本，则为两个半国家）相互争夺，试图取代日渐衰落的英国霸权，而是更接近两极格局。在全球关系中最具有决定性的是中美关系，比 1914—1945 年美国、德国和英国三雄并立的局面简单得多。美国是否拒绝习近平的"新型大国关系"提议尚需拭目以待，但与以往多个强国为取代日渐衰落的英帝国而相互争夺的复杂局面相比，目前的中美双边关系处理起来要简单得多。

其次，第二次世界大战结束后，美国在全球享有压倒性的经济优势地位，美国公众普遍认为美国在全球事务中可以采取单边行动，甚至支持政府在对外关系中采取危险性和侵略性手段，如战争、政变等。但随着美国经济主导地位的相对下降，美国公众舆论日益反对政府对外采取重大军事行动，除非美国核心利益受到直接威胁。现以若干重大历史事件说明美国公众舆论的变化轨迹：

- 1950—1953 年，美国公众没有大规模反对卷入朝鲜战争。

- 在 1964—1975 年越南战争中，最初，多数美国公众持支持态度，随着越南战争导致美国政治和经济问题日益严重，多数美国公众转而反对这场战争。

- 2003 年，美国侵略伊拉克，这场战争从一开始就存在争议，多数美国公众很快走上了反对伊拉克战争的道路。奥巴马击败希拉里·克林顿赢得民主党总统候选人提名的原因之一就是他反对伊拉克战争，伊拉克战争目前被视为一场非常不得人心的战争，是美国对外政策的严重失误。

- 2013 年，奥巴马总统威胁要对叙利亚发动军事进攻时，所有的民意调查都表明，多数美国公众表示反对。

中国人曾遭受无数外来侵略造成的苦难，也强烈反对战争。因此，如中美两国的公众舆论成为决定形势的主导力量，则战争和类似危险趋势几乎是肯定能够避免的。这方面的主要危险是美国历史上形成的公众舆论与那些试图决定美国对外政策的势力之间存在着严重对立，而中国就不存在这种问题，这是因为中美两国在对外政策理念方面有根本性差异。

中国和美国的对外政策理念

习近平重申，中国对外政策的原则是"坚持国家不分大小、强弱、贫富一律平等，尊重各国人民自主选择发展道路的权利"。[1] 中国对外政策的核心观点是"互惠互利"，更通俗的说法是"双赢"，其具体内容是"各国应该共同推动建立以合作共赢为核心的新型国际关系"。[2] 中国的观点并不是空洞的宣传，而是本书前文所分析的经济过程合乎逻辑的必然结果。始创于亚当·斯密的经济理论，特别是中国的马克思主义经济论，其基本观点是：劳动分工是推动经济发展的最强大力量。这意味着"一加一大于二"[3]，尽管这句话是习近平在一个与之前略有不同的背景下说的，但用在这里也完全合适。在斯密和马克思的理论中，互惠互利是完全可能做到的；因此，中国的对外政策基本立场并不是说说而已，而是深深扎根于中国的基本经济理论。

美国的外交观与此截然不同。美国的外交观有时被称为"美国例外论"，但这实际上是一种粉饰，称之为"美国优越论"倒更为贴切。最近有一份美国外交关系协会出版的题为"修改美国对华大战略"的重要研究报告，其中指出：保持美国在全球体系中的首要地位仍是美国 21 世纪大战略的核心目标。[4]

这种外交观并不认为国家之间是平等的，而是：美国在全球等级体系中处于最高地位。

美国"首要"论的核心观点是美国领导其他国家，其他国家追随美国。因此，克林顿总统的主要外交政策顾问迈克尔·曼德尔鲍姆在美国最重要的外交政策刊物《外交事务》中撰文指出（2002 年）：

> 对（美国）外交政策精英来说，保持美国在世界上的领导地位是一个根深蒂固的信念。

美国前国务卿康多莉扎·赖斯试图掩饰这一点，她声称（2012 年）："美国的超然领导地位将保卫、而不是阻碍全球进步。"但事实上，这只是一种伪饰，因为美国的核心理念仍是美国"首要"论，赖斯在谈到一个直接影响中国的问题时明确说道："美国应继续保持其在太平洋的超强军事力量。"

那些主导美国对外政策的人士面临的问题是美国公众舆论对本国的国际地位问题以及"美国首要"和"美国领导"之类观点持有截然不同的观点，而这些截然不同的观点并非仅仅体现在上文谈到的战争问题上。为直观说明这些分歧，美国一些对外政策专家（莱夫勒和勒格罗）在 2008 年国际金融危机前夕联合发表了一系列文章，这些文章有一个显著的标题"领导世界"。他们直率地承认，目前的核心问题是美国公众不希望"领导世界"，其他国家仍对此缺乏热情。芝加哥全球事务委员会组织了一项国际民意调查。这项调查表明：美国民众并不希望"美国领导"：就美国在世界上的作用结束调查的 15 组公众中，多数拒绝"作为硕果仅存的唯一超级大国，美国应继续担当解决国际问题的世界主要领导者"。[5]

关于美国的公众舆论：美国人大体赞同其他国家人士的观点：大多数认为美国不应继续担当世界主要领导者，希望其担当更具合作性的角色。他们还认为，美国充当世界警察角色超过了其应当达到的程度。

绝大多数美国人希望美国与其他国家合作：美国人……支持……美国与其他国家合作，做好自己分内的工作（75%），少数人赞同美国充当主要领导者角色（10%），另有少数人主张孤立主义（12%）。

此类观点显然是与中国的"双赢"观点合拍的，而与赖斯等人的观点格格不入。赖斯等人（2012年）认为：美国人应振奋精神，再次领导世界。

美国许多对外政策专家认为目前的严重问题是克服那种希望与其他国家合作的观点，实现美国"首要"和美国"领导"目标：尚未解决的主要问题是……怎样协调对外政策专家倾向于加强美国在世界上的领导地位和公众在这个问题上的犹豫不决。[6]

美国与中国

在对华关系方面，要说服公众强化"美国领导"而不是合作互利的外交观，就要在公众心目中制造"中国威胁"论，这体现在某些出版物令人毛骨悚然的主题上，如《即将到来的中国战争：在什么地方打响，怎样赢得胜利》（纳瓦罗，2007年）、《争夺霸权：中美东亚控制权之争》（弗莱德伯格，2011年）。民意调查显示，拥护这种对抗方式的人士在全体美国人中只是少数，他们所持的对抗观通常被称为"新保守主义"。这股新保守主义潮流虽说在公众中影响不大，但在美国对外政策的制定部门有相当大的势力。前国务卿康多莉扎·赖斯所代表的并不是一种边缘化的声音，赞同其观点的大有人在。《修改美国对华战略》的作者之一罗伯特·D.布莱克威尔曾是总统乔治·W.布什的欧洲和苏联事务特别助理和美国驻印度大使。2012年奥巴马的竞争对手共和党人米特·罗姆尼曾向选民承诺，如其当选为总统，他在就职的第一天就会将中国视为"货币操纵国"加以打压。民主党重要人物希拉里·克林顿以国务卿之尊亲自参与制订意在对抗中国的"亚洲轴心"方案。供职于英国《金融时报》的杰夫·戴尔在其《世纪之争:与中国竞争的新时代》一书中,以大量事实证明了上述对抗思潮在美国外交和军事部门的盛行情况:

前国防部长鲍勃·盖茨在职时常说太平洋"事实上自第二次世界大战结束以来始终就是美国海军游弋的湖泊"。[7]

此外还有:

当被问及军事目的时,美国官员就会说威慑是他们的首要目的,他们还会滔滔不绝地说起许多事情,无非是炫耀其仍在雄心勃勃地试图最大程度地发挥其作用,极力保持其不容置疑的霸权地位。美国海军上将乔纳森·格林纳特 2011 年就任海军领导人后颁布了一系列"海军训令",规定了海军的使命,并宣称"我们是海洋的主人"。我向美国某高级官员询问"空海一体战"的目标时,他有点不自然地说:"这是我们在谈论可用哪些方式发挥我们的绝对优势时涉及的问题……"

无怪乎美国军事官员有时将中国称为"伏地魔"。[8]

甚至一些主张在对外政策中实行不对抗路线的人士,也不是出于战略框架考虑,只不过是他们认为一味对抗造成了一系列政策错误。理查德·哈斯是声望卓著的美国外交关系协会主席,也是风靡一时的《外交政策始于国内》一书的作者,他曾不无遗憾地指出:

对外政策……对美国在世界上的地位下降难辞其咎。2003 年发动的伊拉克战争就是一个明证……人们曾期望这场冲突以相对迅速和相对利

257

索的方式收场，从而向世人证明经历了"9·11事件"后的美国又重新站起来了，同时期望经历剧变后的伊拉克能促进中东地区的民主革命。诸如此类的观点当时相当盛行，但后来的事实证明这些看法全部是错误的。

哈斯断言：

> 这是一次昂贵的教训。伊拉克战争是一个代价惨重的选择，我们在人力、军事、经济和外交方面损失惨重。4400多名军人为此献出了生命，另有30000人伤残，直接经济损失高达1万亿美元，如将这些伤亡者的长期医疗费用和他们在和平环境下本应创造的经济效益考虑进去，损失就更大了。[9]

其他国家也不甘屈服于美国

上述观点体现了美国对外政策专业人士的立场，遗憾的是，这股对抗性潮流在美国政界也颇有市场。美国政界人士大概没有意识到"美国是世界上最伟大的国家"甚或"美国人是地球史上最伟大的民族"之类的论调（伊格莱西亚斯，2011年）隐含的逻辑。[10]这类论调实质上是在贬斥包括中国在内的其他国家：既然美国是"最伟大"的国家，其他国家当然就是差劲的了。与这种公然贬斥其他国家形成鲜明对比的是中国坚持"双赢"观，2008年北京奥运会口号"同一个世界，同一个梦想！"就是这种"双赢"观的恰当体现。美国人的上述观念与"所有国家一律平等"原则是根本不相容的。宣称美国优于其他国家的论调必然会招致其他国家反对，因此这种论调是危险的，不可避免地造成国际局势紧张。正是在这种论调的基础上，产生了美国"新保守主义"宣扬的话语体系。

当然，在美国也有人公开反对这种对抗性方式。在越南战争和伊拉克战争期间就曾爆发大规模的反战运动；最近（2015年），《福布斯》杂志刊载了斯蒂芬·哈纳等专栏作家的一系列批评性文章。哈纳将其批评对象斥之为"看似不可阻挡的（奥巴马）官僚政府好战的政治／军事力量势头'转向亚洲'（或'亚洲再平衡'）战略"。

哈纳对美国对外政策"领导地位"观念中与中国有关的主要趋势给予了准确评估（2014年）：

美国的"领导地位"——其实是依靠部署在全球的超强军事力量建立起来的霸权——无论目前还是将来都是稳定国际秩序特别是亚洲国际秩序的前提和基础……

这种"轴心"政策其实是美国在冷战时期实行的"遏制"政策的翻版，只不过这次瞄准的对象是中国。该政策刺激了军备竞赛，加强了以美国为首的、对中国威胁日益严重的政治军事同盟；在美国的卵翼下，菲律宾和越南也像日本一样，频频反对和挑战中国，并拒绝通过谈判方式解决它们与中国的争议。对于美国人宣称的稳定国际秩序，这无疑是一个绝妙的讽刺。

《纽约时报》也极力迎合美国外交部门，为奥巴马的对外政策摇旗呐喊，大量炮制"中国威胁"论，这是有偏见的、不公正的、不真实的、并且最终对美国有害的做法。

要说美国新保守主义始终控制着美国对外政策，那也是不准确的，至少自美国在伊拉克战争中遭受重大挫败和乔治·W.布什执政结束后就不是这样。但不管怎么说，美国外交部门有相当大的势力不是致力于国际"双赢"，而是处心积虑地强化美国的所谓"领导地位"，这是全球局势紧张的根源之一。这种"领导地位"

观显然是美国最近推行的"亚洲轴心"政策的重要理论依据。在美国内部，由于对美国在世界上的地位和作用有不同的理解，那些主张与中国建立合作友好关系的人士与对中国采取对抗态度的人士发生了严重争吵，使本来就很热闹的美国政坛变得更加热闹。

对于这种对外政策之争，人们几乎无一例外地认为中国的对外政策必将胜出。我这样说，并不是幼稚地认为中国自始至终毫无例外地践行了其公开宣称的理念；即使在中国，也只有少数很不严肃的人士才这样认为。中国人与其他任何国家的人并没有什么不同：他们很有智慧，也办过不少蠢事；他们富有理性，也有许多不理性的时刻；他们能够做出客观冷静的判断，有时也会做出过分夸张的反应；他们能够做出明智的、高瞻远瞩的决策，也犯过一些错误。任何明智的中国人都会承认这一点，许多人也确实承认了这一点。因此，中国自身的公民和其他国家及其人民如发现中国违反了其公开宣称的理念，完全有权要求中国做出解释。

但中国提出了明确的国际关系基本原则，即国与国之间平等互利的"双赢"观；本着该原则，任何错误或不符合该原则的行为都可以指出来。其他国家必然要求中国以符合该原则的方式行事。而美国就不同了：从总统到各级官员，他们提出的观点从理论上就是不可接受的，因为他们将这个世界划分为"优异／最伟大"的国家和差劲的国家，而"优异／最伟大"的国家只有一个，那就是他们自己。绝不会有人希望美国践行其观点，因为他们的观点不仅在实践中甚至在理论上也是不可接受的，人们迫切要求美国认识到这种观点的危险并放弃这种观点。任何国家都不会接受美国这种蔑视他国的观点，希望实现"双赢"，这与中国的观点是一致的。随着时间的推移，这种外交理念的差异必将为中国赢得越来越多的支持。客观地说，更符合人类利益的是中国的外交理念，而不是"美国首要"或"美国至尊"论。

经济竞争

关于美国新保守主义主张采用的方法，上文早已指出，当今美国没有任何有影响的新保守主义势力主张与中国发生直接军事冲突，原因如前所示。但令人遗憾的是，大国之间各种小规模的"代理人冲突"事实上是不可避免的，并且确实发生了；而大国之间的直接关系则是和平的，尽管这种和平关系的保持有可能仅是出于纯粹的自我利益考虑。既然对中国持对抗态度的美国新保守主义势力不会选择直接的军事冲突，那么经济因素就必然成为其遏制中国的决定性手段。在经济方面，如果不是致力于互利"共赢"，而是着眼于美国的"首要"地位，这就必然意味着保持美国在全球中经济主导地位——只有这样才能保障美国的军事霸权。美国新保守主义势力目前面临的关键问题是怎样在相对短暂的时间内阻止中国超越美国成为世界上最强大的经济体，因为按照目前的发展速度，中国只需二三十年就会赶上美国。从这个角度看，对美国新保守主义派来说，经济和地缘政治考虑是不可分割地紧密联系在一起的。因此，有必要对这些问题进行明确的分析。

加快美国发展抑或阻滞中国发展？

要保持美国的领导地位并使其有政治说服力，就必须确保美国经济以尽可能快的速度持续发展。美国新保守主义者绝不会抱怨或阻挠任何旨在加快经济发展从而保持美国在世界经济中主导地位的计划。如美国采取这种方式，则既能提高本国居民的生活水准，也不妨碍其他国家实现繁荣，这当然是再好不过的事情了；但正如第 18 章所分析的那样，美国经济发展速度已没有大幅度提高的可能性，《修订美国对华大战略》也指出："除了保持强劲的经济增长，再没有更好的方法促进美国的战略未来和对华大战略了"。[11]人们尽可以呼吁"重振美国经济，赋予美国相对于其他国家的超强经济优势"。[12]美国经济数十年来一直发展缓慢，其投资规模太小，以至限制了经济的快速发展；而且美国仍旧坚持基于"个人"及其"认知活动"的过时经济理念（即个人企业家精神），这是难以促进经济快速发展的，因为这不符合经济现实。因此，美国经济只能长期陷入增长迟缓的泥潭；既然不能大幅度提高美国经济增长速度，那么对于那些以"零和游戏"心态考虑问题的人士，如美国新保守主义者，防止中国经济超过美国的唯一办法就是阻滞中国的发展。

正是在这方面，他们才有说得过去的反对理由，也正是在这方面，他们的行为会造成严重的全球紧张局势。中国有 13 亿人口，占人类总人口的近五分之一。尽管中国经济有了长足的发展，但中国的人均收入仍远远低于美国，还有将近 1 亿人口仍生活在贫困中。在道义上，每个中国公民都有权享有至少不低于美国的生活水准，因此，任何试图阻止中国首先成为世界上最大、继而成为世界上最强的经济体在道义上都是站不住脚的。

真正负责任的美国政治家，即试图为美国的未来发展奠定根基的人士，一定会向美国人民说明事实真相。美国拥有 3.2 亿人口，中国拥有 13 亿人口，中国人民希望拥有美国人民所拥有的一切——尽可能高的生活水准，安全、安定的生活环境，保持自身文化传统，同时吸收世界上一切有价值的东西。只要简单地计算一下就可以知道，中国要实现上述目标，就必须将其经济总量扩大到美国的四倍以上；基于同样的理由，印度也必须将其经济总量扩大到美国的若干倍。但美国人民不必为此惊慌，即便到那时，美国也仍是非常强大的国家，完全能够确保其国民的幸福生活，并确保他们选择自己的生活方式。美国人口居世界第三位，即使在未来，也仍然拥有非常强大的经济力量，其军队完全有能力威慑任何进攻美国的企图。

与全人类的利益一样，美国人民的利益是无法靠试图保持"美国首要"地位实现的，因为这是根本不可能的，也是极端危险的，只能导致国际局势动荡不安；要实现美国人民的利益，就必须与中国保持最友好的关系。美国应该尊重对外政策民意调查中显示的多数美国人的意愿，在国际关系中与其他国家一道，各自做好自己分内的事情，切忌视其他国家为仆从，试图担当"主导"角色或实行"孤立主义"。

一些美国人清楚地意识到了这个基本事实。正如彼得·哈里斯 2015 年在美国《国家利益》杂志发表的《美国人没有为中国做好准备》一文中指出的：

上一次世界支配权的转移发生在 19 世纪末、20 世纪初，当时新崛起的美国超越了大英帝国。但……伦敦的官员强烈意识到至少从 19 世纪 90 年代开始，美国实力开始相对增强。最初，英国不仅默许美国的崛起，而且还在某些领域积极促进美国的崛起。这种绥靖政策在伦敦的几次外交行动中很明显——例如，英国尊重美国在 1895 年的委内瑞拉争端，而且在三年后的美国和西班牙战争期间为美国提供外交支持。

几年后，在《海－庞斯福特条约》谈判中，英国政府同意将拟开凿的巴拿马运河控制权交予美国，费尽力气确保即使在美国领导的巴拿马地峡当局管辖下，现有的国际法也足以保护英国商船在该地航行的权益。随着美国的工业和出口已开始超越英国，站在本国立场上赞同自由贸易而不是英帝国特惠制的政界人士也不乏其人，尽管也有人认为为保护英国利益，有必要采取贸易保护主义。

在美国崛起的大背景下，英国政府采取这些旨在妥善应对国内舆论举措是为了与美国保持真诚友好的关系，是所谓"大和解"的一部分。

哈里斯恰当地将上述政策与美国重要势力集团目前倡导的政策做了一番比较：

而且更糟的是，就中国崛起问题向公众灌输的都是对中国的敌意。政客、经济界人士、媒体机构和普通公众均害怕中国的崛起，他们将其与美国海外实力的削弱和国内生活标准的恶化联系在一起。政客和意见领袖，无论立场是左是右，都在拿"中国威胁"做文章，认为中国崛起威胁到美国的国家安全和经济，但很少有人提出改善与中国关系的意见。总之，美国本应改善国内政治氛围，悦纳中国和平崛起，将中国作为真正的大国看待，但令人遗憾的是，美国在这方面几乎无所作为……

美国对外政策的失败，可能在某种程度上是由于美国公众和政界仍将美国在全球的优势地位视为理所当然的事情……

这是美国战略策划亟待填补的空白。可以毫不夸张地说,世界和平
和美国的国家安全或许都系于此了。

哈里斯断言:

美国领导人未能让公众对中国崛起做好准备。历史表明,他们应该
明智地做到这一点。

令人高兴的是,尽管美国人对中国崛起存在着一些误解,但这已经是他们在
社会／心理变化方面的最终结果,情况再也不会进一步恶化了;但令人遗憾的是,
美国新保守主义者转向另一种传统,即美国在不能加快自身经济发展的情形下,
千方百计阻挠别国的发展。

美国怎样阻滞别国的经济发展

为了解美国为阻滞竞争对手的经济发展并取得成功而采用的方法,有必要首
先了解一下美国在第二次世界大战后所面临的经济形势。美国在 1914 年前超越了
当时的全球超级经济大国——英国,这得益于美国大规模的固定资产投资。除大
萧条时期外,美国的经济发展速度也超过了试图取代英国的另一个强国——德国。
只是在 1929 年以后,苏联才后来居上,其经济发展速度超过美国很多,但第二次
世界大战结束后,苏联只能从战争造成的破坏中恢复经济,还谈不上发展。

然而到了 20 世纪 50 年代初期,美国发现自身处于新的国际经济形势之下。
主要的资本主义经济体在固定资产投资方面首次超过美国,首先是西德,其次是
日本,它们的经济增长速度也开始远超美国。到 1955 年,西德的固定资产投资占
本国 GDP 的 23.4% ;而美国仅为 20.5% ;到 1965 年,西德的固定资产投资已达

到本国 GDP 的 26.1%; 同年, 日本的固定资产投资达到本国 GDP 的 31.7% ; 而美国仅为 20.1%。[13] 到 1955 年, 西德的经济年均增长率已达到 9.5%, 而美国仅为 4.5% ; 到 1965 年, 日本的经济年均增长率已达到 9.4%, 而美国仅为 5.0%。[14] 这是历史上美国首次被实行市场经济的竞争对手超过。

其他经济体超过美国导致的后果是美国国际收支出现逆差, 对其唯一重要的非美元外汇储备黄金持有量造成重大流失。第二次世界大战后布雷顿森林体系确立了以美元为中心的国际货币体系, 规定外国中央银行可按每盎司 35 美元的价格从美国购买黄金。因美国竞争力下降导致的美元汇率下行压力, 致使外国中央银行竞相从美国购买黄金。从 1950 年到 1971 年, 美国的黄金储备下降了一半以上, 从 20000 吨下降到 9000 吨。德国购得 3600 吨, 法国 2500 吨, 意大利 2300 吨。[15]

美国采用其屡试不爽的手段解除了竞争威胁, 这种手段不是加快自身的经济增长, 而是综合利用政治和经济手段极力阻滞其竞争对手的经济增长。美国是德国和日本的军事保护者, 因此对其经济政策有强大影响力。20 世纪 60 年代末, 美国与西德达成协议, 重新确定了西德马克的价值, 并规定西德不得再以其持有的美元购买黄金。美国为实现该目标而对西德的威胁以及美国对西德的军事保护对双方关系的影响在 1967 年 3 月的《布莱辛信件》中暴露无遗。该函是西德中央银行行长写给美联储主席的, 他在该函中明确指出:

偶然有些担忧……这种……美军在德国驻扎发生的支出 [有可能] 导致美国黄金损失……

您当然会注意到德国联邦银行最近几年没有将……美元……转换为黄金……

您可以放心, 德国联邦银行将继续执行这一政策。[16]

美国发现上述手段还不足以解决问题，遂于 1971 年 8 月对其竞争对手（特别是西德和日本）采取单方面措施。巴里·艾肯格林是美国一流的国际货币体系专家，他直率地概括道：

> 8 月 13 日，时值周末，尼克松政府关闭了黄金兑换窗口，终止了允许外国官方以其持有的美元按每盎司 35 美元或其他价格从美国购买黄金的承诺；同时美国对进口货物征收 10% 的附加费，以迫使其他国家重新确定其货币价值，从而避免了美元贬值的窘境。美国在采取这些措施时并没有与国际货币基金组织商议，只是作为既成事实通知了该基金组织的诸位执行董事。

采取上述单方面措施后，美国财政部长康纳利通知其他国家：只有提高本国货币对美元的汇率，美国才可对他们取消上述 10% 的关税。美国通过这种方式削弱了其他国家相对于美国的竞争力。1971 年 9 月底，美国以类似方式单方面通知由当时 10 个最富裕国家组成的 10 国集团：美国需要改善其贸易平衡，从亏损 50 亿美元提高到盈余 80 亿美元，共需 130 亿美元。该通知为最后决定，没有任何商量余地。[17] 在美国的压力下，1971 年 12 月，各国签署了《史密森协定》，将包括西德马克和日元在内的其他主要交易货币相对于美元的汇率提高了 11%—17%，但美国没有恢复美元可兑换为黄金的做法。

上述措施旨在迫使其他国家重新确定本国货币对美元的汇率，日元受到的压力尤为严重，但这些措施并没有加速美国的经济增长。美国长期以来的经济衰退仍在继续。但如图 19-1 所示，上述措施非常成功地阻滞了西德和日本的经济增长，实现这一目的的具体机制将在第 21 章予以探讨。到 20 世纪 70 年代中期，西德和日本经济增长速度下降到再也不能快于美国的程度。美国内部那些主张采取对抗方式的人士正是从这一事例中发现，通过阻滞别国经济增长，而不是加快本国经济增长，也能保持美国的竞争优势。这种手段是可以重复使用的。于是美国新保守主义在无法加快美国经济增长的情形下，决定用这种手段阻滞中国经济的增长。

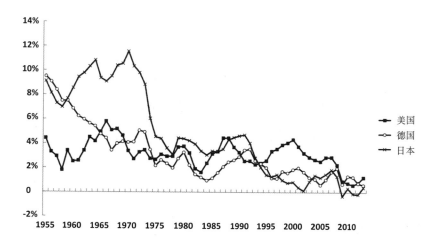

图19-1　GDP年均增长率变动情况
5年移动平均值

资料来源: 根据世界大型企业研究会《全球经济数据库》提供的数据计算。

鉴于美国新保守派的目标，现依照对经济增长的可量化重要性从高到低的次序，对可用来阻滞中国经济增长的主要手段进行分析，它们分别是:

- 削弱中国得益于劳动分工包括国际劳动分工的能力。

- 减少中国的固定资产投资规模。

- 减少中国的劳动力供给。

- 降低中国的全要素生产率增长率。

很明显，外界力量对上述过程的影响程度有显著差异。没有任何值得考虑的外界力量可影响中国的出生率和劳动年龄人口，也不会显著影响中国对劳动力的教育能力。因此，外界力量对中国劳动力供给的影响是微不足道的。其他可用来阻滞中国经济发展速度的手段将在以后几章加以分析。

20 > "特惠贸易同盟"：不跟中国玩儿？

试图限制中国的贸易扩张

现在分析美国用来阻滞其他国家经济发展的手段。大家都知道，劳动分工是推动经济增长的最强大力量，因此，阻滞中国经济增长最有效的方法是限制其参与劳动分工。国内劳动分工和国际劳动分工的制约因素各不相同。直接改变中国经济的内部结构，从而影响中国的国内劳动分工，是美国无法做到的，只有当中国的经济政策发生重大失误时，才会发生这种情况。而国际贸易不是中国单方面所能控制的，因此，那些主张对中国采取对抗性方式的人士可在这方面有些"作为"。旨在阻滞中国经济发展的贸易压力适用方式遵从本书分析的主要经济力量。

在高科技领域，美国已经采取了限制中国从美国进口的政策，这确实在某些方面妨碍了中国的经济增长。那些主张对中国采取对抗方式的人士试图加强这方面的手段。例如，布莱克威尔和泰利斯所著、美国外交关系协会发表的《修改美国对华大战略》呼吁"对向中国出口实行严格的技术控制制度"。

但在作为整体的国际贸易领域，美国的政策受到一定制约，并不能为所欲为，这是因为美国不可能实行全面的国家贸易保护主义政策而不对美国自身造成灾难性后果，其原因已在第5章做出分析。为对中国进行全面制约，美国目前正积极建立针对中国、限制中国经济增长的贸易联盟体系，这是美国新保守主义倡导并被奥巴马政府采纳的政策。这一政策在亚太地区体现为《跨太平洋伙伴关系协议》，在欧洲和大西洋一带则体现为《跨大西洋贸易与投资伙伴关系协议》。

上述国际贸易与投资举措的内在逻辑是明确的。一方面，美国明确承认，如果像 1929 年后那样在全国范围内实行贸易保护主义政策必将造成灾难性后果，美国经济也不能幸免；另一方面，美国已在公开竞争的世界经济舞台输给了中国。在这种情况下，试图限制中国以阻滞其经济增长的方法就是组建以美国为首的大规模贸易同盟，以取代真正多边性的全球经济体系。这种大规模贸易同盟是受美国操纵、为实现美国的目标服务的，这正是美国组建《跨太平洋伙伴关系协议》集团和《跨大西洋贸易与投资伙伴关系协议》集团的目的。因此，美国现行政策追求的目标不再是其自 1945 年到世贸组织成立期间积极支持的多边开放型世界经济体系，而是组建一系列由美国主导并将中国排除在外的特惠贸易同盟。英国《金融时报》的菲利普·斯蒂芬斯对美国做了这样的概括（2013 年）：

> 中国是开放的全球经济的大赢家。美国在问，它为什么要进一步扩大那些加强对手实力的安排。
>
> 梳理这些线条，就能看出它们传递的信号：西方已经放弃界定战后时期的大多边主义。更引人注目的是，每一项拟议中的新协定都把中国撇在一边。将世界第二大经济体排除在外显然不是巧合。

《修正美国对华大战略》直接指出，美国应"在亚洲建立将中国排斥在外的新的贸易协定"。

同时寻求"通过有意识地将中国排除在外的手段，在美国的朋友和盟友间建立新的特惠贸易协定"。

美国的贸易结盟并不是为了建立"双赢"关系，只不过是美国遏制中国的工具。

世界贸易现实

不过，美国推行上述新型贸易政策面临着相当大的困难。首先，美国不敢冒严重分化国际贸易体系的风险，因此美国施用贸易保护主义措施的范围必然是有限的；其次，美国经济并不是一个强劲的、不断扩大的进口市场。

为说明世界贸易的实际趋势，图 20-1 显示了世界经济体系主要区域从国际金融危机前的峰值时期到 2014 年底的进口变动情况，采用三个月移动平均值以消除纯粹短期性波动影响。该期间全世界进口增长 15.3%，但：

- 美国进口比危机前峰值增长 10.0%。

- 日本进口增长（以危机前峰值为参照，下同）5.6%。

- 欧元区进口下降 7.8%。

- 发达经济体总进口下降 0.3%。

与其形成鲜明对比的是：

- 东欧进口增长 12.7%。

- 非洲和中东地区进口增长 24.6%。

- 拉美地区进口增长 38.5%。

- 亚洲发展中经济体（包括中国这个最大的发展中经济体）进口增长 40.1%。

- 所有发展中经济体总进口增长 32.9%。

从上述数据可以看出，任何将自身绑定于以美国为首的贸易同盟，因而在与包括中国在内的其他经济体贸易关系中处于不利地位的国家，或主要与发达经济体绑定在一起，而将发展中经济体排除在外的国家，所追随的贸易集团核心成员都是世界贸易中相对迟滞的区域。尽管有些经济体在美国的政治压力下加入了以其为首的贸易同盟，但大多数经济体是不愿以丧失中国这个重要的贸易伙伴为代价，而与美国这种相对迟滞的贸易伙伴结盟的。

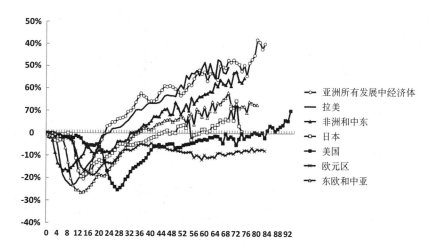

图20-1　进口总值
以危机前峰值为参照的变动率，按3个月平均移动值计算

资料来源：根据荷兰经济政策分析局提供的数据计算。

贸易中的政治因素

上述国际贸易现实是与有关国家的国内政治因素相互联系在一起的。鉴于全球工业品关税已经降到较低的程度，美国组建贸易同盟的目标必然是在那些美国经济表现特别强势，但国际关税和其他壁垒仍然较高的领域获得优势，其中两个最重要的领域是农业和服务业，但许多国家将其视为高度敏感领域。例如，日本农村地区是自民党的主要选民基地，这是日本农业领域贸易保护主义盛行的主要原因。而在欧洲，共同农业政策是欧盟最重要、贸易保护主义色彩最强烈的政策之一。在服务业方面，法国在与美国的贸易谈判中，已成功地将文化产业排除。

美国国内力量，尤其是民主党，强烈反对在制造业和发展中经济体拥有竞争优势的其他行业承诺进一步的贸易减让，致使美国难以有效帮助其他国家妥善应对因本国农业和服务业进一步向美国开放而造成的国内政治问题。因此，如果没有除美国政治压力以外的其他因素，美国也有可能在"跨太平洋伙伴关系"和"跨大西洋贸易与投资伙伴关系"方面取得一些进展，但其产生的总体经济影响不可能是决定性的。

试图限制中国企业

美国在贸易保护主义方面采取的另一个举措，其目的并非扰乱国际劳动分工，而是试图限制中国某些重点企业的发展。美国攻击中国的电信设备制造商华为和中兴通讯就是这方面的典型例证。鉴于在现代世界，很难以经济理由推行贸易保护主义，因此，贸易保护主义往往是在"国家安全"的名义下推行的。显然，这种理由是站不住脚的。与所有国家的情报机构一样，美国情报机构负责检查电信设备，如果他们确实掌握了不利于华为或中兴通讯的证据，就会将其公布出来，以破坏它们的商业信誉；但并没有这方面的证据公布出来，这就明确说明美国情报机构确实没有这方面的证据。事实上，有证据表明华为在 2014 年成为美国国家安全局间谍计划的打击对象，他们在采取了这种手段的情形下，仍没有发现不利于这家中国公司的证据。

对个别中国企业的限制在美国境内是可以奏效的，因为美国政府控制着形势，在其少数铁杆盟国也可以取得一时之效。但美国政策面对的决定性问题是，在电信等行业，中国设备性价比确实比其竞争对手优越。也就是说，在性能相同的前提下，中国设备的价格低于其竞争对手。这正是中国的核心竞争优势，也是华为和中兴通讯迅速发展的主要原因。任何国家，如决定不使用华为或中兴通讯的设备，势必在这方面产生更高的开支。举例来说，美国试图阻止印度电信企业使用华为设备的努力最终失败，因为这一举措致使印度电信运营商的成本大幅度增加。即使美国的亲密盟友英国也拒绝追随美国抵制华为设备，英国首相卡梅伦积极鼓励该公司在英国投资。美国的另一个亲密盟友新西兰也拒绝将华为赶出本国电信市场。美国试图抵制中国企业的举措在美国境外收效甚微，至多在其少数亲密盟友那里取得一点有限的效果，华为成长为世界第二大电信设备供应商的经历就证明了这一点。美国采取的这些手段虽能在一定程度上阻碍某些中国企业在海外的发展，但不可能阻止中国的经济发展或中国重点企业的崛起。

总之，奥巴马政府或美国新保守主义采取或倡导的旨在通过限制中国参与国际劳动分工以阻滞中国经济增长的政策措施不可能取得很大的效果，中国的"开放"政策成功地实现了中国与其他国家的"双赢"。要试图阻滞中国的经济发展，就必须在其他领域寻找更有效的工具。

21

> **那些曾被"骗自杀"的国家**

美国不可能从根本上扰乱国际劳动分工，因为这也会对其本国经济造成破坏性后果，类似的限制性手段也不足以确保其他经济体削减投资规模，从而消除它们相对于美国的优势。因此，诱导他国经济自杀就长期性地成为美国阻滞其他经济体发展的最重要的政策手段。

迫使西德和日本削减其投资规模

20 世纪初，美国的投资程度在全世界主要经济体中是最高的，但第二次世界大战后，投资程度远高于美国的市场经济体开始出现，最初是西德和日本，后来又出现了众多国家。鉴于这些国家当中，投资在其经济总量中所占的比重都超过美国，因而其经济增长速度也高于美国。在这种情况下，要保持超过竞争对手的经济增长率，进而保持其在经济领域的主导地位，美国的政策只能在以下两个选项中选择一个：

• 提高美国自身的固定资产投资水平。这就要求对美国的经济结构进行重组，并进行必要的社会和政治变革，但正如第 18 章所示，美国并没有进行这样的重组和变革。

• 迫使其他经济体将其投资程度降低到美国水平。

由于美国的投资程度和经济增长速度并没有提高，因此，迫使其竞争对手降低投资程度就成为美国阻滞他国经济增长和保持自身主导地位的必要手段。

正如前文所述,在美国的强迫性措施下,这些经济体的固定资产投资水平从巅峰急剧下降。具体来说,西德 1964 年的固定资产投资相当于本国 GDP 的 26.6%,日本 1970 年的固定资产投资相当于本国 GDP 的 35.5%,后来均降低到相当于美国固定投资在本国 GDP 中所占的比重,即 20% 左右,详见图 21-1。鉴于固定资产投资在经济增长中所起的关键作用,西德和日本固定资产投资在本国 GDP 中所占的比重急剧下降,不可避免地导致了它们的经济增长速度急剧下降。由此可以看出,美国竞争地位的恢复并不是因为本国经济增长加快,而是因为其他国家经济增长变慢;经济增长率的下降最初发生在西德和日本,后来又发生在"亚洲四小龙"经济体。因此,迫使竞争对手降低固定资产投资程度已成为美国保持其主导地位的主要手段。

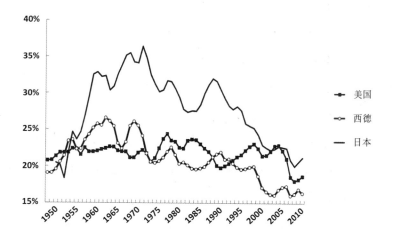

图21-1　美国、西德、日本固定资产投资在本国GDP中所占的比重

资料来源: 根据英国《经济学人》发布的《百年经济统计数据》、经合组织《季度国民账户手册》、世界银行《世界发展指标》以及美国经济分析局NIPA统计表1.5.5中数据计算。

1997 年亚洲金融危机

美国于 20 世纪 60 年代和 70 年代挫败了西德和日本的竞争后，20 世纪 80 年代又面临着来自"亚洲四小龙"和东亚其他发展中经济体的竞争，这些经济体的固定资产投资程度和经济增长速度均高于美国，但它们规模较小，对美国的竞争威胁远远低于西德和日本。尽管如此，从这些经济体的兴衰中也可以看出美国阻滞其竞争对手经济增长所采用的手段，进而看出美国保守主义反对中国所采取的手段。

"亚洲四小龙"的固定资产投资程度均高于西德和日本，如，新加坡的固定资产投资在本国 GDP 中的比重于 1984 年达到 46.2%，韩国于 1991 年达到 38.9%，这分别是其达到的最高水平；高度的固定资产投资促成了经济的高速增长，新加坡 1984 年的年均经济增长率为 8.5%，韩国 1991 年的年均经济增长率为 9.7%。

但是，东亚一些主要发展中经济体在国内储蓄方面的宏观经济基础不够强大，不足以支撑如此高度的固定资产投资。到 1997 年，泰国和韩国的国内储蓄仍不能为其固定资产投资提供足够的资金，它们只得从境外筹集固定资产投资所需的资金，甚至包括短期银行贷款。1996 年，全年共有 1100 亿美元流入亚洲，主要是银行间同业拆借贷款，而不是股权投资或其他形式的外商直接投资。[18]

为方便境外短期资本流入，东亚一些发展中经济体在有关方面诱导下放开了其国际资本账户，这意味着取消境外资本控制措施；而对境外资本控制措施的取消致使东亚发展中经济体在 1997 年发生大量资金外流，造成了当年灾难性的亚洲金融危机。正如诺贝尔奖获得者、世界银行前首席经济学家约瑟夫·斯蒂格利茨所言：急剧的金融和资本市场自由化很可能是这场危机的主要原因。[19]

美国 1971 年前后处心积虑的单边行动直接阻滞了西德和日本的经济发展，但人们对美国是否故意加速了 1997 年亚洲金融危机的到来，以阻滞"亚洲四小龙"经济发展有不同的看法。但有一点是明确的，那就是：一旦发生危机，美国一定会支持导致危机恶化的政策，反对旨在减轻危机的举措，特别是，美国强烈反对日本关于建立亚洲货币基金组织，以提供应对这场危机所需资金的提议。

就目前而言，没有必要判断美国政府在这场亚洲金融危机中所采取政策的主观意图，但一定要认识到，亚洲发展中经济体在这场危机中的境遇与西德和日本曾经经历的境遇并没有什么不同。经历这场危机后，遭受重创的亚洲诸经济体固定资产投资急剧下降并长期处于较低水平，其经济增长速度也大为下降。请看下列准确数据：

• 如图 21-2 所示，在 1990—2013 年期间，韩国固定资产投资在本国 GDP 中所占的比重从 34.6% 下降到 29.7%，马来西亚固定资产投资在本国 GDP 中所占的比重从 42.5% 下降到 26.9%，泰国固定资产投资在本国 GDP 中所占的比重从 41.1% 下降到 27.7%，新加坡固定资产投资在本国 GDP 中所占的比重从 37.9% 下降到 25.9%。

• 图 21-3 显示，在固定资产投资下降的影响下，从 1990 年到 2013 年，韩国的 GDP 年均增长率从 7.4% 下降到 3.2%，新加坡 GDP 年均增长率从 8.8% 下降到 5.3%，泰国 GDP 年均增长率从 8.1% 下降到 2.9%，马来西亚 GDP 年均增长率从 9.6% 下降到 4.2%。以上数值均为五年移动平均值。

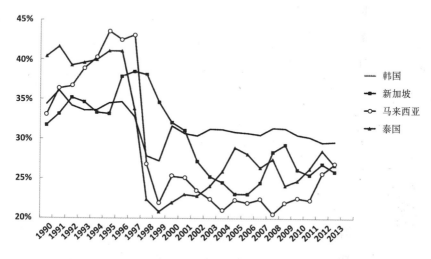

图21-2　东亚诸经济体固定资产投资在本国GDP中所占比重

资料来源：世界银行《世界发展指标》。

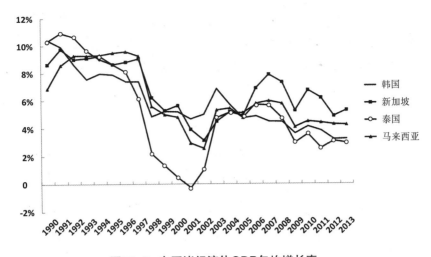

图21-3　东亚诸经济体GDP年均增长率
以经通胀调整后的价格为依据，并采用五年移动平均值

资料来源：世界银行《世界发展指标》。

从上图可以看出，无论美国是否故意引发 1997 年亚洲金融危机，也无论美国在施加于本地区的解决方案中持有的主观意图是什么，最后结果是明确的。正如经济理论所预测并被西德和日本的经历证实的那样，这场亚洲金融危机再次表明：只要迫使一个国家降低其固定资产投资，这个国家的经济增长速度就必然降低。因此，迫使他国降低固定资产投资就成为美国新保守主义阻滞他国经济增长的主要政策手段。

谋杀抑或自杀

现在探讨美国的对华政策。在这方面，中国与西德、日本或"亚洲四小龙"截然不同。在美国成功地迫使西德和日本降低固定资产投资程度方面，美国对两个国家施加的旨在迫使它们提高汇率的压力起了决定性作用。在美国的压力下，西德和日本被迫对其货币重估，从而降低了本国企业的竞争能力、盈利能力和固定资产投资水平;更有甚者,如果经济增长滞缓导致巨额预算赤字,储蓄水平将会进一步降低,日本就曾发生这种情况。美国是西德和日本的军事保护者,因此美国能够对这两个国家施加压力,迫使它们对其货币重估——这一事实在《布莱辛信件》(Blessing Letter)中暴露无遗。而中国的情况就不同了:尽管美国在相当长时间内不断劝说中国对人民币重估,但中国在军事上并不依赖美国,因此美国不能像对待西德和日本那样对中国采取同样的政治军事手段,以迫使中国进行同等规模的货币重估。

从量化角度看,中国经济的生产率不断增长意味着人民币汇率每年都会有所上升,而人民币币值的逐渐上调有助于中国以更低廉的人民币价格购买进口产品,因此,只要人民币汇率上调速度控制在出口商保持其竞争力的范围内,人民币汇率上调对中国就是有利的。 因此,中国允许人民币逐渐升值,但升值速度必须在中国企业能够吸收的范围内;自2005年以来,人民币年均升值在4%以下,其累计升值幅度远远低于1971年后最终形成的日元对美元300%的升值幅度。由此可以看出,美国对中国施加压力,迫使中国大幅度提高人民币汇率的企图并没有取得成功。再者,中国也并没有像"亚洲四小龙"中的某些国家那样,依赖境外资本流入为本国固定资产投资提供资金,恰恰相反,中国始终保持收支盈余,这意味着中国的国内储蓄总额超过国内投资总额。除此之外,即使美国新保守主义者也不主张将战争作为对抗中国的手段;美国曾对伊拉克或阿富汗动武,在更早的时候也曾对越南动武,但中国实在太过强大,足以迫使美国放弃动武的企图。

能否诱导中国自杀

上述诸多因素的结合导致在经济领域产生了令美国新保守主义势力深感威胁的地缘政治格局,即中国的民族复兴和中国的崛起已发展到任何外界力量都无法阻止的程度。尽管美国在军事上仍然强于中国,但中国拥有足够的力量,使得美

国新保守主义势力既不能主张以战争手段对付中国，也不能像对待日本、西德或
"亚洲四小龙"那样，以同样的经济手段对付中国。用前些时候曾使用过的比喻性
说法就是，这正是任何外界力量都无法"杀害"中国的原因；在这种情况下，战
胜中国的唯一途径是诱导中国减缓或停止其经济崛起，除此别无他途。美国新保
守主义势力并没有放弃：既然不可能"杀害"中国，或许可在外界的帮助下诱导
中国实施"经济自杀"？

经济自杀

从表面上看，诱导中国这样的大国实施"经济自杀"是一个荒谬的念头，但
历史表明，只要国际和国内势力勾结起来，形成某种同盟，这并不是不可能做到
的。事实上，美国对其第二次世界大战后最强大的对手苏联就采取了这一手段并
取得了成功。在20世纪80年代末至90年代初，以美国为首的西方国家成功地诱
导苏联不要仿效中国进行经济改革，而是采取以国有企业全盘私有化为导向的政
策（尽管当时中国的经济改革已经初见成效，中国已成为世界上经济增长最快的
国家）。这种以国有企业全盘私有化为导向的政策是世界银行、国际货币基金组织
和其他西方经济机构为俄罗斯和苏联量身定做的经济政策方案。

后来的事实表明，俄罗斯20世纪90年代推行的以国有企业全盘私有化为导
向的政策造成了巨大的经济灾难，但即便在当时，也完全可以预见到这一点。我
和其他一些人当时就试图劝说俄罗斯当局学习中国，读者不妨翻阅我在1992年4
月发表的论文《中国的经济改革为何成功，而在俄罗斯和东欧怎么会落败？》和
我当时撰写的其他文章。从这些文章发表的时间可以看出，我对中国经济改革优
越性的分析和追随、对美国必将导致灾难性后果的警告并非"事后诸葛亮"。我在
当时就准确预见到俄罗斯倡导的经济政策必将导致的后果。

俄罗斯总统普京对俄罗斯和苏联所发生事件的评价是"苏联解体是20世纪最
大的地缘政治灾难"，那些试图劝导中国采取资本主义制度的国家应当从中吸取深

刻的教训。是否符合事实是判断经济政策优劣得失的最终依据,因此,这里有必要详尽追述当时发生的情况。

俄罗斯的灾难

国际货币基金组织、世界银行和其他机构在 20 世纪 90 年代劝导俄罗斯时提出的理论依据是俄罗斯应采取基于全要素生产率增长的新战略。具体地说,这一理论依据是:俄罗斯的企业是国有的,因而它们面临的是"软预算约束",也就是说,它们能够取得国家补贴,因而缺乏促使它们提高效率的激励因素。因此,应对这些国有企业实行私有化,使其接受"硬预算约束",这样就可以提高效率,提高全要素生产率,促进经济繁荣。为进一步确保"资本有效配置",就应取消对国际资本的控制措施,使投资在国际范围内自由流动,以便取得最佳回报率,据称这种做法能进一步提高资本配置效率。

上述观点在理论上是错误的。正如前文所分析的那样,固定资产投资水平和劳动投入在推动经济增长方面的重要性都超过全要素生产率。再者,随着经济发展程度的提高,全要素生产率在推动经济增长方面的作用越来越小;而 1991 年的苏联已经不再是一个贫穷的国家,以全球标准衡量,这时的苏联已经是一个中等收入的经济体,在这种情况下,全要素生产率的任何增长都远远不能抵消因国有企业私有化和丧失国家支持而导致的固定资产投资崩溃所造成的恶果。与事实一致的是,从苏联崩溃前夕的 1991 年到 1998 年,俄罗斯的固定资产投资下降了81%,这一下降幅度甚至超过美国大萧条时期;固定资产投资急剧下降必然导致经济增长速度急剧下降,俄罗斯同期 GDP 下降了 41%,这一下降幅度也超过美国大萧条时期——详见图 21-4。俄罗斯所发生的事件是至少自工业革命以来和平时期最大的经济崩溃事件,这不仅是一场经济灾难,更是一场国家灾难。

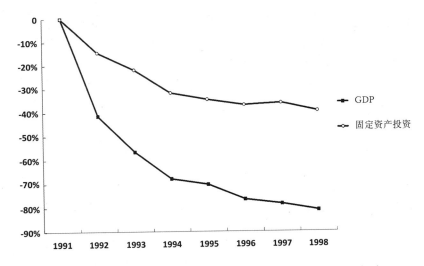

图21-4　俄罗斯1991—1998年间GDP和固定资产投资下降幅度

资料来源: 根据世界银行《世界发展指标》计算.

上述变动趋势是完全可以预见到的。我早在 1991 年 10 月就预见到国际货币基金组织和世界银行倡导的政策必将导致灾难性的后果，现将原文摘录如下：

（世界银行／国际货币基金组织《苏联经济研究》）的核心部分是"对中期经济前景的评估"。这一部分的主要建议可归结为它仅仅详尽阐述了苏联经济的两个行业，即能源和农业……

与其形成鲜明对比的是……仅有关于能源和农业的"中期"建议，而没有就苏联制造业给出任何建议。该报告反而声称，苏联的制造业贸易水平"极低"，并据此推演道："事实上不可能判断……苏联经济在工业领域的基础性比较优势。"因此，"集中于增加能源和原材料出口不失为一种较为有效的方式"。

我当时就预见到：

　　可以预见……工业生产将会崩溃。在该报告的计算机模拟情形下，"放开价格后……产出……急剧下降……预计工业产出将在这次激进变革的第一年下降20%，全部产出（GDP）下降10%左右。"

　　随着能源与农业出口飞速增长和工业渐趋崩溃，有人提出，苏联正经历着一场规模巨大的反工业化浪潮，最终成为一个能源和农产品供应国……

　　自然，这个目标不会说得那么直白，因为这会导致猛烈的抵制，但数据表明，这是一个再明确不过的事实。

作为一个比较，我当时就已指出：

　　国际货币基金组织向东欧、拉美和非洲提出的"稳定化"建议总是声称，经济崩溃后随之而来的是经济恢复，但事实表明，这些建议总是低估经济崩溃的规模和程度，而其预期的经济恢复则遥遥无期。

　　因此，西方机构已经承认它们对未来的估计是过于乐观了……但至少国际货币基金组织曾提议东欧主要国家仍将是以制造／服务业为基础的经济体，而苏联仅被视为原材料供应国，其地位比东欧国家还要糟糕得多。

关于俄罗斯在经历这一历程后出现的经济格局，我当时就预见到下列情况，后来发生的事实丝毫不差地印证了我的预见：

　　至于那些有可能从这样一个计划中受益的国家……鉴于苏联人对目前事态的明显……精确的评估，该报告预见到"公共关系"方面的巨大问题："苏联人普遍认为，那些在企业中取得经济权力并在此过程中取得国有资产所有权的人们中，有许多人是利用其级别和内部信息谋取现实

利益的'权贵阶层'成员。另一个普遍观点是新兴企业家中的许多人是
曾混迹于黑市商人和投机商人中的犯罪分子。这种负面的公共形象有可
能造成严重的后果……"

因此，该报告断言："这个激进计划的主要问题……是是否有可能就怎样实施
该计划达成充分的政治共识。"

国际货币基金组织的观点是，苏联应实行去工业化，使自身成为原材料供
应国。

后来发生的结果完全印证了我最初的预见。在这场史无前例的经济大崩溃中，
俄罗斯男性预期寿命一度下降了 6 岁，分裂主义摧毁了苏联。苏联崩溃前，俄罗
斯领导着一个拥有 2.88 亿人的庞大国家；而苏联崩溃后，俄罗斯仅拥有 1.43 亿人。
诺贝尔奖获得者约瑟夫·斯蒂格利茨精辟地总结了这一后果：

> 这场大破坏（指 GDP 损失）超过了俄罗斯在第二次世界大战中受
> 到的破坏。在 1940—1946 年期间，苏联的工业生产下降了 24%；而在
> 1990—1999 年期间，俄罗斯的工业生产下降了近 60%。[20]

最后出现的结果，正如斯蒂格利茨所描述的那样，完全印证了我事前做出的
分析：俄罗斯从一个曾成功发射第一颗人造地球卫星的工业巨人很快便沦为一个
自然资源出口国。[21]

这场地缘政治灾难所造成的恶果是多方面的，不仅从经济上体现在俄罗斯从
一个强大的工业国沦为主要生产原料的国家，还体现在因这场地缘政治灾难导致
的一系列战争，如车臣战争、阿塞拜疆与亚美尼亚之间的战争、格鲁吉亚与俄罗
斯之间的战争、乌克兰内战。上述事件并不是不能提前预见的，我当时撰写的一
系列文章就充分预见到这些事件。在苏联上演的一幕幕灾难性事件与中国迅速的
经济增长形成了鲜明对比。

俄罗斯经济灾难的既得利益者

世界银行在苏联倡导的政策导致了灾难性的经济后果，如果说这种灾难性经济后果是能够提前预见到的，能够认识到这几乎相当于"经济自杀"，那么，为什么俄罗斯人会支持这样的政策？当年，希特勒企图用战争手段将俄罗斯沦为四分五裂的原料生产基地，而上述政策就是企图用经济手段实现希特勒当年没有实现的目的。我在1991年10月就曾指出：

> 曾有人针对苏联提出这样的计划并试图将其付诸实施，这个人就是阿道夫·希特勒。……世界银行……的研究报告堪称经"消毒净化"了的经济学版《我的奋斗》。
>
> 这份研究报告倒不像《我的奋斗》那样，充满"低等人类""种族灭绝"或"生存空间"之类的叫嚣，而是流畅的经济学者语言纵论"比较优势"。这份研究报告提出，应依照国际货币基金组织拟订的结构调整计划而不是像希特勒那样靠军队实现变革……但该经济计划的相似性是令人瞩目的。
>
> 确实，目前东欧发生的一切绝大部分是希特勒在"冷战"时期公开实施行动计划的翻版……包括克罗地亚国的成立，将苏联肢解为乌克兰、白俄罗斯、俄罗斯等。

将苏联肢解后，美国的地缘政治政策致力于确保这种分裂局面持续下去，这体现在：乌克兰成为继以色列和埃及之后第三个最大的美国官方对外援助接受者，美国试图在中亚建立军事基地，北约逐渐将其势力扩展到俄罗斯边界，美国的这些举措将俄罗斯置于军事上高度危险的境地。

这里的关键问题是一定要认识到，尽管上述政策对俄罗斯来说是一场"国家灾难"，但对那些已成为"寡头"的社会阶层来说，这是一个巨大的牟利机会。可以说，俄罗斯的经济"自杀"是在敌视俄罗斯的西方对外政策势力集团和在俄罗斯恢复资本主义和国家解体过程中致富的寡头利益集团共同绞杀下实现的。俄罗斯国内外利益集团相互勾结，精心协调他们的政策目标。在这方面，俄罗斯国际资本账户自由化发挥了至关重要的作用，因为这方便了那些寡头们将巨额资金转移到俄罗斯境外。正如斯蒂格利茨所言：

> （俄罗斯）政府不断从国际货币基金组织取得巨额贷款，债务负担越来越沉重，而那些从政府取得慷慨馈赠的寡头们则不断将巨额资金转移到俄罗斯境外。[22]

资本账户自由化是与高估货币汇率同步进行的，旨在服务于新兴的资本主义寡头利益集团：

> 说对于……人民和整个国家，高估货币汇率是一场灾难，但对于新兴的商人阶层，高估货币汇率意味着利益，因为这样一来，他们就可以用较少的卢布购买奔驰轿车、香奈儿手提包和从意大利进口的美味食品。对于那些极力向境外转移资金的寡头们，高估汇率同样意味着利益，因为这样一来，他们就可以用其持有的卢布换取更多的美元。[23]

甚至在俄罗斯 1998 年债务违约和货币贬值前夕，国际货币基金组织和世界银行组织和促进的、并获美国支持的系列经济援助项目，是在利用本国经济"自杀"牟利的俄罗斯内部利益集团协调下进行的，主要集中于这些利益集团控制的经济行业。斯蒂格利茨在谈到其当时在世界银行的经历时说：

> 我们觉得这些寡头将其资金转移到境外需要数日甚至数周的时间，事实上他们仅用了数小时或数日。俄罗斯政府甚至"允许"其货币汇率

升值。我们都知道，这意味着那些寡头们可用较少的卢布换取较多的美元……国际货币基金组织不得不面对这样一个现实：它们向俄罗斯提供的巨额贷款，仅仅几天后就会出现在塞浦路斯和瑞士的银行账户中。面对这种情况，国际货币基金组织矢口否认这是它们提供的美元……国际货币基金组织向俄罗斯提供大量美元，俄罗斯将这些美元给予本国的寡头们，这些寡头们将这些美元转移到境外。我们当中有些人开玩笑说，国际货币基金组织干脆将这笔钱直接汇付到瑞士和塞浦路斯的银行账户中好了，那样岂不更加省事？[24]

总之，俄罗斯是能被诱导"自杀"的，这不仅是因为外部势力推波助澜，还因为俄罗斯国内某些集团能够从中取得巨大利益，而这些利益集团也是试图削弱俄罗斯的外部势力有计划、有步骤地加以利用的对象。美国新保守主义势力也试图将这套对付俄罗斯的方法用于对付中国。

哪些人会从中国的经济"自杀"中受益?

在试图诱导中国追随苏联实施"经济自杀"方面，美国新保守主义势力深知他们在中国可利用的对象基本上与在俄罗斯相同。普通中国公民在经济上与其祖国紧紧联系在一起，他们的爱国主义热情不仅体现在对国家的忠诚上，而且体现在直接的经济利益上；而某些富人就不同了，他们可将其财产转移到境外。国家和众多从事经营的私人企业的命运都与中国的民族复兴紧紧联系在一起，中国共产党的命运也是如此，但某些金融集团即使在混乱状态下也能从中渔利，与俄罗斯的寡头们并没有什么两样。美国会向某些专业人士提供工作机会，如待遇良好的大学教授岗位。美国人的如意算盘是：既然不能"杀掉"中国，或许可利用这些社会集团诱导中国采取对国家不利但对他们自身有利的政策，使中国走上"自杀"之路。这些社会集团认为他们的利益在国外，当然也特别乐意诋毁祖国及其巨大的经济和社会成就，这为他们试图打击中国"自信心"提供了社会条件。

如果直截了当地向中国建议"能否请你实施经济自杀？"，得到的回答自然是"不"；假如当初以同样的方式向苏联提出同样的建议，自然也只能得到同样的回答。以这种直截了当的、毫无吸引力的方式提出这样的问题是不必要的，也是不明智的。美国新保守主义势力从其与日本、西德、"亚洲四小龙"和苏联打交道的经历中体会到，事实上下列政策可导致一个国家经济自杀：

● 高估一个国家的币值可阻滞其经济发展，因此应持续对中国施加压力，促使人民币汇率过度升值。

● 固定资产投资是推动经济增长的第二个最重要因素，因此可迫使中国降低固定资产投资，以阻滞其经济增长。

● 一个国家的资本账户自由化可为从这个国家撤离巨额资金创造条件，就中国而言，这涉及数以千亿计甚至数以万亿计的资金。

● 正如第15章所分析的那样，中国拥有体量庞大的国有企业，这是中国得以通过确定固定资产投资程度调控并完善宏观经济政策的根本原因，因此应像对待苏联那样，削弱甚或破坏中国的国有企业。

● 四处宣称向中国投入巨额资金，无限夸大中国在快速经济发展中难免发生的问题，掩蔽中国的生活水准在世界上主要经济体中提高最快这一事实，散布可笑的谣言，将中国最伟大的经济成功说成一场经济灾难。这正是在中国的社会媒体上贬损本国成就的虚假信息不断出现的根源。

美国新保守主义势力意识到，对中国的最大威胁不是游弋在太平洋的美国航空母舰，他们曾用北约强大的武装力量威慑苏联和东欧国家，但不可能用同样的方法对待中国。对中国的最大威胁是美国新保守势力与中国国内的某些利益集团勾结起来，这些利益集团试图诱导中国实施经济自杀，更准确地说，是诱导中国脱离民族复兴的轨道，转而采取能够使他们获取巨大利益的政策。

22 > "消费拉动增长"是良策还是阴谋?

寻找中国的戈尔巴乔夫

苏联解体这场经济和地缘政治灾难的政治前提是明确的,那就是苏联共产党的根基被苏共总书记戈尔巴乔夫推行的政策破坏,这一过程早在 1991 年苏联解体前就开始了。正是戈尔巴乔夫政府促成了国际货币基金组织和世界银行《苏联经济研究》一书的出笼,成为俄罗斯经济私有化的模板;正是戈尔巴乔夫允许以恢复资本主义为目标的叶利钦领导的反对派势力在苏联共产党内潜滋暗长并不断壮大;正是因为苏联共产党党纪废弛,叶利钦才敢于在 1990 年 7 月正式退出苏联共产党前就领导一批人反对中央政府的政策;正是戈尔巴乔夫开启了苏联的"国家自杀"之路——叶利钦主持了葬礼,但安排其死亡的是戈尔巴乔夫。

美国新保守主义势力在与苏联的较量中终于如愿以偿,这自然强化了他们寻求"中国的戈尔巴乔夫"的信心,期望这位"中国的戈尔巴乔夫"能够将类似灾难施加于中国。他们多次期盼中国共产党内某些领导人发挥那样的作用,但最终看到的却未能如其所愿。马特·斯齐亚凡扎在谈到美国新保守主义势力极力在中国寻找戈尔巴乔夫式的人物时指出,"自 20 世纪 90 年代以来,(美国)政界人士和政策专家,与新闻记者一样,从中国领导层每次新老交替感受到的只是痛苦。"[25]美国新保守主义势力虽屡遭挫败,但他们始终抱有这样的期望:"也许中国的戈尔巴乔夫目前

还不能露头，但重大的政治变革有可能在人们认为最不可能发生的时候发生，正
如戈尔巴乔夫本人发现的情形一样。"〔26〕

美国专业人士一直期盼中国出现戈尔巴乔夫式的人物，长期以来积极在中国
活动，试图识别、联系和荐拔他们心目中"中国的戈尔巴乔夫"。情况表明，只有
将中国引向混乱和解体的"中国的戈尔巴乔夫"式的人物才能被美国新保守主义
舆论接受。

正是由于这个原因，习近平的"四个全面"才在中国乃至国际产生了如此深
刻的影响。"四个全面"表明中国并不会出现戈尔巴乔夫式的领导人。这自然激起
了那些反华势力的愤怒，他们始终在中国寻找戈尔巴乔夫式人物，用他们的话说
就是"赞同西方'普世价值观'"的人物。这种"普世价值观"是服务于美国地缘
政治利益的，本书序言部分早已对其实质做出过分析。

美国保守主义势力一旦意识到领导中国的并非戈尔巴乔夫式的人物，就理所
当然地改变了对中国的策略。摧毁苏联、削弱俄罗斯的经济政策之所以能够推行，
是因为有戈尔巴乔夫存在，戈尔巴乔夫是这场政治变动得以发生的决定性因素；
但在中国，因没有出现戈尔巴乔夫式的人物，这条"和平演变"之路被堵死了。
在这种情况下，就应将"进攻"次序倒转过来：首先破坏中国的经济，希望借此
导致日益高涨的社会不满，从而打开决定性政治变革的大门，这种决定性政治变
革的最终目标是推翻中国共产党，恢复资本主义，阻塞中国的民族复兴之路，巩
固美国在全球的"霸主地位"。

削弱中国经济的工具

对美国新保守主义势力来说，这种试图首先削弱中国经济，借此打开政治变
革的大门，最终实现推翻中国共产党目的的策略比寻找到"中国的戈尔巴乔夫"
并借此制造政治动乱更难以奏效。我在第 20 章早已做出分析，美国新保守主义势
力削弱中国参与劳动分工的手段是非常有限的。美国也不可能推行广泛的贸易保

护主义政策，因为这种政策不仅会对美国自身的经济造成灾难性后果，还会招致中国公众舆论的强烈反对，这意味着采取针对中国的贸易保护主义政策无助于美国新保守主义势力试图与中国内部某些社会阶层联手对中国政府施加压力的目的。

美国新保守主义势力也不可能直接控制中国的经济结构。将国有企业直接私有化是摧毁俄罗斯经济的决定性措施，但由于中国共产党的存在，这条道路在中国是行不通的。2013 年 11 月，中国共产党第十八届中央委员会第三次全体会议重申：必须毫不动摇地巩固和发展公有制经济，坚持公有制主体地位，发挥国有经济主导作用。

尽管面临着种种障碍，美国新保守主义势力仍极力在中国宣扬新自由主义经济理念，并着意栽培中国高等院校和类似机构中支持他们的人物——中国社会科学院早已指出这一点。这些人多次试图以破坏性方式影响中国的经济政策，但他们当中的大多数人离决策圈太远，不能产生决定性作用。尽管如此，他们还是有可能在固定资产投资领域造成严重后果。

固定资产投资水平

美国新保守主义势力在中国有两个坚定且稳固的支持基础，即投机性金融集团和高等院校及类似机构中某些专业人士，前者能够像俄罗斯的寡头们那样在国家灾难中浑水摸鱼，迅速致富，后者有可能从待遇丰厚的美国大学、西方智库等机构取得工作机会或受到资金资助。尽管这些人能够获取美国新保守主义势力的资助，通过社会媒体等渠道炮制大量的噪声，但他们的力量实在太微弱了，不足以改变中国的政治体制。不过，他们有可能利用人们渴望迅速提高生活水平的正当诉求进行煽动，试图制造更为严重的混乱；一旦造成严重混乱，许多社会阶层就可能会被他们吸引过去——毕竟，提高生活水平是绝大多数人关心的事情。这就是一个利用正当诉求来削弱中国的典型例子。

要了解此类攻击手段是怎样发起的，就有必要回忆一下前面所讲述的经济由消费和投资两部分构成。因此，要提高消费在经济中的比重，就要相应地降低国内投资在经济中的比重。如能降低中国的固定资产投资程度，就可以降低其经济发展速度，从而防止或至少阻滞中国经济超越美国。此外，GDP 增长是消费增长和生活水平提高的决定性因素。如果能大大提高中国的消费在其 GDP 中所占的比重，GDP 增长速度就会降低，进而导致人们的生活水平降低，这就有可能造成社会不满。

因此，迫使中国大幅度降低固定资产投资程度是美国新保守主义势力试图阻滞中国经济发展、实现其政治目标的主要手段。

伪"理论"

美国新保守主义势力利用普通中国人期盼提高生活水平（用平实的经济学术语来说就是"增加消费"）这一合情合理且自然而然的愿望，提出了"消费拉动增长"的口号。事实上，推动消费增长的主要力量是 GDP 增长，而 GDP 增长主要取决于固定资产投资程度，张军和朱天对中国这方面的问题进行了精辟的总结（2013 年）：

> 低消费率的另一面是高储蓄率，它使得一个国家可以在不依赖于外债的情况下实现高水平的投资，这也是中国经济在过去几十年里得以快速增长的一个主要原因。1990 年到 2010 年的 20 年间，中国 GDP 年均增长率达到 10.5%，与此同时，消费的增长也达到了 8.6%（考虑通胀调整因素后）。虽然消费增长速度低于 GDP 的增长速度，但高达 8.6% 增速已经非常了不起，因为世界平均水平还不到 3%！同一时期的印度——另一个快速增长的经济体，其消费的年均增长率为 5.8%，也低于其 GDP 6.5% 的年均增长率。听起来也许有些拗口，但中国相对低的消费率正是其很高的消费增长率的重要原因。

要认清上述事实，有必要掌握一些经济学知识，以免被主张"消费拉动增长"的伪理论迷惑。这一伪理论声称，消费在中国 GDP 中所占的比重太低，因此必须提高消费。这种论调听起来对普通中国人颇有吸引力，因为他们自然希望提高生活水平，以尽可能大的幅度和尽可能快的速度提高消费。如果将其付诸实施，必然造成中国储蓄率下降，进而固定资产投资程度下降，从而造成经济发展缓慢，这对美国是有利的。因此，主张"消费拉动增长"的伪理论是有助于美国新保守主义政策的，对某些中国人有一定的煽惑性。

马克思主义者对"消费拉动增长"论调的批判

从马克思主义经济学角度看，"消费拉动增长"观点的错误是显而易见的，因为该观点显然违背了马克思主义经济学的基本原则：经济中的决定因素是生产，而不是交换、分配或消费。马克思指出：

> 我们不能就此断定，生产、分配、交换和消费的地位是相同的，只能说，它们都是一个整体中的要素，在统一中存在着差异。生产是主导因素，无论从其自身的角度看还是从其与其他因素的关系看都是如此。这个过程总是从生产开始的……交换和消费不可能是主导因素……一定的生产（方式）决定着一定的消费、分配、交换（方式）。[27]

这并不意味着消费、分配或交换对生产没有影响，而是说，最强大的、决定性的经济要素是生产而不是消费。因此，"消费拉动增长"观点是直接违反马克思主义经济学原理的。

从西方经济学角度看，"消费拉动增长"观点也不能自圆其说

"消费拉动增长"观点不仅违背马克思主义经济学原理，即便从非马克思主义经济学角度看也是错误的，中欧国际工商学院教授朱天更为确切地指出：在经济学理论中，事实上根本就不承认消费推动增长之类的说法。

上述结论无疑是正确的，因为消费按其定义并不是经济增长的投入要素，经济增长投入要素是指资本、劳动力、全要素生产率、中间产品等以及它们各自的子类型。消费不可能是经济增长投入要素，因为消费按其定义是指用于生活而不是生产过程的东西。认为"消费拉动增长"就像认为一个人只要从其银行账户中取款就能增加该银行账户的余额一样是荒谬可笑的。"消费是经济增长投入"这句话本身就是自相矛盾的。

将需求与消费混为一谈

这一观点是如此明确，甚至那些主张"消费拉动增长"的人士也不认为消费是经济发展的直接投入，而是认为：不断增加的消费导致"需求"不断增加，而"需求"的不断增加促成经济增长——这种增长是由额外增加的基本、劳动、全要素生产率和中间产品的投入拉动的。人们通常错误地认为这一观点体现了凯恩斯的"有效需求"概念，遗憾的是，这一观点犯了经济学上的基本错误，将"需求"与"消费"混为一谈。这个错误的具体表现是多样的，在谈到有必要提高中国的"国内需求"时，往往体现为如下表述：

中国的经济应该从投资驱动型向消费驱动型转变。[28]

上述表述的基本错误在于没有认识到凯恩斯所指出的"需求由消费和投资这两个方面构成"这一事实。中国的国内投资与国内消费一样，都是国内需求的

组成部分。而且正如凯恩斯所分析以及当时和此后经济事实所证实的那样，影响最大的经济问题都发生在需求构成中的投资方面，而不是消费方面。有效需求的缺乏缘于储蓄没有被用于投资；事实研究证实，投资波动控制着重要商业周期。

经济体中的资金流动包括消费和投资两个方面：

• 消费：包括供应和需求两个方面，前者体现为用于消费的收入，后者是由消费支出所创造的。

• 投资：其资金供应为储蓄，其需求为投资本身。

将国内需求与国内消费相混淆，或将需求与消费混为一谈，是经济学上的常识性和根本性错误，详见附录 2 对其做出的分析。

从短期来看，对消费和投资的调整会影响国内需求。促进国内消费确实可抵御周期性的商业衰退，取得一时之效——中国 2008 年就曾采取这样的做法：对在农村地区销售消费品给予财政补贴。但从长期观点看，储蓄和消费在不同经济体中所占的不同比重，对经济增长的影响是截然不同的，因而对生活水平的作用也是截然不同的。以储蓄增长为前提的投资增长，在其他条件相同的前提下，可提高经济增长速度。而经济增长是消费增长和生活水平提高的决定性因素，因此，从中长期来看，提高储蓄水平必然带来消费增长速度的提高。正是由于这个原因，张军和朱天指出：中国消费率相对较低是中国消费增长速度如此之高的原因之一。

提高消费在经济总量中的比重必然意味着降低储蓄水平，进而降低固定资产投资。降低固定资产投资意味着降低经济增长速度，从长期来看，必然会降低生活水平提高速度。因此，即便将有关资源从投资转向消费能在很短时间内促成消费增长，但从中长期角度看，这种做法必将降低消费增长，更何况我们有理由认为，这种做法即使在很短时间内也是不能奏效的。总之，在其他条件相同的前提下：

• 提高储蓄率可带来较高的投资率，进而带来较高的经济发展速度，消费增长速度和生活水平提高速度也随之提高。

- 以降低储蓄为代价提高消费可导致投资率降低，进而导致经济增长速度和消费增长速度降低。

正确理解投资的作用

从上述经济现实中可以看出，中国在寻求提高居民生活水平和实现繁荣方面面临的最关键问题之一远非降低固定资产投资，而是怎样保持固定资产投资，即如何保持中国目前的储蓄率。幸运的是，尽管不断受到美国新保守主义者和"新自由主义者"的攻击，这一观点越来越多地被人们理解。正如《金融时报》指出，中国越来越多的经济学者明确强调这一观点："他们说，中国在未来许多年里仍需保持高度投资——它所需要的是将这些投资引导向不同的领域……"

更确切地说：

要想了解中国经济需要增加哪方面的投资，只需在北京或其他大城市待上几天，听一听普通市民对哪些方面不满。

中国在改善公共交通、洁净能源、环境保护、产业升级和有助于净化空气和减轻公路拥堵……的投资领域有巨大需求。中国服务业领域不存在产能过剩的问题……

实际情况（是），尽管近年来，消费在中国 GDP 中所占的份额下降，但人均消费是以每年约 8% 的速度增长的，这在世界上各主要经济体中是最高的。

第二点是，如果投资急剧趋缓甚或下降，必然导致就业和工资增长速度下降，从而导致消费下降……

正如世界银行中国事务局前局长黄玉川所言："不平衡并不是问题。问题在于确保投资对象正确。"

重点投资于服务业和环境可持续性领域将……有助于纠正这一重大
失误。[29]

中国需要在转换投资类型的同时保持目前的投资水平，这一观点是根据前文
所阐述的主要宏观经济因素得出的，是决定经济形势的最重要因素。它直接关系
着中国面临的许多重大战略问题，如金融体制、城市化和环境保护。这些问题将
在以下几章中加以分析。

23 > 没有利润，谈什么增长？

在实践中，试图降低中国储蓄率所造成的破坏性影响不仅体现在中长期趋势中，还体现在短期趋势中，特别是体现在陈雨露所称的"大金融"领域。"大金融"这一经济学概念强调的是不能将金融体系中的趋势当作"自我独立的"因素来分析，必须从它与实体经济的关系角度加以理解——从专业角度看，金融是内生性的，而不是外生性的。正如陈雨露所言：

> 传统的金融理论仅限于研究公司财务、资产定价和其他微观层面上的现象，这就造成了宏观层面和微观层面方法体系的脱节，最终导致对金融系统和实体经济的分析研究脱节……"大金融"的目标在于实现宏观和微观层面分析研究的统一……这里的"大"并不是从数量意义上说的……而是指金融研究中的包容性、整体性和系统性方法论概念……"大金融"强调的是以下三个方面的统一：首先，必须将金融体系视为一个统一的整体，而不是仅限于货币和信贷；其次，必须将金融和实体经济视为一个统一的整体，不应孤立看待；最后，必须将中国和世界上其他国家的金融发展视为一个统一的整体，不得将其视为仅限于本国金融发展的封闭体系。[30]

马克思认为，尽管其他经济层面有相对的独立性，但只有生产才是最具决定性的经济因素，上述分析是马克思的这一重要观点在金融领域的体现，从这个角度看，强调将实体经济与金融体系视为一个统一的整体具有根本性的意义。也正是在这个意义上，陈雨露坚持认为金融业应服务于实体经济，他说：

> 金融创新必须着眼于实体经济……现代服务业的发展……应努力加强新兴产业。[31]

这与美国经济的动态形成了鲜明对比：在美国，将不断增加的企业财务收入转化为生产性投资的机制自 20 世纪 80 年代早期以来就没有正常发挥过作用。陈雨露强调：

> 金融发展必须服务于经济增长和金融稳定……其次，金融发展必须服务于技术创新和产业升级……最后，金融发展必须服务于国家货币和金融产业的崛起，体现支撑功能。[32]

这一观点特别明确地强调了中国保持其储蓄和投资规模的必要性。

"消费拉动增长"的短期影响

从最根本的理论角度看，"消费拉动增长"论并不理解什么是市场经济，没有领会到市场经济的实质是"利润拉动增长"。因此，"消费拉动增长"论所认为的需求增加必然导致供应增加是错误的。首先，正如张军和朱天所指出的那样，需求即使在实际生产要素投入增加的情形下也只能增加产出。关于"消费拉动增长"这个错误理论，他们指出（2013 年）：

首先，它认为需求推动增长。当经济在尚未达到其正常运行能力的状态下运行时，需求有可能决定当前或短期经济增长，但长期经济增长事实上取决于生产能力，而生产能力则取决于物质和人力资本的投资与积累，以及技术进步的速度。

因此，只有当消费需求导致生产性投入增加（如劳动分工的增强，或资本、劳动力或全要素生产率的增加）时，消费才能促成经济增长。从短期来看，如果没有过剩的经济能力，通过提高消费品购买力而不是提高产出能力而导致的需求增加只能造成通货膨胀压力，而不能促进经济增长。

但是，即使在拥有过剩经济能力或能够实际增加新的经济能力的情形下，市场经济下的需求增长能否导致产出增长不可避免地取决于其对盈利能力的影响，这恰恰体现了市场经济只能靠"利润拉动增长"的本质。在市场经济下，产出是不会因其被"需求"而增加的，只有当产出增加能导致利润增加时，产出才会增加。然而，因提高工资而导致的消费者需求增加只能导致利润减少，而不能导致利润增加，因为工资在经济体中的份额增加必然意味着利润在经济体中的份额降低。

主张中国靠"消费拉动增长"的建议就直接说明了这个问题。他们建议以高于GDP增长的速度提高工资，以提高消费在中国 GDP 中所占的百分比。然而，工资与利润是经济体中两个相互对立的组成部分，提高工资的份额必然导致利润的份额降低。因此，主张中国靠"消费拉动增长"的建议实质上是试图挤压中国企业的利润。从后面的分析中可以看出，这一趋势必然对经济体和金融体系造成负面后果。

挤压利润

上述过程事实上早已在中国运行，并造成了可预测的不利影响。从2011年起，消费增长开始在中国 GDP 增长中占有多数，这是 1998 年亚洲金融危机以来首次出现的现象，如表 23-1 所示。消费在 GDP 所占的百分比从 2010 年的 48.2% 增长到 2013 年的 49.8%，增长幅度为 1.6%。[33] 投资在 GDP 增长中所占的百分比从 2010 年的 53.9% 下降到 2013 年的 47.8%，而同期消费在 GDP 增长中所占的百分比从 46.0% 增长到 52.7%。从这里可以看出，中国自 2011 年以来实行的是消费拉动增长政策。

表 23-1　中国最终消费对 GDP 增长的贡献率（%）

2002	42.7
2003	36.4
2004	40.5
2005	44.6
2006	39.0
2007	43.6
2008	42.9
2009	48.3
2010	46.0%
2011	54.4
2012	52.6
2013	52.7

资料来源：根据《中国统计年鉴（2014）》表 3-18 中的数据计算。

上述趋势的负面结果恰如经济理论所预测的那样，中国的经济增长和居民生活水平提高速度开始下降。中国的 GDP 年均增长率从 2010 年的 10.4% 下降到 2013 年的 7.7% 和 2014 年的 7.4%。消费对经济增长的负面影响也是符合经济理论的。在"消费拉动增长"政策实施之初，随着有关资源转向消费领域，2011 年曾有过短期增长，但随后消费增长率就下降到低于以前的水平。如表 23-2 和图 23-1 所示，从 2010 年到 2013 年，总体消费增长率从 8.9% 下降到 7.7%，而家庭消费增长率从 8.2% 下降到 7.5%。从中可以看出，"消费拉动增长"政策的实施导致了居民生活水平增长速度的下降。

表 23-2　　经通胀调整后的中国消费年均增长率（％）

	GDP 增长率	家庭消费	总体最终消费
2010	10.4	8.2	8.9
2011	9.3	11.0	10.6
2012	7.7	8.4	8.4
2013	7.7	7.5	7.7
2014	7.4	—	—

资料来源：根据世界银行 2010—2013 年世界发展指标和中国国家统计局 2014 年统计数据计算。

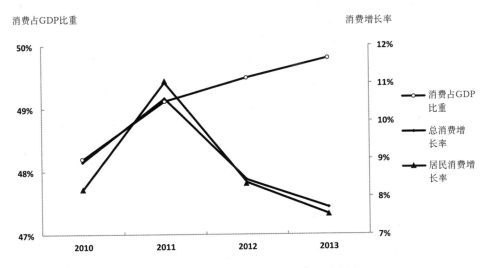

消费占GDP比重　　　　　　　　　　　　　　　　　消费增长率

图23-1　　中国消费支出占GDP比重与消费增长率

资料来源：根据《中国统计年鉴（2014）》表 3-18 与世界银行发布的《世界发展指标》数据计算。

　　自 2010 年到 2013 年，消费在 GDP 中所占的百分比增长了 1.6%，但消费增长率下降了 1.2%。总之，消费在 GDP 中所占百分比的提高导致了居民生活水平增长率的下降，这正符合经济学理论的预测。

　　上述事实证明，"消费拉动增长"政策不会加快消费增长和居民生活水平提高速度，反而导致消费增长和居民生活水平提高速度下降，这与我们在前面分析

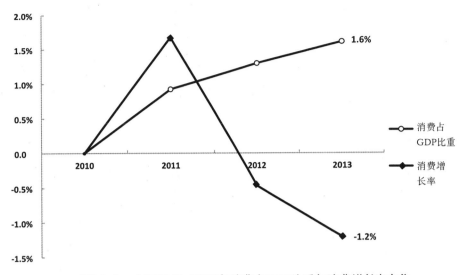

图23-2 中国2010-2013年消费占GDP比重与消费增长率变化
以2010年为参照

资料来源：根据《中国统计年鉴（2014）》表 3-19 与世界银行发布的《世界发展指标》数据计算.

的 GDP 增长和消费增长之间的密切相关性所推导出的结果是完全一致的。如上述趋势持续下去，只能导致社会不满和金融不安全感，2015 年 3 月中央电视台公布的调查结果表明，在受访对象中，表示对其收入稳定性有信心的家庭从 2014 年的 75.4% 下降到 2015 年的 67.6%。

储蓄下降

试图实施"消费拉动增长"不仅对消费者和居民生活水平造成可预测的不利影响，对企业和金融系统也会造成不利影响。为保持 GDP 中消费份额的增长而以高于 GDP 增长的速度提高工资，必然挤压企业利润。2013 年中期，在中国 A 股市场上市的企业报称其按账面价格计算的总体利润增长率为零，如按经通胀调整后的值衡量，这些企业的实际利润是下降的。2014 年 10 月，中国工业企业按账面价格计算的利润比一年前下降了 2.1%，如按经通胀调整后的价格计算，下降幅度更大。

对金融系统的影响

"消费拉动增长"政策对金融系统也有可预测的不利影响。从根本性的宏观经济角度看，采取"消费拉动增长"必然挤压企业利润，从而对中国总体储蓄水平造成下行压力；前文早已指出，一个经济体的总体储蓄不仅包括家庭储蓄，还包括企业储蓄和政府储蓄／负储蓄，而中国储蓄率高的主要因素是企业盈利能力高，正如林毅夫所言：

> 对于中国储蓄率高的原因，有种种猜想，如人口老化、社会保障机制不完善等，这些猜想都着眼于促进家庭储蓄，但它们都不是中国储蓄率高的主要原因，因为中国的家庭储蓄仅相当于本国 GDP 的 20%，并不高于印度和其他许多国家。中国储蓄格局的独特性在于企业储蓄在总体储蓄中所占的份额较大。

鉴于国际金融危机的影响，通过对企业盈利能力施加下行压力、缩减中国的储蓄会造成特别严重的影响。我曾在前文指出，中国以远比其他主要经济体成功的方式度过了 2008 年经济危机。然而，即使中国也未能毫发无损地度过这场持续八年之久的国际金融危机。这场国际金融危机对中国的负面影响在于导致了其总体储蓄水平的下降，而过去中国的储蓄一直呈增长趋势，为不断增长的固定资产投资提供了资金，从而促进了经济增长。为表明这种负面趋势的影响，图 23-3 显示了中国储蓄长期以来的变动情况；同时为表明短期影响，图 23-4 显示了 2008 年以来的详尽变动趋势。从图 23-4 中可以看出，中国储蓄率持续十年之久的增长在国际金融危机的影响下趋于停止。中国的储蓄在 GDP 中的比重从 2009 年的 52.7% 下降到 2013 年的 51.8%。

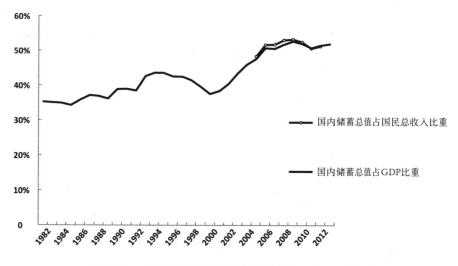

图23-3　中国国内储蓄总值占国民总收入和GDP比重

资料来源：根据世界银行发布的《世界发展指标》数据计算。

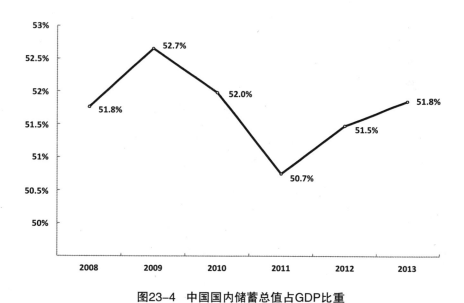

图23-4　中国国内储蓄总值占GDP比重

资料来源：根据世界银行发布的《世界发展指标》数据计算。

利率上升

中国储蓄水平的下降对其他经济领域有可预测的负面影响。如中国的储蓄水平——资本供给，在国际金融危机的影响下下降，必然会发生以下两个过程之一，或两个过程同时发生：

- 如资本需求（投资）没有下降，则资本的价格（利率）上升。

- 如储蓄／资本需求（投资）下降，则利率有可能保持不变，但经济增长速度下降。．

在不同时间段里，以上两个不利的过程都有可能发生于中国的经济中。从国际比较的角度看，自2011年开始，中国的利率急剧上升，从而增加了企业和政府的借款费用；特别是，中国的利率上升与美国形成了鲜明对比。2010年，中国的10年期政府债券的平均利率大体上与美国基本相同，但到2014年底，中国的利率比美国高1.5%，如图23-5所示。2013年6月和12月，中国曾发生银行间同业拆借利率急剧上升的情况。

图23-5　中国与美国10年期政府债券收益率比较

资料来源：根据Trading Economics数据计算。

投资下降

随着利率的上升,中国的固定资产投资增长率开始下降,按经通胀调整后的价格衡量,该增长率从 2010 年的 11.6% 下降到 2013 年的 9.4%。2014 年继续下降,当前价格信息显示,中国的固定资产投资率从 2013 年 12 月的 19.6% 下降到 2014 年 12 月的 15.7%。

利率上升或投资下降,或正如中国出现的情况,二者同时发生,是储蓄水平下降必然导致的结果。因此,中国当前面临的重大挑战是努力提高储蓄率,以克服因储蓄率降低而导致的上述不利宏观经济影响。而"消费拉动增长"论所主张的则是与其截然相反的、因而有害于中国经济发展的方向。"消费拉动增长"论要求提高消费在 GDP 中的比重,这必然导致储蓄在 GDP 中所占的比重下降,进而导致利率上升或投资下降,或二者同时发生。因此,"消费拉动增长"论早在人们感觉到其造成的不利后果前,就已经对中国的金融系统产生了不利影响,进而影响到中国的经济。

机制性变动无助于解决这个问题

2011 年以来发生于中国金融系统的不利趋势,特别是高利率,是宏观经济层面上的储蓄水平下降必然导致的后果,因此单纯的机制性变动不足以抵消这种不利后果。因此,在利率自由化涉及的诸多问题中,刘志钦特别指出:我对利率自由化之类的金融措施能否为私人部门带来廉价的资金供应持怀疑态度。

这是从机制性变革不足以克服金融"原材料"减少(指中国的储蓄水平下降)这一事实得出的必然结论。金融领域的"消费拉动增长"论,与其他领域一样,只能将中国引向错误的方向。要降低利率和保持经济增长,就必须提高而不是降低储蓄水平。

错误地认为可通过提高生产率加以弥补

面对"消费拉动增长"论对中国的储蓄和投资必然造成的不利影响，"消费拉动增长"论者有时会错误地认为，尽管其主张会导致固定资产投资下降，进而导致 GDP 增长率和居民生活水平提高速度下降，但这些损失可通过生产率／效率提高得到弥补。从严格的经济学角度看，这种观点的实质是通过提高全要素生产率弥补固定资产投资下降造成的损失，但本书对现实情况进行的量化分析明确表明这种做法是行不通的。

计量经济学研究、经济理论和两个多世纪以来的发展趋势显示，经济发展程度越高，固定资产投资对经济增长的贡献率就越大。无论在中国还是国际范围内，固定资产投资都是推动经济增长的最重要的"索洛要素"，其重要性远远超过其他因素，这意味着生产率／全要素生产率的增长不足以弥补固定资产投资衰退及其对经济增长造成的不利影响。即使在美国，试图通过生产率增长弥补投资下降也是不可能的。中国的情况尤其不适合采取这样的政策，因为中国已经是世界上生产率增长率最高的国家之一，并且中国的投资效率也已超过美国和其他发达经济体，因而试图进一步提高全要素生产率增长率，希望借此弥补固定资产投资下降造成的损失是不现实的。因此，固定资产投资下降必然直接导致经济增长速度下降。

中国经济增长趋缓极有可能导致居民生活水平提高速度下降。任何收入再分配手段也不足以弥补 GDP 增长速度下降对居民生活水平的影响，从国际范围看，80% 以上的消费增长源于 GDP 增长。因此，中国 GDP 增长放缓是由于固定投资占 GDP 比重下降、生产率增长不能弥补投资下降所带来的影响所致，这必然意味着居民生活水平提高速度下降。从图 23-1 和图 23-2 显示的中国消费增长速度下降就可以看出这一点。因此，"消费拉动增长"政策的实施非但不能拉动增长，反而导致消费增长和居民生活水平提高幅度的下降。

对生产率和就业的影响

"消费拉动增长"这一政策建议对生产率和就业的影响是同样消极的。过去，因为生产率增长率很高，中国当然需要做出很大的努力创造充分的就业机会，即使在经济快速增长的情形下也是如此，但随着经济增长趋缓，目前仅有两种选择：

• 如果在 GDP 增长率下降的情形下成功实现加快全要素生产率增长的政策，则在较高的全要素生产率增长率和较低的 GDP 增长率共同作用下，工作机会更少；那时，中国将成为一个生产率高、增长率更低但失业率更高的经济体。

• 如果靠增加低生产率岗位创造充分的就业机会，则全要素生产率增长率就不可能提高；那时，中国将成为一个 GDP 增长缓慢、生产率增长缓慢、居民生活水平提高速度缓慢的经济体。

无论从经济还是社会角度，我们都不希望发生上述任何一种结果。林毅夫精辟地指出：那些主张中国经济应依靠消费的人士事实上是把这个国家推向危机。

当然，对美国新保守主义势力来说，这种危机正是他们求之不得的。他们试图通过迟滞中国的经济增长达到延迟甚或阻止中国 GDP 超过美国的目的。从政治上说，降低人民生活水平提高的速度，就会导致较大程度的社会不满。

24 > "弯道超车"三大动力

前文所分析的宏观经济因素除具有直接的经济和金融影响外，还直接关系着与提高人民生活水平和实现"中国梦"有关的多方面的问题，其中三个方面与经济发展有特别密切的关系，这三个方面分别是：环境、城市化和社会保障。它们都涉及法律和监管层面，但我们应首先了解它们涉及的宏观经济和金融问题，以及它们与前文探讨的问题的整合。

环境保护

环境保护问题对于中国的迫切性和重要性是众所周知的。环境保护问题包括影响十分深远的全球气候变暖问题——中国领导人和美国总统奥巴马在 2015 年北京亚太经合组织峰会期间就此达成了一项重要协定。同时，环境保护问题还包括人们最为关注的空气质量和雾霾问题。

2013 年，中国颁布了迄今为止最广泛、最全面的大气污染治理政策。中国对这一问题的高度重视不仅体现在一系列政策措施上，更体现在对这些政策措施的执行力度和党政领导人的直接参与上。该计划的核心目标是在五年时间内实现空气质量的显著好转，具体目标是到 2017 年，将空气中直径 10 微米或更小的可入肺悬浮微粒含量至少比 2012 年降低 10%。对于关键性地区，确定了更严格的标准。京津冀地区将于 2017 年把直径小于 2.5 微米的、可深入到肺部的细颗粒物在大气中的含量从 2012 年的水平降低 25%；长江三角洲地区的目标则是降低 20%。实现这一目标的措施之一是关闭北京地区的所有煤炭发电厂。李克强总理在 2014 年全国人民代表大会上承诺将全力治理大气污染。这些政策在 2015 年全国人大和全国政协会议上得到进一步具体化和完善。

中国在这一领域采取的政策受到国际环保组织的热烈欢迎。绿色和平组织（Greenpeace）中国区气候与能源项目主任称：中国政府提出在五年时间内实现空气质量总体改善，这充分体现了中国政府控制大气污染的决心。

国际能源署首席经济学家费斯·比罗尔指出：中国政府在提高能源效率方面做出了巨大努力，在开发利用水电和风能等可再生能源方面也做出了重大努力。

伦敦国王学院国际关系学教授安纳托尔·列文指出：中国很可能进行一场绿色大跃进，因为他们意识到这关系到其经济发展的未来。

中国加强大气污染治理的原因并不是什么秘密。中国特别是北京及其近邻河北地区的雾霾和污染问题在中国乃至国际上引起了广泛关注。尽管事实研究表明，印度城市的空气污染问题比中国城市更为严重，但大气污染对中国人身体健康和中国国际声誉的损害是巨大的。

大气污染问题在国际上并非没有先例。遗憾的是，由于国际范围内人们的普遍短视，专家虽一再警告大气污染的严重危险，但许多国家仍未将这个问题纳入政策议程。举例来说，英国就有过与中国类似的经历。1952 年发生的伦敦烟雾事件（Great Smog of 1952），致使 12000 人死亡，堪称英国的国难。这一事件促使英国政府采取了强有力的措施，如制订并实施《清洁空气法》。中国如果不采取极其严厉的法律手段治理大气污染，就会受到有关各方的责难，国际经验证明，这些环境问题并不是不可能治理的。

但是，那种认为只需采取法律手段就能解决环境问题，无须将其涉及的经济因素视为根本性问题，也无须将其纳入中国的宏观经济／金融政策体系的观点是错误的。鉴于这个问题的严重性和主要根源，某些小规模的环保措施，如限制公车使用、禁止过分燃放烟花爆竹或禁止烧烤，虽有助于体现政策的关注点，但不足以解决环境问题。要真正解决环境问题，就必须在供电和运输之类的决定性经济领域实现根本的转变。

因此，中国政府明确表明中国必须长期推行必要的政策，以便成功解决大气污染问题，这是一个令人欢欣鼓舞的事实。中国环境科学研究院副院长柴发合强调，在这个问题上不可能很快取得胜利。他说：

> 西方国家用了几十年的时间提高空气质量，并且仍在为此努力。中国目前正在做的是竭尽全力，尽快提高空气质量，但我们也要现实地看到前进道路上的重重困难，做好长期与污染作斗争的准备。这场斗争需要社会每一个成员的参与。

中国在这一领域取得成功的时间规划并不仅仅是由统计数字体现的，还来源于实际经验。中国目前的人均 GDP 大致相当于英国 20 世纪 50 年代初伦敦烟雾事件发生时期的水平，这并非巧合（尽管中国目前的经济增长速度远远超过当时的英国，因而中国只需很短的时间就能达到英国当时的经济发展水平）。1952 年堪称英国国难的伦敦烟雾事件后，英国用了十年的时间才彻底消除了这种危险性的烟雾——到 1962 年，伦敦虽然仍有令人不快的烟雾，但没有造成大量人员死亡。又经过了 20 年的时间，空气质量有了显著提高，来自泰晤士河等途径的污染得以消除，环境质量从根本上得以改善。其他欧洲国家特别是德国在环境保护方面的成功甚至超过英国。

单纯采用法律手段而不辅之以经济方面的转变是不足以解决环境问题的，这再次说明认清宏观经济层面的投资问题是至关重要的，也从另一个角度说明"消费拉动增长"论是错误的。解决环境保护问题需要巨额投资，因而涉及财政支出问题，原因很简单：非污染性的运输、发电和建设项目比污染性的同类项目需要投入更多的资金。正如中国能源研究会副理事长周大地所言：改善环境基本上是一种建筑形式，这肯定需要社会投资。

因此，要搞好环境保护，不但不能削减固定资产投资，还要提高固定资产投资力度，因为环境保护不仅需要投资，而且需要向众多不同的领域投资。

幸运的是，中国已在环境保护所必需的关键技术领域处于领先地位，这有助于中国将环境保护政策纳入本国经济发展的全局。例如，一个名为"过渡"的国际环保人士组织指出：中国的太阳能板占全世界的80%……在开发利用可再生能源方面也超过其他国家。去年，中国的太阳能和风能发电超过其他任何国家。

因此，中国公布的环保措施是重要的，但这只是21世纪若干最重要的经济进程和挑战之一的开端——中国这样一个拥有13亿人的大国怎样才能建设成一个不但拥有较高生活水平而且进行较好环境保护的国家。在这个问题上，宏观经济层面上的关键结论是：中国要控制环境污染并处理其他环境问题，就需要提高而不是降低投资在其经济总量中所占的比重。

城市化

中国在提高国人的生活质量方面，比环境保护所需投入更大，因而涉及更多宏观经济和金融问题的是城市化、加强社会保障和促进社会公平这三个相互关联的问题。

中国的经济政策将城市化作为将长期和短期目标统一起来的战略关键点，是十分明智的。从长期看，所有发达经济体都实现了城市化；从短期来看，中国的城市人均收入相当于农村的三倍，这说明城市的就业岗位具有较高的生产率。因此，城市化有利于中国迅速提高生产率和居民生活水平，是中国从2010年到2020年实现GDP翻一番目标的关键所在。2014年3月，中国政府宣布将于2020年实现城市化率达到60%的目标。

但城市化进程涉及许多直接的金融问题。中国的城市发展，需要在住房、交通运输、电力供应、污水处理、信息技术设施、环境保护和众多其他领域投入数以万亿元人民币计的巨额投资。在中国人的某些谈论中，有人错误地认为随着经

济发展和城市化的进程，国家在经济中发挥的作用和国家支出在经济中的重要性
将会降低。比较一下其他国家的情况，就会发现这个观点是错误的；图24-1显示
了美国国家民用支出在本国 GDP 中所占的比重，读者不妨将中美在这方面的情况
进行比较一下。

图24-1 显示，即使在美国，国家民用支出也会随时间推移和经济发展而显著
增长。1952 年，美国国家民用支出仅占 GDP 的 12%；到 2014 年，则增长到 GDP
的 30%，共增长了 2.5 倍。即使像里根那样口头上反对扩大政府开支的总统也会
提高国家民用支出在 GDP 中所占的份额——里根就职前的一年，国家民用支出
占 GDP 的 24.4%；里根离任时，这一比例上升到 26.1%。纽约或伦敦等高度发达
城市，分别是其所在经济体中纳税最多的地区，因为它们对城市的基础设施和其
他领域进行了巨额投资。事实证明，一个国家的经济发展程度和城市化水平越高，
就越需要提高社会保障、教育、养老、卫生等方面的水平，国家支出所起的作用
就越大。

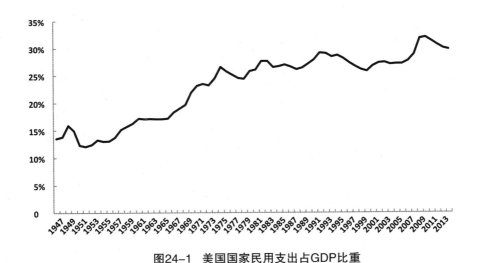

图24-1 美国国家民用支出占GDP比重

资料来源：根据美国经济分析局NIPA统计表1.5.5和3.1数据计算。

因此，城市化不仅将极大改变中国公民的生活，同时也将改变中国的经济和金融结构。中国某些人士认为，与其他国家相比，中国的政府投入偏高，实际上恰恰相反，中国的国家支出远远低于其他发达经济体。如图 24-2 所示，中国的国家支出仅占 GDP 的 29%，而美国为 37%，日本为 40%，德国为 45%。显然，中国要加强社会保障，提高对教育、卫生等方面的投入，就必然增加而不是减少国家支出。随着中国逐渐成为发达经济体，国家支出在 GDP 中所占的比重也会逐渐上升。

建立社会保障，促进社会公平

最后一点，建立充分的社会保障、环境保护和卫生保障机制这一现实也说明"消费拉动增长"论甚至从其本身角度看也是站不住脚的。有一种观点认为，中国的个人消费在经济总量中所占的比重低是因为中国缺乏充分的社会保障机制，因而人们只能靠自我储蓄防病、防老，如果有完善的社会保障，人们就会乐意将更多的钱财用于家庭消费。

但上述观点是完全不成立的，因为这个观点没有考虑到建立社会和医疗保障本身也是需要资金的，而这些资金是不可能凭空产生的。从经济角度看，卫生、养老和社会保障都是消费的具体形式，或主要用于消费的转移支付。这些资金来自哪里？如果它们来源于减少储蓄，则投资也随之下降；但在这种情况下，由于前文所分析的原因，经济增长也会下降，进而造成各种形式的消费增长率降低。因此，通过减少储蓄提高社会保障必然造成总体消费增长率下降，而不是提高。

如果在不减少储蓄和投资的情形下提高养老、失业、卫生等方面的保障，所需资金只能来源于现有消费支出。这意味着养老、社保、卫生等方面的支出增加，但用于其他消费的支出下降。因此，根本就不存在消费净增加，只是消费结构的变化。这就直接涉及社会不平等问题：

- 如果扩大社会和卫生保障的资金来源于减少投资和储蓄，例如减少企业投资,就必然导致经济增长速度下降,进而导致消费增长和居民生活水平提高速度下降。在这种情况下,养老或卫生等社会保障性支出的增长可能会加快,但住房、手机或度假之类的个人消费增长将会以更大比例下降。整体的消费增长率也会下降。

● 如果提高社会保障的资金来源于不同消费形式间的资源转移,则现有的投资规模和消费增长率就能得以保持,但在这种情况下,应当降低哪些人的消费增长率以筹集社会和卫生保障资金?这就直接面临着不平等问题,特别是应向哪些人征税的问题。

如果社会和健康保障资金来自向中低收入阶层征收的税款,这只不过是将他们的私人消费转向社会保障性消费,从总体上看,这种做法不会使中低收入阶层真正受益。只有当社会和健康保障资金来自向高收入阶层征收的税款时,中低收入阶层才会真正从中受益。这是一个社会政策问题,超出了本书的探讨范围。

但可以明确的是,城市化、环境保护和社会不公平涉及的宏观经济和金融问题是不可回避的。环境保护和城市化需要高比重的投资,社会和卫生保障同样需要巨额投入,因此它们的资金来源问题应该同时加以考虑。这些问题既是社会政策问题,也是宏观经济政策问题;是中国从中等收入经济体向高收入经济体过渡进而实现繁荣过程中面临的关键问题。这些相互结合在一起的宏观经济问题和社会问题是中国在未来十年向发达经济体过渡直接面临的问题。无论从中国自身还是国际比较的角度看,它们都是实现习近平"四个全面"中的第一项即"全面建成小康社会"所面临的决定性问题。

25 > 中国梦，不是梦

正是基于"中国梦——人类最重要的问题"这一点，本书所分析的经济学问题，已与世界另一个最重要的问题——实现中华民族的伟大复兴紧密联系在一起。因此，即使放在更广阔的历史背景中，中国所创造的经济和社会奇迹也值得我们总结。

中国梦的意义

就实现中国梦的基本时间表，习近平指出：

> 我们已经确定了今后的奋斗目标，这就是到中国共产党成立100年时全面建成小康社会；到新中国成立100年时建成富强民主文明和谐的社会主义现代化国家，努力实现中华民族伟大复兴的中国梦。[34]

但正如我在本书中自始至终所述，中国现阶段实现中国梦的影响不会仅限于中国，而是会影响地球上的每个人，因此会对地缘政治产生深远影响。概括地说，中国将分阶段逐步实现中国梦：

• 2025 年，中国将成为世界最大经济体，不管是以何种方式衡量。

• 2021 年，中国将成为小康社会，按照国际标准将在 2025 年成为高收入经济体。

● 2030—2035 年，中国将成为世界最强大的经济体。

因此，这种演变意味着，中国仅仅用了 80 多年（一个生命周期）的时间，就从极其贫困的、一个世纪以来不断遭受外国践踏的国家，变成世界上最大、最强的经济体。

在人类历史上，此前从未有国家在如此短的时间内这样迅猛地崛起，历史上也从未有如此多人的生活水平如此迅速地得到改善。但说起来有点矛盾的是，中国取得的前所未有的成就恰恰增添了了解其规模和全球影响的难度：不能正确理解历史上从未有过的发展成就，必然会导致认知落后于现实。正如本书序言所述，导致人们较难正确理解这一点，是由于一些试图阻挠中国复兴的势力故意掩盖这些真相。由此产生的必然结果是，中国人对自身的看法，其次世界对中国的看法，成为全球最大戏剧性事件之一。

因此，中国目前正在发生的一切，就是致力于实现中国复兴的人和所有试图阻止这一切发生的势力间的艰巨斗争。斗争的结局不仅将决定中国的形势，而且被视为决定全球发展的最重要因素。这正是尽管世界上重要的事件数不胜数，我却执意要写此书的原因。

四个全面

鉴于客观的地缘政治环境和中国实现国家复兴的意义不仅关乎中国本身，而且也关乎全人类，我在第 22 章分析了中国共产党表明不做"中国的戈尔巴乔夫"的重要性。习近平也已在其著作《习近平谈治国理政》中对此作了明确说明。与此同时，在 2015 年全国人民代表大会召开之前，他进一步提出了"四个全面"的理念。我已在第 3 章对四个全面之首的"全面建成小康社会"进行过分析，但把其与其他三个全面结合起来分析也很有必要。

四个全面之"全面从严治党"，是出自习近平《习近平谈治国理政》对中国共产党作用的分析：

确保党在发展中国特色社会主义历史进程中始终成为坚强领导核心。[35]

正如前文对叶利钦的分析所示，此人利用戈尔巴乔夫创造的开放机会摧毁了苏联，导致俄罗斯陷入国家灾难——他早在 1990 年 7 月正式脱离苏共前，就多次违反苏共纪律。因此，中国的敌人明白，炮制中国共产党违纪现象同样是削弱中国的关键。但他们的这种企图被"四个全面"打破了。

"四个全面"之"全面依法治国"非常关键。腐败和类似问题本身就涉及违法。但尝试采取独断专行的个人行动处理这些问题正深深伤害和败坏中国和其他国家的名声，这些曾有过先例。因此，反对腐败和其他恶行的斗争必须严格依法进行，推进这些措施的重要意义是会增强中国实力。

最后，习近平坚称"四个全面"之"全面深化改革"必须产生看得见的结果，并且改善民众生活条件。这最终会对经济政策产生决定性影响。

习近平在 2015 年全国人民代表大会前夕用更接地气的话强调：我们必须要让人民群众对改革有更多获得感。

让人民对改革有更多获得感

国际经验充分证实了这一事实，即人民群众必须直接感受到狭义的经济过程或广义的国家复兴变化所带来的益处。在一些国家，特别是俄罗斯，改革简直已成为骂人用语，因为所谓的改革实际上是帮助某些人掠夺国家财富，加剧贫富差距、腐败和国家耻辱。因此，习近平点出了问题的关键：只有让人民群众享受到改革红利，感受到生活水平持续改善、中国国际地位不断提高，改革才能得到人民群众的拥护，中国共产党的执政地位才能进一步巩固。因此，经济改革的最重要标准不是市场和效率等抽象的问题，而是民众的生活条件和中国的世界地位不断提高，由此让人民对改革有更多获得感。

相应地，国际经验也证明，这最终将是增强国家实力和实现国家复兴等其他问题的关键。参照苏联垮台的情况，苏联当年拥有强大的军事力量，其实力甚至比现在的中国强大得多。但最终，他们却无法保卫苏联，也没有阻止俄罗斯陷入历史性的灾难——苏联不是被外部摧毁的，而是被人从内部攻破。苏共失去民众信任后，苏联也随之崩溃，随即陷入"20世纪最大的地缘政治灾难"（普京语）：俄罗斯国家力量崩溃，分裂主义取得胜利，生活水平急剧下降，预期寿命下降，内战爆发，敌对的军事同盟几乎推进到俄罗斯边境。究其原因，是苏共失去民众支持后，潜艇停摆、坦克生锈、军事基础设施崩溃后所致的。

如果苏联所发生的一切在中国重演，中国的处境不会有什么不同。不管中国人民解放军多么强大，不管其以往的记录多么辉煌，不管其士兵多么勇敢，如果中国共产党失去了民众的信任，中国将会被击败，中国梦也不可能会实现。因此，国际经验证明，习近平所说的"让人民对改革有更多获得感"，对中国经济和中国复兴的整个进程都很关键。

所以，"四个全面"是一个有机整体，不可割裂开来。正是由于这个原因，"四个全面"一经提出，就在中国乃至国际社会引发大量的讨论。"四个全面"让中国梦不再只停留在纯理念上，而是具有可操作性。"四个全面"的作用在于它们具体体现了中国实现中华民族伟大复兴的国家意志。

改变攻击方案

如果习近平的"四个全面"阻止了苏联解体的一幕在中国重演，直接消灭了可能存在的"中国的戈尔巴乔夫"，这意味着那些试图阻挠中国复兴的人不得不放弃这个目标。这对美国新保守派来说是不堪设想的，因为中国实现中国梦会终结美国单方面主导世界社会秩序的能力。这意味着，阻止中国实现国家复兴的敌人不得不改变他们的策略。因此，对中国的敌人来说，攻击的顺序不得不作出修改——首先中国的经济得被削弱，这将会引发社会不满和较大的负面政治风潮。只有这个过程实现了，推翻中国共产党的目标才会实现。这是本书重点关注经济发展与新保守派（及其他类似势力）所使用的危害经济的手段这些问题的原因。

自信

但这些地缘政治和经济问题仅构成了中国广泛的社会政治心理的一部分，因为将要实现国家复兴的中国与所有那些希望阻止这种情况发生的人是相冲突的。因此，国家复兴与国家自杀间的冲突不仅牵涉外部，而且也遍及范围广泛的中国社会。反过来，这跟另一个更"抽象"但在中国俗称为"自信"的重要问题有关——虽然真正的问题更为复杂。事实上，习近平所提出的中国梦概念，与这个问题的核心直接紧密相连。

用更笼统的话来说，要深入了解这个问题，就有必要看看新加坡国立大学李光耀公共政策学院院长、亚洲最敏锐的观察家之一马凯硕（Kishore Mahbubani）广泛比较亚洲各国后作出的直白评价。马凯硕还认为，这种趋势在中国之外的亚洲其他地区更为明显。但遗憾的是，这对中国国内也有所影响。因此，他得出更广泛的结论：

> 当我们年轻时，我们认为西方有一本真经；当我们长大后，我们意识到西方根本不存在这样的真经。[36]

马凯硕指出，就经济而言，与旧观念截然相反的实际情况是，真正的趋势正转向中国，而非西方。林毅夫对此原因作了正确的分析：

> 现代经济学以亚当·斯密出版《国富论》作为标志和起点，从斯密到20世纪30年代，大师级的经济学家绝大多数是英国人或者是在英国工作的外国人。20世纪30年代以后，则是美国替代了英国成为了最大经济体。大师级经济学家在时空上的相对集中性，同经济学属性有关。经

济学理论在于用一个可以说明因果关系的简单逻辑体系来解释现象，现象越重要，理论也就越重要。什么叫大现象？发生在重要国家的现象就是大现象。社会经济变量有成千上万，对经济学家而言，往往是"近水楼台先得月"，只有生活在一个经济体之中，才能真正把握其中关键的真实的社会经济变量。如果说到2030年左右中国能成为全球最大经济体，发生在中国的各种经济现象也就会越来越重要，中国的经济学家或者说在中国工作的经济学家，就能比较好地把握中国现象的本质，这样的经济学理论贡献也就越大。我相信，经济学研究中心向中国转移是不以人们意志为转移的。[37]

简言之，就是这种东移到中国的转变实际已经发生了。认为经济学本质上是关于数学模型或者技术细节的观点是一种错误。经济学是有关正确理解何谓最重要的经济力量的学科，因此，建立促进经济发展的结构是重中之重。我在第2章和第3章曾分析，中国社会主义市场经济的创建是实际结合了世界变化趋势，因此，从某种意义上讲，邓小平与那些启动了中国经济改革开放的人，是促使世界经济思想中心转移到中国的推手。

甚至诺贝尔经济学奖，也说明新现实和过时的观念之间存在历史代沟。鉴于中国已创造过人类历史上最伟大的经济增长成就，同时实现了人类历史上最快的生活水平增速，诺贝尔经济学奖应该定期授予一批中国经济学家——世界可能会为总是授予中国诺贝尔经济学奖而感到无聊！与中国取得的经济成就相比，西方学者根本是微不足道。

借鉴中国经验

这样的问题也直接关系中国的成就对世界的意义。中国所实施的政策是为实现其国家复兴服务的，而非为其他国家的利益服务。中国从未要求其他国家效仿其经济道路，而是不断强调每个国家应该寻找适合符合本国国情的道路。中国要做到这一点，就必须深刻理解、并且遵守最普遍形式上的经济力量。尽管其他国家无法全盘照搬，但我们应该明白，这个过程是具有普适性的。其他国家可以通过中国的经验发展自身经济。发展中国家尤其应如此，正如林毅夫指出：

> 一些人也许会认为，有13亿人口的中国是独一无二的，其表现是不可复制的。我不赞同这看法。只要能够善用后发优势，从发达国家引进技术并提升国内企业，任何发展中国家都可以有持续几十年的快速增长，同时大幅减少贫困的类似机会。[38]

但从另一个角度讲，这种观点也适用于发达经济体。事实上中国对古典经济学的理解远比大多数在西方受教育的学者正确。在中国之外，这一点将随着时间的推移被逐渐注意到。因此，尽管任何国家全盘照搬中国都会犯错误，中国经济影响力依旧会逐渐波及其他国家。

地缘政治

事实上，这些同样的过程适用的范围远比经济学广泛。马凯硕就地缘政治直言不讳但却正确地指出西方正以如下方式衰落：

> 西方地缘政治智慧正在减退。
>
> 有人注意到了西方10年来一连串的地缘政治失败吗？尽管采取了大规模军事与金融干预，伊拉克和阿富汗仍在走向失败……而如今，西方几乎要把俄罗斯变成敌人，这无异于为中国送上一份地缘政治大礼。
>
> 这些失败的原因何在？原因简单得令人惊讶。在保持了两个世纪的成功之后，西方领导人想当然地认为，他们的角色就是维持西方势力的

扩张。他们中没有一个人充分意识到一个不可否认的新现实：西方的真实挑战在于应对衰落。

未来几十年，有些趋势将变得不可逆转。西方在全球人口、经济体量中的比重会下降，这必然会导致其政治和军事实力在全球的地位下降。西方应当如何应对自身的衰落呢？[39]

事实上，马凯硕还称，"西方的自我妄想式傲慢"必将在屡屡碰壁的重压之下慢慢改变。正如布鲁玛在《金融时报》正确地指出：非西方力量正在快速成长。欧洲要维持优越感越来越难。[40]因此，中国人缺乏自信只不过是认知落后于现实（中国是世界的未来，西方已是世界的过去）的一个极端的例子。

中国经济真相

本书已详尽地分析了一些势力希望隐瞒中国经济和社会成就真相的原因——民众普遍了解"中国已取得世界最伟大的经济和社会成就"的事实，对于那些试图忽悠中国实施国家自杀的人，是一个致命的障碍。因此，他们必须不断隐瞒这些真相。这也是那些希望中国用资本主义社会制度取代中国社会主义制度的人，不断错误地夸大美国和西方国家经济发展成就，同时极力隐瞒中国前所未有的成就规模的原因。这是那些传播历史虚无主义、预测中国崩溃、抹黑中国的人的实际政治目的。

因此，围绕中国经济政策的意识形态斗争必将持续不断。那些希望推翻中国经济政策和社会主义制度的人，不得不试图隐瞒中国经济和社会成就真相，同时隐瞒他们所极力主张的经济政策会带来灾难这一真相（正如他们已经给其他国家带来灾难一样）。与此同时，那些希望中国的国家复兴能继续的人——要么因为他们是中国人，因此对此问题有代入感，要么因为他们相信中国实现国家复兴符合全人类的利益——虽然无意夸大或吹嘘中国实现国家复兴的重要性，但让他们如实告知公众中国经济成就真相确有必要。

就个人事务而言，甚至过分谦虚也可算是美德。但就严肃的问题而言，中国实现国家复兴是世界上最重要的问题，乐观主义抑或悲观主义都不是美德，只有现实主义才是美德。

中国的历史经验

这些试图掩盖中国在物质和知识层面取得前所未有成就的人，事实上和中国的历史经验这个更广泛的问题有关。《环球时报》曾就中国的自我认知刊出一篇社论：

> 如今很多人都同意"中国人不自信"这个判断……一个人的不自信是他个人的原因，中国社会文化层面的不自信，一定经历了至少几代人的文化心理积淀，它的深层原因只能去历史中寻找。
>
> 近代 100 多年的积贫积弱，包括中国沦为西方列强半殖民地的遭遇，是中国人集体心理不够强大的真正根源。[41]

但根据马凯硕分析，缺乏应有的自信并不是中国独有的，它只不过是西方虚幻的文化傲慢所带来的历史遗留问题。拉美分析家爱德华多·加莱亚诺（Eduardo Galeano）曾撰文描写因美国长达一个世纪的控制和入侵而引发的类似问题：

> 拉美已被训练成阳痿了。殖民时代沿袭下来的教育方法，加上暴力的士兵、胆怯的教师和意志薄弱的宿命论者的施教，在我们灵魂中深深植入以下观念，即现实不可捉摸，我们只能默默忍受每一天的灾难。[42]

拉丁美洲一个半世纪以来不断遭受美国的军事和政治干预。同样，1949 年之前的一个世纪，中国屡遭外国列强践踏。领土被占领，被迫进口鸦片，历史文物和建筑普遍遭到破坏，"一战"时加入同盟国作战却遭到盟友背信弃义的对待，所谓的文明国家禁止中国人在自己的领土上自由迁徙，最后还遭致日本全面入侵。就丧失的生命和外国列强入侵其领土的数量规模而论，中国的经历比拉美惨痛得多。这导致中国一些人将外国列强的羞辱内化为民族自卑感。

这也是毛泽东 1949 年庄严宣告"中国人民站起来了"，不仅对中国具有特殊的重要意义，而且引发更广泛的国际反响的原因。这句话不仅涵盖经济和社会层面，而且也包括道德和精神层面。全世界数十亿人民也希望，他们能像中国人民一样站起来。出于同样的原因，纳尔逊·曼德拉或菲德尔·卡斯特罗等其他国家的伟大领导人与一些民权运动领袖，后来也发表了契合其国家形势的讲话，表达了类似毛泽东的观点。事实上，这也许可以唤起了解这段运动历史的一些中国人对最伟大的演讲之一的回忆，比如马丁·路德·金题为"我有一个梦想"的演讲。

但中国的独特之处在于，历史上从没有一个国家像中国这样，极大的客观成就与自信心缺乏形成鲜明对比。作为在中国的外国人，每天发生的大大小小的事情让我对此深有体会，我也可以举无数的或大或小的例子。但《环球时报》下面的分析与我个人经历的许多事件相符合——即使我对《环球时报》论述的个别案例持不同看法。

近期《环球时报》展开的对 20 世纪 80 年代文化思潮的价值探讨，引起了激烈的争论。

我认为，那是一个逆向种族主义沉渣泛起的年代，其情可悯，但其愚绝不可继。

20 世纪 80 年代之《河殇》，从原始村落姜寨建有围墙，后秦朝又修有长城，便推断出中国人有可追溯至史前的封闭之"劣根"，却全然不顾他们推崇的欧洲人自原始社会至中世纪同样有各种大大小小的墙。

《环球时报》继续分析：

> 时至今日，"河殇体"仍然老当益壮，有人在网上说："中国人爱圆桌吃饭，西方人则更喜欢方桌，这在文化上天生是有差异的——方桌让人四目相对，它传递着这样一种信息，我只关注你，而不是别人，所以，西方文化更加浪漫。"请问这位发言者，有没有听说过中国民间有一种大气的方桌叫八仙桌？据说"画圣"吴道子所处的唐朝就有了。而且以神话中的八仙命名，也不失为浪漫吧。

个人只要稍加理性分析，绝不会相信类似"西方文化更加浪漫"这样荒谬的论断。然而，我们不得不承认，在当今中国，此类论断信之者众。

《环球时报》得出结论：

> 这种自我憎恨实际上是一种逆向民族主义，或者甚至是逆向种族主义。逆向种族主义认为种族有优劣，但认为别的种族优秀，自己种族是劣等。逆向种族主义粉碎了我们的民族凝聚力……
>
> 逆向种族主义使得很多中国人陷入了自我作践的严重心理疾患。某名牌大学的副教授网上有言："爱国贼们也别不服气，这民族就是劣等种族（我为自己属于这民族感到万分羞耻）。"这样的种族主义言论近乎纳粹，恐已超过了很多西方国家言论自由所能容许的底线，西方大学里有好几例比这轻微得多的种族主义言论都导致了发言者被开除教职。[43]

回到我关心的领域，举一个更具有普遍性的例子，中国境内外的许多人还是从心理上很难承认，中国 1978 年后的决策理论和方法都被证明优于西方，而听从了西方建议的俄罗斯和其他地方都遭殃了。事实是，中国的成功是因为其选择了忽视西方所倡导的建议，而是坚持中国自己的国家领导人决定的国家道路。对那些诋毁自己国家的人来说,"中国在思想上优于西方"可能比"中国的经济发展快于西方"更加难以接受。同样,西方也有很多人不敢想象,中国的领导人比他们的领导人和专家聪明。中国人缺乏自信的自我否定和西方自以为是的傲慢共同造成了上文提到的认知落后于现实的问题,因而无法及时认识到中国无与伦比的经济成就。

实事求是

对中国的敌人来说,现在阻止中国复兴的时间几乎已所剩不多了。20 年后,中国和世界的现状将会因中国崛起而不可逆转地变得更好。至于实现中国梦的下一步,即把中国这个比欧盟、美国和日本人口总和还多的国家带入小康社会,本身就是一项人类历史上没有先例的伟业。引用习近平的话来说,中国的发展前景不仅关乎其自身,而且关乎人类:

> 在五千多年的文明发展历程中,中华民族为人类文明进步做出了不可磨灭的贡献……我们的责任,就是要团结带领全党全国各族人民,接过历史的接力棒,继续为实现中华民族伟大复兴而努力奋斗,使中华民族更加坚强有力地自立于世界民族之林,为人类做出新的更大的贡献。[44]

但要正确理解这些话的意义,就必须从另一个角度,即以一个人类成员(比如我本人)而非中国人的角度看待习近平的讲话。习近平还着重指出,尽管中国拥有伟大的文明,也取得了伟大的成就,但中国没有优越于其他国家的想法,中国也并不想统治世界。中国寻求的是通过与其他文明的互动,为自身和他国带来双赢的结果。

正如德国伟大的哲学家黑格尔曾指出的,改变人类总体进步的特定历史时刻是由某个特定的国家决定的。列宁也同样指出，要抓住链条上的特殊环节以掌握整个链条，并切实准备过渡到下一个环节，就有必要在任何时间点都知道哪个链条是决定性的。以欧洲历史进程为例，荷兰在 16 世纪末发动了历史上的首次反封建革命并取得了成功。荷兰是一个小国，但此次事件带来的影响极大，对世界历史的进程产生了积极的推动作用。1776 年，美国宣布发动独立于大英帝国的战争，然后取代英国成为世界上最强大的国家。18 世纪末，法国爆发自由斗争，动摇了欧洲的根基。1917 年，俄罗斯爆发革命，这不仅是世界史上最伟大的事件之一，而且也加速了所有殖民帝国的衰落，对中国也产生了决定性的影响。

同样，今天中国人民在中国土地上追逐中国梦，对当代中国乃至全人类而言，都是迈出的最伟大一步。

【注释】

〔1〕习近平《习近平谈治国理政》之《顺应时代前进潮流，促进世界和平发展》，2014 年，第 273 页。

〔2〕同上。

〔3〕同上，第 276 页。

〔4〕布莱克威尔和泰利斯，2015 年，第 4 页。

〔5〕芝加哥全球事务委员会 / WorldPublicOpinion.org，2007 年。

〔6〕莱夫勒和勒格罗，2008 年，第 251 页。

〔7〕杰夫·戴尔，2014 年，第 116 页。

〔8〕同上。

〔9〕理查德·哈斯，2013 年，第 25 页。

〔10〕伊格莱西亚斯，2011 年。

〔11〕布莱克威尔和泰利斯，2015 年，第 23 页。

〔12〕同上，第 4—5 页。

〔13〕2013 年，美国采取了新的国民经济核算体系，其他国家尚未采纳。为确保可比性，本段中的数据都是用莱斯纳（1989 年）的 2013 年前国民经济核算体系计算的。

〔14〕根据世界大型企业联合会基于通货膨胀率调整的购买力平价计算。

〔15〕里卡兹，第 108 页。

〔16〕同上，第 83 页。

〔17〕同上，第 88 页。

〔18〕潘尼奇和吉丁，2012 年，第 254 页。

〔19〕约瑟夫·斯蒂格利茨，2002 年，第 89 页。

〔20〕同上，第 143 页。

〔21〕同上，第 145 页。

〔22〕同上，第 145 页。

〔23〕同上，第 146 页。

〔24〕同上，第 150 页。

〔25〕史文扎，2013 年。

〔26〕同上。

〔27〕马克思，1857 年，第 36 页。

〔28〕《金融时报》社论，2013 年。

〔29〕安德里尼，2014 年。

〔30〕陈雨露，2013 年。

〔31〕同上。

〔32〕同上。

〔33〕家庭消费支出在 GDP 中所占的比重从 34.9% 增长到 36.2%，政府消费在 GDP 中所占的比重从 13.2% 增长到 13.6%。消费与投资之和并不等于 100%，因为净出口在 GDP 中也占有一定份额。

〔34〕习近平《习近平谈治国理政》之《实干才能梦想成真》，2014 年，第 44 页。

〔35〕习近平《习近平谈治国理政》之《着力培养选拔党和人民需要的好干部》，2014 年，第 411 页。

〔36〕林毅夫《从西潮到东风》，2013 年。

〔37〕林毅夫《经济学将东移》，2012 年。

〔38〕林毅夫《解密中国经济》，2011 年。

〔39〕马凯硕《西方应向中国取经》，2014 年。

〔40〕布鲁玛《拥有基督信仰的白人越来越难维持优越感》，2013 年。

〔41〕环球时报《半殖民地的余毒仍在影响国人自信》，2013 年。

〔42〕爱德华多·加莱亚诺《人民投票反对恐惧》，2005 年。

〔43〕王小东《"河殇体"可以休矣》，2011 年。

〔44〕习近平《习近平谈治国理政》之《人民对美好生活的向往，就是我们的奋斗目标》，2014 年，第 3-4 页。

从技术细节层面浅谈增长核算方法发展历程

下文对增长核算方法发展历程及其官方计算方法变化的技术梳理，摘自哈佛大学教授戴尔·乔根森（Dale W. Jorgenson）所著《生产力经济学》（The Economics of Productivity）的序言。

本附录内容并不意味着乔根森认同抑或不认同我在本书中所作的其他任何结论。

生产率测算简史

20 世纪 70 年代初期，两本截然不同的专著竟罕见地就经济增长理论作出了一致的论述。库兹涅茨（Kuznets）的《各国的经济增长》（Economic Growth of Nations）总结了其数十年对各国经济增长的实证研究[1]，索洛（Solow）则以"增长理论：一种说明"（Growth Theory: An Exposition）这一温和的标题为其关于经济增长的专著命名，书中包括其 1969 年在华威大学"拉德克利夫讲座"上的演讲。索洛在这些演讲中对自己继罗伊·哈罗德和埃弗塞·多马之后从事的数十年的理论研究进行了总结。[2]

让我先解释一下索洛和库兹涅茨的增长理论在 20 世纪 70 年代初期诸多竞争者中脱颖而出，并具有不容置疑的优势的原因。索洛的新古典经济增长理论，尤其是其经济增长模型中稳定状态的分析，提供了明确而先进的理念。库兹涅茨则通过量化美国和其他 13 个发达经济体的绵长历史经验，提供了令人信服的实证支持。此外，他还将这些实证支持与对战后发达经济体和发展中经济体的量化比较结合了起来。

事后看来，库兹涅茨和索洛传统框架最明显的缺陷，就是理论和实证部分缺乏清晰的关联。最大的不足则是，这两个伟大的经济学家完全没有交集，他们在其主要著作中从未交叉引用过对方的作品。尽管他们在同一个框架下研究相同的问题，且几乎在同一时间和同一地理位置——马萨诸塞州剑桥市！

如果为经济增长理论达成的惊人共识找一个类比的话，我们可以想象不同轨道上运行的两个天体，从地球视角上看突然在某个点短暂重合，光芒虽转瞬即逝但耀眼夺目。即使细节已被遗忘很久，这个非凡事件留下的不可磨灭的印象会深深地印在经济学家的共同记忆里。即使两人共同达成的专业成果现在已经过时，也仍然会成为随后几十年的概念发展和实证观察的指路星。

对库兹涅茨和索洛的理论框架的最初挑战来自爱德华·富尔顿·丹尼森（Edward Fulton denison）的权威著作《为什么经济增长率不同？》（Why Growth Rates Differ）。[3] 不过，丹尼森保留了索洛和库兹涅茨惯用的国民生产净值（Net National Product）指标，用以测算国民生产。此外，丹尼森还保留了资本存量指标，用以测算资本投入。他对 9 个工业化经济体 1950—1962 年间表现情况的比较则被库兹涅茨和索洛广泛引用。

然而，丹尼森抛弃了库兹涅茨和索洛用工时测算劳动力投入的方法，而是沿袭其早期的美国经济增长研究，即 1962 年出版的《美国经济增长因素和我们面临的选择》（The Sources of Economic Growth in the United States and the Alternatives Before Us)。[4] 由于丹尼森认为工人的年龄、性别和受教育程度存在差异性，因而在他的研究中提出了衡量劳动力投入的恒定质量指数应将工时质量差异考虑在内。

库兹涅茨意识到丹尼森的劳动力投入测算方法所带来的挑战后，针对丹尼森的研究结果提出了自己的看法，并认真清除了丹尼森的劳动力投入测算方法中教育程度变化所带来的影响。[5] 索洛则广泛引用丹尼森在产出与资本存量增长方面的研究结果，但避免具体引用丹尼森的劳动力投入指数，而是坚持视工时（20世纪70年代初期称为"人工"）为劳动力投入指数。[6]

库兹涅茨指出："除了一两个例外，人均要素投入贡献率只占人均产出增长率的很少一部分。"[7] 在1929至1957年期间，美国人均投入增长率已经超出了人均产出增长率。据库兹涅茨估计，在这段漫长的周期内，人均资本投入对经济增长的贡献率大多为负值。

当代经济学家关于传统增长核算方法没落的讨论始于荷兰伟大的经济学家简·丁伯根（Jan Tinbergen）。丁伯根于1942年第二次世界大战期间在德国发表了一篇著名文章，却在当时不受重视。[8] 丁伯根分析了美国1870—1914年间的经济增长源头后发现，产出效率对经济增长的贡献仅略高于1/4，而资本和劳动力投入增长则是经济增长的主要因素。这正好与库兹涅茨（1971年）和索洛（1970年）30年后得出的结论相反。

"效率"或"全要素生产率"的概念是由乔治·斯蒂格勒（George Stigler）于1947年单独提出的，也成为美国国家经济研究局一个主要研究项目的出发点。[9] 这个项目采用了美国国家经济研究局此前研究得出的美国经济产出数据，特别是引入了库兹涅茨1961年对全国生产做出的具有开创性的预测数据。[10] 该项目的资本数据输入则是采用雷蒙德·戈德史密斯（Raymond Goldsmith）1962年开创的国民财富核算体系。[11] 然而，其中大量的数据是由约翰·肯德里克（John Kendrick）于1956年与1961年生成，他所采用的是精确的国民生产账户系统，包括国家层面和个人产业的产出、投入和生产率测算。[12]

索洛于1957年发布了一篇名为"技术变化与总生产函数"（Technical Change and the Aggregate Production Function）[13] 的文章，将保罗·道格拉斯（Paul Douglas）1948年所开创的计量经济学模型与丁伯根根据摩西·阿布拉莫维茨（Moses Abramovitz）和肯德里克（Kendrick）1956年开创的生产账户汇总整合在一起，从而获得了应有的赞誉。索洛发现，技术变化促成了生产函数的变化。如阿布拉莫维茨、肯德里克和库兹涅茨一样，他也认为美国几乎所有的经济增长归于生产率的残差增长。[14]

阿布拉莫维茨于 1956 年、肯德里克于 1956 年和索洛于 1957 年分别进行研究得出的结果都是仅限于美国的，而库兹涅茨在 1971 年经过国际比较后，大大丰富了他们的成果体系。[15]据库兹涅茨称，经济增长的大部分贡献归于索洛残差，即产出增长率超出资本和劳动力投入增长率的部分，虽然他没有明确使用"索洛残差"这一术语。库兹涅茨对其实证结论的意义所作的评价很明确：

在国民经济核算框架下，假定决定劳动力供给、资本积累和初始资本产出比率的基本人口统计特征和制度流程不变，那么必然会得出"较高的人均产出增长率较之较高的生产率增长率对经济增长的贡献率更大，是现代经济增长的显著特征"这个重要结论。[16]

库兹涅茨归纳的实证研究使得传统的增长核算方法更加可信。这种方法将国民生产净值与产出、劳动力投入与工时、资本投入与实际资本存量等同起来。[17]库兹涅茨 1978 年阐释了索洛残差归因于外生技术创新的原因。[18]这与索洛 1957 年的"索洛残差归因于技术的进步和变化"的看法一致。库兹涅茨对索洛残差更具说服力的解释，最终导致了传统框架的没落。[19]

生产率测算新框架

传统生产率测算方法的最大挑战来自于我与格里利谢斯（Griliches）于 1967 年合著的论文《生产率变化的解释》（The Explanation of Productivity Change）。[20]

格里利谢斯与我比丹尼森更为彻底地抛弃了库兹涅茨和索洛传统的测算方法。我们用国民生产总值（Gross National Product）取代了国民生产净值作为产出计量，并引入了恒定质量指数,以测算资本和劳动力投入。

像丹尼森一样,我们引入劳动力投入恒定质量指数,关键是为了区分不同劳动力投入带来的差异性。我们利用格里利谢斯 1960 年发明的美国农业指数方法用来计算不同类型的劳动力投入质量,并结合工时来计算劳动力投入。[21] 这大大拓宽了索洛 1957 年所采用的替代概念。与此同时,他建模取代了资本和劳动力投入。丹尼森、格里利谢斯和我也扩展了这种替代作用,但考虑了不同类型的劳动力投入。这彻底改变了替代和技术变化对经济增长的各自贡献。[22]

格里利谢斯和我还引入了资本投入恒定质量指数,以区分不同类型的资本投入。为了将不同类型的资本结合形成一个恒定质量指数,我们对比了资本价格与租金价格,而不是用来测量资本存量的资产价格。因此,我们在资本模型中引入我 1963 年的文章《资本理论与投资行为》(Capital Theory and Investment Behavior)中提出的生产要素。[23] 这让我们把各种资产的折旧差异和由于不同类型资本收益的税务处理而导致的收益差异,纳入资本投入恒定质量指数成为可能。[24]

最后,格里利谢斯和我用我们 1966 年合著的论文《物化假说》(The Embodiment Hypothesis)中提出的生产可能性边界,取代了丹尼森、库兹涅茨和索洛所采用的总生产函数[25]。这让资本和劳动力投入共同生产消费和投资商品成为可能。我运用这种方法归纳索洛 1960 年提出的技术进步概念后显示,经济增长可同样用"实体"投资和"无形"的生产率增长来解释。我 1967 年与格里利谢斯合著的论文通过引入投资商品恒定质量价格指数,消除了这种不确定性。[26]

尼古拉斯·奥尔顿(Nicholas Oulton)2007 年演示,索洛模型是我 1966 年所建模型的一个特殊例子。他还比较了将产出分割为消费和投资的标准的两部门新古典增长模型与索洛的单部门模型的实证结果。[27] 杰里米·格林伍德(Jeremy Greenwood)和佩尔·克鲁塞尔(Per Krussell)2007 年继续利用索洛的单部门模型,通过索洛定义的"特定投资"或者具体的技术变化,取代了投资商品恒定质量指数。[28] 因此,本来只单独对消费的抑制作用,也被用来抑制投资,这与下文将要讨论的国民账户体系的最基本要求相抵触,即要将消费和投资的抑制作用区分开来、分别对待。

格里利谢斯和我的研究说明，资本、劳动投入和投资商品的质量变化，可以解释绝大多数的"索洛残差"。我们认为，在1945—1965年间，资本和劳动力投入对经济增长的贡献率为85%，生产率提高对经济增长的贡献率则仅为15%。在前者中，劳动质量变化对经济增长的贡献率为13%，资本质量变化对经济增长的贡献率为11%，[29]投资商品产出率提高的同时提高了投资商品产出和资本输入，但是投资商品对经济增长的净贡献率则仅为2%。

传统的生产率测算框架的终结，始于艾伯特·里斯（Albert Rees）主持的国家研究委员会生产率统计审查小组。里斯1979年所作的报告《生产率的测算和解释》成为了新的官方生产率统计测算框架的基础。[30]美国劳工统计局（BLS）负责实施这项计划，美国政府机构则负责这些统计数据。

在杰罗姆·马克（Jerome Mark）与美国劳工统计局生产力和技术办公室主任的领导之下，为测算美国经济的资本和劳动力投入与全要素生产率建立了生产账户，更名为多要素生产率。[31]美国劳工统计局1983年的框架以国民生产总值而非国民生产净值为基础，纳入资本投入恒定质量指数，取代了库兹涅茨和索洛传统框架的两项关键指标。[32]

不过，1994年7月11日美国劳工统计局发布包括劳动投入恒定质量指数在内的新的多要素生产率测算方法前，一直保留着工时以测算劳动投入。[33]同时，美国经济分析局（BEA）不顾丹尼森的强烈反对，已于1989年将恒定质量价格指数纳入国民经济核算的电脑系统。[34]这个指数被纳入美国劳工统计局的产出测算，从而取代了我和格里利谢斯合著的论文中使用的传统的经济测算方法。

1994年美国劳工统计局官方所做的多要素生产率计算结果，推翻了阿布拉莫维茨与肯德里克1956年以及库兹涅茨1971年和索洛1970年的研究结果。官方统计数据已证实了我1990年所著调查论文《生产率与经济增长》的研究结果。这些统计数据和丁伯根1942年最初的发现以及我与格里利谢斯1967年所著论文的研究结果完全一致，乔根森、Mun S. Ho、塞缪尔斯和斯蒂尔霍2007年提出的结论请看本书第 18 章介绍。

我 1987 年与戈洛普（Gollop）和弗劳梅尼（Fraumeni）合著的书里论述的增长核算方法，以及美国劳工统计局 1994 年发布的官方多要素生产率统计数据，现已成为国际标准。保罗·施赖尔（Paul Schreyer）2001 年所著，经合组织编撰的概述生产率测算新框架的《生产率测算手册》（Measuring Productivity）业已出版。本手册的专家咨询组由曾成功领导里斯完成 1979 年报告的美国劳工统计局前生产力办公室处长和副处长领衔。

以乔根森、何民成和斯蒂尔霍（2005 年）和本书研究为代表的生产率测算新框架的过渡非常突然。这使得库兹涅茨和索洛早期的生产率研究所使用的传统用法突然过时。本书再版的所有关于生产率的研究与经合组织的《生产率测算手册》均达到新国际标准。新框架的"杀手级应用"体现了信息技术对经济增长的影响，因此这些研究主要集中在信息技术在各种环境下对经济增长的影响。

附录 2

西方对凯恩斯主义的困惑

西方经济学教科书在谈论凯恩斯时，常常对后者的经济理论存有困惑——确切地说，这种困惑是教科书本身的问题，而非凯恩斯本人的问题。曼昆（Mankiw）所著的《经济学原理》(Principles of Economics) 就是一个典型的例子。比如，下面的公式就是错误的：

$$Y = C + I + G$$

在此公式中，Y= 国内总需求，C= 私人消费，I= 私人投资，G= 政府支出。[35]

由此认为，如果 C 代表的私人消费或者 I 代表的私人投资，抑或两者均不足，那么可由 G 代表的政府支出增加来弥补。据说，这就是"凯恩斯政策"。最根本的困惑是，G 代表的政府支出既属于消费也属于投资，即政府支出必然非此即彼。简言之，正确的公式应为：

$$Y = Cp + Cg + Ip + Ig$$

在此公式中，Cp 代表私人消费，Cg 代表政府消费，Ip 代表私人投资，Ig 代表政府投资。

凯恩斯自己则明确写道：

"'公债支出'是一种惯用说法，表示政府当局一切账目上的借款净额，不论借款是用于资本账目，还是用于弥补预算赤字。公债支出的一种形式是用于增加投资，另一种形式则是用于增加消费倾向。"[36]

如上所述，这可明显区分 Cg 和 Ig。

引入易引起困惑的术语 G 会让问题变得混淆不清的原因是，具有重要经济意义且能影响经济结构的是未用完的私人储蓄，即私人储蓄不一定会转化为私人投资，而政府要采取的措施是维持需求。这存在两种可能性：

如果这样的非投资性私人储蓄被政府投资取代，即 Ig 增加，那么经济总体投资水平就不会发生变化——私人投资只是被政府投资代替；

然而，如果非投资性私人储蓄被政府消费取代，即 Cg 增加，那么消费占经济比重会上升，投资占经济比重会下降。

因此，使用易引起困惑的经济术语 G，会让增加经济总体投资水平应选择增加政府投资（Ig）抑或选择增加政府消费（Cg）这一问题变得混淆不清。

这种困惑的现实意义是，资本投资是拉动经济增长的最重要因素——正如第 6 章所提到的。因此，在其他条件相同的情况下，削减投资占经济比重，会降低经济增长率。

本书第 18 章分析了资本主义经济体将政府支出用于投资比用于消费存在更大阻力的原因——因为政府投资涉及生产资料，而按照定义，私有制在资本主义社会必须占据主导地位。已由事实确认的理论观点是，继第二次世界大战期间凯恩斯的"需求管理"构想问世以来，大多数经济体政府消费支出占 GDP 比重呈上升趋势，同期政府投资支出则呈总体下降趋势。比如，正如第 14 章分析所示，美国接受大规模政府投资的唯一时期是大萧条时期，尤其是第二次世界大战时期。

接受政府消费扩张，但反对政府投资，由此带来的后果是：当采用所谓的凯恩斯主义解决方法——政府预算赤字时，预期 G 会增加，实际是 Cg 上升，但 Ig 并不会上升，因为政府正转化非投资性私人储蓄为消费。因此，这种"凯恩斯干预"会降低经济投资水平，从而降低经济增长率。

然而，正如上文所述，需要说明的是，这种困惑是教科书本身的问题，而非凯恩斯本人的问题。

【注释】

〔1〕阿瑟·林德贝克《1969—1980 年诺贝尔经济学讲座》（Nobel Lectures in Economic Science, 1969—1980），世界科学出版社，1992 年，第 79 页。

〔2〕罗伊·哈罗德《动态理论论文》(An Essay in Dynamic Theory)，《经济学期刊》(The Economic Journal) 第 49 卷 194 期，1939 年 3 月，第 14—33 页；埃弗塞·多马《资本扩张、增长率与就业》(Capital Expansion, Rate of Growth, and Employment)，《计量经济学期刊》(Econometrica) 第 14 卷第 2 期，1946 年 4 月，第 127—147 页。索洛开创性的研究始于其论文《经济增长理论的贡献》(A Contribution to the Theory of Economic Growth)，《经济学季刊》(Quarterly Journal of Economics) 第 70 卷第 1 期，1956 年 2 月，第 65—94 页。瑞典皇家科学院意识到索洛论文的重要性，于 1987 年授予他诺贝尔经济学奖，以表彰"他对经济增长理论的贡献"。

〔3〕丹尼森《为什么经济增长率不同》(Why Growth Rates Differ)，布鲁金斯学会出版社，1967 年。

〔4〕丹尼森《美国经济增长因素和我们面临的选择》(The Sources of Economic Growth in the United States and the Alternatives Before Us)，纽约经济发展委员会出版，1962 年。

〔5〕库兹涅茨《各国的经济增长》(Economic Growth of Nations) 第二部分，1971 年，第 74—75 页。

〔6〕索洛《增长理论：一种说明》(Growth Theory: An Exposition)，1970 年，第 2—7 页。不过，索洛发表的《增长理论之后》[(Growth Theory and After)，《美国经济评论》(American Economic Review) 第 78 卷第 3 期，1988 年 6 月，第 313—314 页]引用了丹尼森诺贝尔奖演讲时对劳动力投入的观点。随后这一观点也受到加里·贝克尔的支持，他 1989 年在芝加哥大学"瑞尔森讲座"上的演讲也引用了丹尼森的观点。

〔7〕库兹涅茨《各国的经济增长》(Economic Growth of Nations)，1971 年，第 73 页。

〔8〕丁伯根《简·丁伯根论文选集》之《变动趋势理论》(On the Theory of Trend Movements)，North Hotlan 出版，1959 年，第 182—221 页。此书译自《长期经济发展理论》(Zur Theorie der Langfristigen Wirtschaftswicklung, Weltwirtschafliches Archiv) 第 55 卷第 1 章，1942 年，第 511—549 页。

〔9〕施蒂格勒《产出与就业趋势》(Trends in Output and Employment)，美国国家经济研究局出版，1947 年。

〔10〕库兹涅茨《美国经济中的资本》(Capital in the American Economy)，普林斯顿大学出版社，1961 年。

〔11〕戈德史密斯《战后时期的美国国民财富》(The National Wealth of the United States in the Postwar Period)，美国国家经济研究局出版，1962 年。

〔12〕肯德里克《生产率趋势：资本与劳动力》(Productivity Trends: Capital and Labor)，《经济学和统计评论》(Review of Economics and Statistics) 第 38 卷第 3 章，1956 年 8 月，第 248—257 页；肯德里克《美国生产率趋势》(Productivity Trends in the United States)，普林斯顿大学出版社，1961 年。更新的统计数字是以肯德里克在《战后美国生产率趋势》[(Postwar Productivity Trends in the United States)美国国家经济研究局出版，1973 年]中建立的肯德里克框架为依据。另见肯德里克和爱略特·格罗斯曼《美国的生产率：趋势和周期》(Productivity in the United States: Trends and Cycles)，霍普金斯大学出版社，1980 年。

〔13〕保罗·道格拉斯《生产具有规律吗？》(Are There Laws of Production?)，《美国经济评论》(American Economic Review)第 30 卷第 1 期，1948 年 3 月，第 1—41 页；阿布拉莫维茨《1870 年以来美国的资源和产出趋势》(Resources and Output Trends in the United States since 1870)，《美国经济评论》(American Economic Review) 第 46 卷第 1 期，1956 年 3 月，第 5—23 页；索洛《技术变化与总生产函数》(Technical Change and the Aggregate Production Function)，《经济学与统计学评论》(Review of Economics and Statistics) 第 39 卷第 3 章，1957 年 8 月，第

312—320 页。

〔14〕此项发现被称为"索洛的意外惊喜"（Solow's Surprise'），详见威廉·伊斯特利《在增长的迷雾中求索》（The Elusive Quest for Growth），麻省理工学院出版社，2001 年。此外，此项发现也被罗伯特·金和塞吉奥·雷贝洛 1999 年列为经济增长的"程式化事实"之一，详见约翰·B. 泰勒和迈克尔·伍德福德主编的《实际商业周期复苏》（Resuscitating Real Business Cycles），《宏观经济学手册》（Handbook of Macroeconomics），North-Holland 出版，第 927—1008 页。

〔15〕戴尔·乔根森与劳里茨·克里斯滕森合著的论文《对 1947—1973 年经济增长的国际比较》（Economic Growth, 1947—1973: An International Comparison），其中包括丁伯根 1942 年和库兹涅茨 1971 年所作的国际比较调查，载于约翰·肯德里克和比阿特丽丝·瓦卡拉主编的《生产率测算最新进展分析》（New Developments in Productivity Measurement and Analysis），芝加哥大学出版社，1980 年。此论文发表于 1975 年在美国弗吉尼亚州威廉斯堡举行的第 44 届收入与财富研讨会。

〔16〕库兹涅茨《各国的经济增长》（Economic Growth of Nations），1971 年，第 73 页与第 306—309 页。

〔17〕更多近来例子见迈克尔·德图佐斯、索洛和理查德·莱斯特所著的《美国制造：如何从渐次衰落到重振雄风》（Made in America: Regaining the Productive Edg），麻省理工学院出版社，1989 年；罗伯特·霍尔《美国产业价格和边际成本之间的关系》（The Relation between Price and Marginal Cost in U.S. Industry），《政治经济学杂志》（Journal of Political Economy）第 96 卷第 4 章，1988 年 7 月—8 月，第 921—947 页；霍尔《索洛残差的不变性》（Invariance Properties of Solow's Residual），载于彼得·戴蒙德主编的《增长 / 生产率 / 就业》（Growth/ Productivity/Employment），麻省理工学院出版社，1990 年。

〔18〕西蒙·库兹涅茨《技术创新与经济增长》（Technological Innovations and Economic Growth），载于帕特里克·凯利和梅尔文·克兰兹贝格主编的《技术创新：对当前知识的批判性审视》（Technological Innovation: A Critical Review of Current Knowledge），旧金山出版社，1978 年，第 335—356 页。

〔19〕戴尔·乔根森所著的《生产率与经济增长》对经济增长来源作了详细的调查研究，载于厄恩斯特·伯恩特与杰克·普雷特主编的《经济计量 50 年》（Fifty Years of Economic Measurement），芝加哥大学出版社，第 19—118 页。这篇论文发表于 1988 年为纪念库兹涅茨基金会成立 50 周年在华盛顿特区举办的收入与财富庆典研讨会。更多近期调查见兹维·格里利谢斯《研发、教育与生产力》（R&D, Education, and Productivity），哈佛大学出版社，2000 年；查尔斯·赫尔滕《全要素生产率发展简史》（Total Factor Productivity: A Short Biography），载于赫尔滕、埃德温·迪安和哈珀主编的《生率率分析的新进展》（New Developments in Productivity Analysis），芝加哥大学出版社，2001 年，第 1—47 页。

〔20〕乔根森与格里利谢斯《生产率变化的解释》（The Explanation of Productivity Change），《经济研究评论》（Review of Economic Studies）第 34 卷第 99 章，1967 年 7 月，第 249—280 页。

〔21〕格里利谢斯《农业投入测算：批判性调查》（Measuring Inputs in Agriculture: A Critical Survey），《农业经济杂志》（Journal of Farm Economics）第 40 卷第 5 章，1960 年 12 月，第 1398—1427 页。

〔22〕关于劳动力投入恒定质量指数的详细讨论见乔根森、戈洛普与和弗劳梅尼 1987 年合著的《生产力与美国经济增长率》（Productivity and U.S. Economic Growth）第 3 章和第 8 章，哈佛大学出版社，第 69—108 页、第 261—300 页；乔根森、何民成（Mun S. Ho）与凯文·斯德尔（Kevin J. Stiroh）合著的《生产率：信息技术与美国增长复苏》《Productivity : Information Technology and the American Growth Resurgence》第 3 卷第 6 章，麻省理工学院出版社，

2005 年，第 201—290 页。

〔23〕乔根森《资本理论与投资行为》（Capital Theory and Investment Behavior），《美国经济评论》（American Economic Review）第 53 卷第 2 章，1963 年 5 月，第 247—259 页。

〔24〕对资本投入测算作的详细的实证调查研究见我的论文《浅析作为一种生产要素的资本》（Capital as a Factor of Production），载于乔根森和拉尔夫·朗道主编的《技术进步与资本形成》（Technology and Capital Formation），麻省理工学院出版社，1989 年，第 1—36 页。更早的调查请见我的论文《替代与折旧经济理论》（The Economic Theory of Replacement and Depreciation），载于威利·塞勒卡兹主编的《计量经济学与经济理论》（Econometrics and Economic Theory），麦克米兰出版社，1973 年，第 189—221 页。

〔25〕乔根森《物化假说》（The Embodiment Hypothesis），《政治经济学杂志》（Journal of Political Economy）第 74 卷第 1 章，1966 年 2 月，第 1—17 页。

〔26〕索洛 1960 年所著的《投资和技术进步》（Investment and Technical Progress），是索洛 1956 年创立的单部门新古典增长模型的自然延伸，载于肯尼斯·阿罗和塞缪尔·卡林和帕特里克·苏佩斯主编的《社会学中的数学方法》（Mathematical Methods in the Social Sciences），斯坦福大学出版社，第 89—194 页。

〔27〕奥尔顿《技术投资的增长核算》（Investment-Specific Technological Change and Growth Accountin），《货币经济学杂志》（Journal of Monetary Economics）第 54 卷第 4 章，2007 年 5 月，第 1290—1299 页。

〔28〕格林伍德和克鲁赛尔《技术投资的增长核算》（Growth Accounting with Investment-Specific Technological），《货币经济学杂志》（Journal of Monetary Economics）第 54 卷第 4 章，2007 年 5 月，第 1300—1310 页。

〔29〕乔根森和格里利谢斯《生产率变化的解释》（The Explanation of Productivity Change），1967 年，第 272 页表 9。我们也认为，13% 的增长归因于资本的相对利用率，资本利用率用能源消费占生产能力比计算。然而，总体水平并不恰当，正如丹尼森在其 1974 年所著的《1929—1969 年美国经济增长的核算》第 56 页所指。更多细节，见乔根森、戈洛普和弗劳梅尼《生产力与美国经济增长率》，1987 年，第 179—181 页。

〔30〕艾伯特·里斯《生产率的测算与解释》（The Measurement and Interpretation of Productivity），美国国家科学院出版社，1979 年。

〔31〕美国劳工统计局生产率项目的详细历史见赫尔滕、迪安和哈珀著的《美国劳工统计局生产率测算项目》（The BLS Productivity Measurement Program），2001 年，第 55—84 页。

〔32〕美国劳工统计局《多要素生产率趋势》（Trends in Multifactor Productivity）公告第 2178 号，美国政府印刷局出版，1983 年，第 1948—1981 页。资本投入不变质量指标成为生产率测算的国际标准见施赖尔《资本测算手册》（OECD manual, Measuring Capita），经合组织出版，2009 年 1 月。

〔33〕美国劳工统计局《劳动力构成和美国生产率增长率》（Labor Composition and U.S. Productivity Growth）公告第 2426 号，美国劳工部出版，1994 年，第 1948—1990 页。

〔34〕美国经济分析局《购买电脑有助于改善通缩》（Improved Deflation of Purchase of Computers），《现代商业概览》（Survey of Current Business）第 66 卷第 3 期，1986 年 3 月，第 7—9 页；丹尼森《对工业生产率变化的评估》（Estimates of Productivity Change by Industry），布鲁金斯学会出版社，1989 年。

〔35〕国际构成要素是 X（出口）－ M（进口）。然而，考虑到这些国际构成要素仅增加了附加变量，因此，在目前的情况下不会影响参数。

〔36〕凯恩斯《就业、利息和货币通论》（The General Theory of Employment, Interest, and Money），1936 年，第 128 页。

在线附录

在线附录 1：亚当·斯密的经济增长理论

亚当·斯密的经济增长理论的详尽分析，请在线查阅 http://rdcy-sf.ruc.edu.cn/displaynews.php?id=19356

在线附录 2：从马克思主义角度分析中国经济改革

从马克思主义角度分析中国经济改革，请在线查阅 http://rdcy-sf.ruc.edu.cn/displaynews.php?id=19357

在线附录 3：邓小平与凯恩斯

对凯恩斯理论的详尽分析，请在线查阅 http://rdcy-sf.ruc.edu.cn/displaynews.php?id=19358

参考书目

1. 《经济学人》2015 年 2 月 6 日 发表的《中印 "空气末日" 大对比》（India v China Airpocalypse）：http://www.economist.com/blogs/graphicdetail/2015/02/india-v-china?fsrc=scn/tw/te/bl/ed/airpocalypse。

2. 佐尔坦·艾斯（Zoltan J.Acs）2002 年所著《创新与城市发展》（Innovation and the Growth of Cities），爱德华埃尔加出版公司（Ecward Elgar Publishing）。

3. 吉密欧（Jamil Anderlini）2014 年 1 月 23 日所著《中国经济再平衡需更多合理投资》（China's rebalancing requires more investment of the right kind），载于《金融时报》：http://www.ft.com/intl/cms/s/0/f8ed7dd8-841d-11e3-b72e-00144feab7de.html?ftcamp=crm/email/2014124/nbe/ChinaBusiness/product&siteedition=intl#axzz2rEjpvpFr。

4. 阿诺德（Arnold.M.）2014 年 3 月 28 日所著《中国将统治世界，美国人需对此做好准备》（China Will Dominate the World, Americans Need to Get Ready），此标题是引用美联储官员讲话，载于《华尔街日报》：http://blogs.wsj.com/chinarealtime/2014/03/28/americans-must-adjust-to-a-world-dominated-by-china-feds-bullard-says/?blog_id=72&post_id=21338&mod=wsj_valettop_email。

5. 巴特尔研究所 / 美国科学研究与发展杂志（Battelle/R&D Magazine）2013 年联合发布的《2014 年全球研发经费预测》（2014 Global R&D Funding Forecast），www.rdmag.com。

6. 2005 年 4 月 25 日 BBC 报道《普京痛惜苏联解体》（Putin deplores collapse of USSR），

http://news.bbc.co.uk/2/hi/4480745.stm。

7. 尼古拉斯·伯格鲁恩与内森·加德尔斯（Nicolas Berggruen & Nathan Gardels）2013 年 11 月 25 日所著《习近平不会成为中国的戈尔巴乔夫》（China's Xi Is No Gorbachev），载于《彭博商业周刊》（Bloomberg Business）：http://www.bloomberg.com/news/articles/2013-11-24/china-s-xi-is-no-gorbachev。

8. 本·伯南克（Ben S. Bernanke）2015 年 4 月 30 日所著文章《WSJ Editorial Page Watch: The Slow-Growth Fed?》，载于布鲁金斯学会网站：http://www.brookings.edu/blogs/ben-bernanke/posts/2015/04/30-wsj-editorial-slow-growth-fed?cid=00900015020089101US0001-05011。

9. 罗伯特·布莱克韦尔和阿什利·特利斯（Robert D. Blackwill & Ashley J. Tellis）2015 年所著《修正美国对华大战略》（Revising U.S. Grand Strategy Towards China），外交关系委员会发布。

10. 布雷姆纳（Bremner.B.）2007 年所著《银行大重组》（The Great Bank Overhau），载于恩加迪奥（P. Engardio ）主编的《中印经济体》，美国 McGraw Hill 出版社。

11. 布朗（Browne.A）2015 年 6 月 12 日所著《中国可否被限制？》（Can China Be Contained?），载于《华尔街日报》：http://www.wsj.com/articles/can-china-be-contained-1434118534。

12. 伊恩·布鲁玛（Ian Buruma）2013 年 12 月 13 日所著《Globalisation is turning the west against its elites》，载于《金融时报》：http://www.ft.com/intl/cms/s/0/66eaf8d2-5602-11e3-96f5-00144feabdc0.html?siteedition=intl#axzz2ncFvRSKB。

13. 蔡雪君 2014 年 3 月 5 日所著《中国打响抗污治霾战役以确保民族未来》（It's war on smog! China pledges pollution battle "for the nation's future"），载于《南华早报》：http://www.scmp.com/news/china/article/1440784/its-war-smog-china-pledges-pollution-battle-nations-future?page=all。

14. 曹静、戴尔·乔根森（Dale Jorgenson）及任若恩等 2009 年 7 月所著《Industrial and Aggregate Measures of Productivity Growth in China, 1982—2000》，载于《收入与财富评论》（The Review of Income and Wealth）。

15. 章家敦（Gordon G. Chang)2014 年 8 月 14 日所著《中国的"戈尔巴乔夫"正在撕裂共产党》（China's "Gorbachev" Is Tearing the Communist Party Apart），载于《国家

利益》（The National Interest）：http://nationalinterest.org/feature/china%E2%80%99s-gorbachev-tearing-the-communist-party-apart-11076。

16. 张夏准 2006 年所著《踢掉梯子：发展战略的历史透视》（Kicking Away the Ladder: Development Strategy in Historical Perspective），伦敦 Anthem Press 出版社。

17. 张夏准 2010 年所著《23 件他们没告诉你的资本主义的事儿》（23 Things They Didn't Tell You About Capitalism），伦敦 Allen Lane 出版社。

18. 陈雨露 2013 年 5 月 25 日所著《中国需要"大金融"战略 全面服务于国家经济》，载于《环球时报》：http://opinion.huanqiu.com/ecomomy/2013-05/3969356.html。

19. 陈雨露 2013 年 8 月 19 日接受《第一财经日报》专访报道《一财专访陈雨露校长："大金融"探寻整体性的经济学方法论》，载于中国人民大学重阳金融研究院官网：http://rdcy-sf.ruc.edu.cn/displaynews.php?id=853。

20.《中国日报》（China Daily）2013 年 9 月 13 日报道《中国对空气污染采取强硬措施》（China gets tough on air pollution），http://www.china.org.cn/environment/2013-09/13/content_30015904.htm。

21. 中国共产党第十八届三中全会通过的《中共中央关于全面深化改革若干重大问题的决定》，中国网 2014 年 1 月 16 日报道：http://www.china.org.cn/china/third_plenary_session/2014-01/16/content_31212602_2.htm。

22. 詹姆斯·克拉布特里（James Crabtree)2012 年 1 月 17 日所著《中资银行向印度首富安尼尔·安巴尼旗下的信实集团代款 12 亿美元》（Chinese banks lend Anil Ambani $1.2bn），载于《金融时报》：http://www.ft.com/intl/cms/s/0/78a53e4a-411c-11e1-8c33-00144feab49a.html#axzz2v6SDdYV3。

23. 戴维斯与罗伯特·高尔曼（L. E. Davis & Robert E.Gallman）1978 年所著《十九世纪时期美国的资本形成》（Capital Formation in the United States during the Nineteenth Century），由马蒂亚斯与波斯坦（P. Mathias & M. M. Postan）主编，载于《剑桥欧洲经济史》（The Cambridge Economic History of Europe），剑桥大学出版社。

24. 戴德里克、克雷默与林登（J. Dedrick,、K. L. Kraemer & G. Linden）2008 年所著《谁将从全球创新价值链中获利》（Who Profits from Innovation in Global Value Chains? ），加利福尼亚州大学尔湾（欧文）分校个人电脑产业中心发布。

25. 邓榕 2002 年所著《我的父亲邓小平："文革"岁月》（Deng Xiaoping and the Cultural

Revolution – A Daughter Recalls the Critical Years），北京外文出版社。

26. 邓小平 1987 年 10 月 13 日讲话《我们干的事业是全新的事业》（We are undertaking an entirely new endeavour），节选自《邓小平文选》（1982—1992) 第 3 卷，北京外文出版社，1994 年，第 249—252 页。

27. 邓小平 1978 年 9 月 16 日讲话《高举毛泽东思想旗帜，坚持实事求是的原则》（Hold High the Banner of Mao Zedong Thought and Adhere to the Principle of Seeking Truth From Facts），节选自《邓小平文选》（1975—1982) 第 2 卷，太平洋大学出版社，2001 年，第 141—144 页。

28. 邓小平 1979 年 11 月 26 日讲话《社会主义也可以搞市场经济》（We Can Develop a Market Economy Under Socialism），检索自中国网（china.org.cn）：http://www.china.org.cn/english/features/dengxiaoping/103388.htm。

29. 邓小平 1978 年 6 月 2 日讲话《在全军政治工作会议上的讲话》（Speech at the all-army conference on political work），节选自《邓小平文选》（1975—1982) 第 2 卷，太平洋大学出版社，2001 年，第 127—140 页。

30. 邓小平 1985 年 8 月 21 日讲话《对中国改革的两种评价》（Two kinds of comments about China's reform），节选自《邓小平文选》（1982—1992）第 3 卷，北京外文出版社，1994 年，第 138—139 页。

31. 邓小平 1985 年 10 月 23 日讲话《社会主义和市场经济之间不存在根本矛盾》（There is no fundamental contradiction between socialism and a market economy），节选自《邓小平文选》（1982—1992）第 3 卷，北京外文出版社，1994 年，第 151—153 页。

32. 邓小平 1987 年 4 月 26 日讲话《坚持社会主义必须摆脱贫穷》（To uphold socialism we must eliminate povert），节选自《邓小平文选》（1982—1992）第 3 卷，北京外文出版社，1994 年，第 221—223 页。

33. 邓小平 1985 年 8 月 28 日讲话《改革是中国发展生产力的必由之路》（Reform is the only way for China to develop its productive forces），节选自《邓小平文选》（1982—1992）第 3 卷，北京外文出版社，1994 年，第 140—143 页。

34. 邓小平 1983 年 4 月 29 日讲话《我们要建设的社会主义国家，不但要有高度的物质文明，而且要有高度的精神文明》（We are building a socialist society with both high material standards and high cultural and ethical standards），节选自《邓小平文选》

（1982—1992）第 3 卷，北京外文出版社，2001 年，第 37—38 页。

35. 邓小平 1984 年 6 月 30 日讲话《建设有中国特色的社会主义》（Building a Socialism with a Specifically Chinese Character），节选自《邓小平文选》（1982—1992）第 3 卷，北京外文出版社，1994 年，第 72—75 页。

36. 邓小平 1980 年 5 月 31 日讲话《处理兄弟党关系的一条重要原则》（An important principle for handling relations between fraternal parties），节选自《邓小平文选》（1975—1982）第 2 卷，太平洋大学出版社，1984 年，第 300—301 页。

37. 邓小平 1980 年 3 月至 1981 年 6 月主持起草的《关于建国以来党的若干历史问题的决议》（Remarks on successive drafts of the Resolution on certain questions in the history of our party since the founding of the People's Republic of China），节选自《邓小平文选》（1975—1982）第 2 卷，太平洋大学出版社，2001 年，第 276—296 页。

38. 弗兰克·迪科特（Frank Diktter）2011 年所著《毛时代的大饥荒》（Mao's Great Famine），伦敦 Bloomsbury 出版社。

39. 凯瑟琳·拉姆佩尔、戴维·巴波萨与彼得·莱特曼（Catherine Rampell、David Barboza & Peter Lattman）2012 年 1 月 21 日所著《苹果为何不救美国？》（How the U.S. Lost out in iPhone Work），载于《纽约时报》（New York Times）。

40. 查尔斯·杜马斯（Charles Dumas）2010 年所著《全球化裂缝》（Globalisation Fractures），伦敦 Profile Books 出版社。

41. 查尔斯·杜马斯与黛安娜·乔伊列娃（Charles Dumas & Diana Choyleva）2011 年所著《美国凤凰城》（The American Phoenix），伦敦 Profile Books 出版社。

42. 理查德·邓肯（Richard Duncan）2009 年所著《资本主义的腐败》（The Corruption of Capitalism），CLSA Books 出版社。

43. 约翰·邓宁与萨里安娜·伦丹（John H. Dunning & Sarianna M. Lundan）2008 年所著《跨国企业与全球经济》（Multinational Enterprises and the Global Economy），Edward Elgar 出版社。

44. 杰夫·戴尔（Geoff Dyer）2014 年所著《世纪之争：与中国竞争的新时代——美国如何取胜》（The Contest of the Century: The New Era of Competition with China and How America Can Win），Penguin Books 出版。

45. 《金融时报》2013 年 11 月 7 日社论《中国仍需等待真正的改革》（China still awaits

genuine reform），http://www.ft.com/intl/cms/s/0/bfef484e—47a6—11e3—b1c4—00144feabdc0.html?siteedition=intl#axzz2jmQGmWfu。

46. 巴里·埃森格林（Barry Eichengreen）2008 年所著《资本全球化：一部国际货币体系史》（Globalizing Capital: A History of the International Monetary System），普林斯顿大学出版社。

47. 艾因霍恩（B. Einhorn）2010 年 6 月 17 日所著《中国：曙光公司计划推出龙芯》（China: Dawning's Plans for Its Loongson Chip），载于《彭博商业周刊》：http://www.businessweek.com/magazine/content/10_26/b4184040357909.htm。

48. Abdul Azeez Erumbana、Reitze Goumaa、Bart Losa、Robert Stehrer、Umed Temurshoev、Marcel Timme 与 Gaaitzen de Vries 合著的《世界投入产出表数据库（WIOD）：建设、挑战与应用》（World Input—Output Database（WIOD): Construction, Challenges and Applications），为 2010 年召开的 Thirty—first General IARIW Conference Sankt Gallen 准备的论文。

49. 马可·费尔森塔尔（Mark Felsenthal）2011 年 1 月 9 日所著《多名杰出的经济学家预测：美国终将衰落 中国势必崛起》（Economists foretell of U.S. decline and China's ascension），载于《路透社》（Reuters）：http://uk.reuters.com/article/2011/01/09/uk—usa—economy—gloom—idUKTRE7082AW20110109?pageNumber=1。

50. 乔纳森·芬比（Jonathan Fenby）2014 年所著《中国会统治 21 世纪吗？》（Will China Dominate the 21st Century?），Wiley 出版社。

51. 费雷拉与特里琼斯（P. C.Ferreira & A.Trejos）2008 年所著《中间产品贸易与全要素生产率》（Trade in Intermediate Goods and Total Factor Productivity），属巴西巴尔加斯基金会附属经济学研究生院经济工作论文《EnsaiosEconomicos da EPGE》。

52. 菲茨杰拉德（P.Fitzgerald）2013 年 1 月 29 日所著《美国批准万象收购美国美国 A123 公司资产》（U.S. Clears Wanxiang to Buy A123 Assets），载于《华尔街日报》：http://online.wsj.com/news/articles/SB10001424127887323829504578271724184629726。

53. 阿伦·弗里德伯格（Aaron Friedberg）2011 年所著《霸权争夺战：中国和美国对亚洲主导权的争夺》（A Contest for Supremacy: China, America, and the Struggle for Mastery in Asia），W. W. Norton & Company 出版。

54. 米尔顿·弗里德曼（Milton Friedman）1957 年所著《消费函数理论》（A Theory of

the Consumption Function. Princeton），普林斯顿大学出版社。

55. 托马斯·弗里德曼（Thomas L. Friedman）2005 年所著《世界是平的：一部 21 世纪简史》（The World Is Flat: A Brief History of the Twenty-first Century），伦敦 Allen Lane 出版社。

56. 戴维·弗罗姆金（David Fromkin）所著《欧洲的最后一个夏天》（Europe's Last Summer），Vintage Digital 出版。

57. 爱德华多·加莱亚诺（Eduardo Galeano）所著《人民投票反对恐惧》（Where the People Voted Against Fear），2013 年 10 月 2 日检索自 The Progressive 网站：http:// progressive.org/node。

58. 加拉赫、阿摩司·欧文与凯瑟琳·科勒斯克（GallaGher、Amos Irwin & Katherine KolesKi）2012 年所著《The New Banks in Town: Chinese Finance in Latin America》，源自"美洲对话组织"（Inter-American Dialogue）报告。

59. 《环球时报》英文版 2013 年 5 月 21 日发表的文章《褪色的历史摧毁了中国人的自信心》（Stained history inhibits Chinese self-confidence），http://www.globaltimes.cn/ content/783320.shtml#.Uy8EDKh_uqh。

60. 维杰·戈文达拉简与克里斯·特林布尔（Vijay Govindarajan & Chris Trimble）2012 年所著《逆向创新》（Reverse Innovation），载于《Harvard Business Review》杂志。

61. 理查德·哈斯（Richard N. Haass）2013 年所著《对外政策始于国内：打理好美国内务》（Foreign Policy Begins at Home: The Case for Putting America's House in Order），Basic Books 出版社。

62. 斯蒂芬·哈纳（Stephen Harner）2014 年 6 月 22 日所著《《纽约时报》宣称的"中国威胁论"、"重返亚洲"政策以及"奥巴马的外交政策遗产"是谬论》（The NYTimes' 'China Threat' Myth, The 'Pivot To Asia,' And Obama's Foreign Policy Legacy），载于《福布斯》：http://www.forbes.com/sites/stephenharner/2014/06/22/ the-nytimes-china-threat-myth-the-pivot-to-asia-and-obamas-foreign-policy- legacy/。

63. 斯蒂芬·哈纳（Stephen Harner）2015 年 2 月 18 日所著《中国已经放弃美国了？简而言之：是的》（Has China Given Up On The U.S.? Short Answer: Yes），载于《福布斯》：http://www.forbes.com/sites/stephenharner/2015/02/18/has-china-given-

up-on-the-u-s-short-answer-yes/。

64. 彼特·哈里斯（Peter Harris）2015 年 2 月 8 日所著《美国人还没有准备好如何应对中国的崛起》（The American People Aren't Ready for China），载于《国家利益》（The National Interest）网站：http://nationalinterest.org/commentary/the-american-people-arent-ready-china-9755。

65. 汉弗莱·霍克斯利（Humphrey Hawksley）2010 年所著《民主杀死你》（Democracy Kills），Macmillan 出版社。

66. 阿道夫·希特勒（Adolf Hitler）1924 年所著《我的奋斗》（Mein Kampf），印度 Jaico Publishing House 出版，2006 年。

67. 罗伯特·徐（Robert C. Hsu）1991 年所著《1979—1988 年间的中国经济理论》（Economic Theories in China 1979—1988），剑桥大学出版社。

68. 胡鞍钢（An'gang Hu）2011 年所著《中国 2020：一个新型超级大国》（China in 2020: A New Type of Superpower），Broookings Institution Press 出版。

69. 国际货币基金组织 2014 年 10 月发表的《世界经济展望》（World Economic Outlook），链接见：http://www.imf.org/external/pubs/ft/weo/2014/02/weodata/index.aspx

70. 国际货币基金组织、世界银行、经合组织以及欧洲复兴开发银行 1991 年联合发布的《苏联经济研究报告》（A Study of the Soviet Economy），载于国际货币基金组织网站。

71. 鞠建东与林毅夫 2009 年所著《禀赋结构、产业动态与经济增长》（Endowment Structures, Industrial Dynamics, and Economic Growth），世界银行发布。

72. Jitega Bharat 网站 2010 年 9 月 8 日发表的《中国的华为折服了印度的反对者》（China's Huawei Overcomes Opposition in India），http://www.jitegabharat.com/showthread.php?7321—China-s-Huawei-Overcomes-Opposition-in-India-Eye-on-Asia。

73. 查尔斯·琼斯（Charles I. Jones）2008 年所著《中间产品与薄弱环节：经济发展理论》（Intermediate Goods and Weak Links: A Theory of Economic Development），加州大学伯克利分校与美国国家经济研究局发布。

74. 巴尼·乔普森、韩碧如与查尔斯·克洛弗（Barney jopson、Lucy Hornby & Charles Clover）2014 年 3 月 23 日所著《美国国家安全局被曝侵入华为网络》（NSA

accused of breaching networks run by China's Huawei），载于《金融时报》网站：http://www.ft.com/intl/cms/s/0/beb9f242—b26f—11e3—b891—00144feabdc0.html?site edition=intl#axzz2x4SuXCmM。

75. 戴尔·乔根森（Dale W. Jorgenson）1995 年所著《生产力与战后美国经济发展关系》（Productivity and Postwar US Economic Growth），节选自其所著《生产力》（Productivity）第 1 卷，麻省理工学院出版社，第 1—23 页。

76. 戴尔·乔根森（Dale W. Jorgenson）2009 年所著《生产力经济学导论》（Introduction to The Economics of Productivity），节选自其所著《生产力经济学》（The Economics of Productivity）第 1 卷，英国 Edward Elgar 出版社，第 9—28 页。

77. 戴尔·乔根森与姜明武（Dale W. Jorgensongn & Vu Minh Kuong）2010 年所著《全球经济增长前景》（Potential Growth of the World Economy），载于《Journal of Policy Modeling》。

78. 乔根森、戈洛普与弗劳梅尼（Dale W. Jorgenson、F.M.Gollop & B. M. Fraumeni.）1987 年所著《生产力与美国经济增长关系》（Productivity and US Economic Growth）。

79. 乔根森、何明成、塞缪尔斯与斯蒂尔霍（Dale W. Jorgenson、Mun S. Ho、Jon D. Samuels & Kevin J. Stiroh）2007 年 9 月所著《从行业角度分析美国生产力复苏的起源》（Industry Origins of the American Productivity Resurgence），载于《Economic Systems Research》第 19 卷第 3 章，第 229—252 页。

80. 卡尔多（N. Kaldor）1961 年所著《资本积累与经济增长》（Capital Accumulation and Economic Growth），2010 年 8 月 22 日检索自 FEP 网站：http://www.fep.up.pt/docentes/joao/material/macro2/Kaldor_1961.pdf。

81. 米哈尔·卡莱茨基（Michal Kalecki）1943 年所著《从政治角度分析充分就业的意义》（Political Aspects of Full Employment），载于《每月评论》（Monthly review）：http://mrzine.monthlyreview.org/2010/kalecki220510.html。

82. 肯伍德与拉菲德（A. G. Kenwood & A. L. Lougheed）1992 年所著《1820—2000 年世界经济增长趋势》（The Growth of the International Economy 1820—2000），George Allen & Unwin 出版社。

83. 约翰·梅纳德·凯恩斯（John Maynard Keynes）1932 年所著《The General Theory

and After: A Supplement 》，节选自《凯恩斯作品选集》第 29 卷，剑桥大学出版社，2013 年。

84. 约翰·梅纳德·凯恩斯（John Maynard Keynes）1933 年所著《 National Self-Sufficiency 》，节选自《凯恩斯作品选集》第 11 卷，剑桥大学出版社，2013 年。

85. 约翰·梅纳德·凯恩斯（John Maynard Keynes）1936 年所著《就业、利息和货币通论》（ The General Theory of Employment, Interest and Money ），Macmillan 出版社，1983 年。

86. 克纳普（ A. Knapp ）2013 年 11 月 21 日所著《中国仍然拥有世界上最快的超级计算机》（ China Still Has The World's Fastest Supercomputer ），福布斯网站：http://www.forbes.com/sites/alexknapp/2013/11/21/china-still-has-the-worlds-fastest-supercomputer/。

87. 理查德·科祖尔·莱特（Richard Kozul-Wright）1995 年所著《Transnational Corporations and the Naton State》，载于米基与史密斯（ J. Michie & J. G. Smith ）主编的《Managing the Global Economy》，牛津大学出版社，第 135—171 页。

88. 保罗·克鲁格曼（Paul R. Krugman）1994 年所著《亚洲奇迹之谜》（The Myth of Asia's Miracle），载于《Foreign Affairs》第 73 卷第 6 期，第 62—78 页。

89. 保罗·克鲁格曼（Paul R. Krugman）2012 年所著《现在终结萧条》（End this Depression Now），W. W. Norton & Company 出版。

90. 库兹涅茨（Kuznets）1961 年所著《美国经济中的资本》（Capital in the American Economy），普林斯顿大学出版社。

91. 库兹涅茨（Kuznets）1971 年所著《各国的经济增长》（Economic Growth of Nations），哈佛大学出版社。

92. 尼古拉斯·拉迪（Nicholas Lardy)1993 年所著《1978—1990 年中国的对外贸易与经济改革》（Foreign Trade and Economic Reform in China 1978—1990），英国剑桥大学出版社。

93. 拉齐尔（E. P. Lazear）2002 年 8 月所著《Entrepreurship》，2014 年 2 月 20 日，NBER 网站：http://www.nber.org/papers/w9109.pdf。

94. 莱弗勒与勒格罗（Melvyn P. Leffler & Jeffrey W. Legro.）所著《领导世界：布什主义后的美国战略》（To Lead the World: American Strategy after the Bush Doctrine），牛津大学出版社。

95. 李克强 2014 年 3 月 14 日所作的政府工作报告，中国网：http://www.china.org.cn/

china/2014—03/14/content_31792191.htm。

96. 梁启源 2007 年所著《Industry-Wide Total Factor Productivity and Output Growth in Taiwan, 1981—1999》，载于乔根森、黑田东彦与元桥一之（D. W. Jorgenson、M. Kuroda & K. Motohashi）主编的《Productivity in Asia: Economic Growth and Competitiveness》，Edward Elgar 出版社，第 146—184 页。

97. 林毅夫 2011 年 12 月 22 日所著《解密中国经济》（Demystifying the Chinese Economy），2014 年 3 月 23 日 Project Syndicate：http://www.project-syndicate.org/commentary/lin5/English。

98. 林毅夫所著《解密中国经济》（Demystifying the Chinese Economy），剑桥大学出版社，2012 年。

99. 林毅夫 2012 年所著《新结构经济学》（New Structural Economics），世界银行发布。

100. 林毅夫 2012 年 12 月 7 日所著《经济学将东移》（Economics moves eastward），2014 年 3 月 22 日中国网：http://www.china.org.cn/opinion/2012—12/07/content_27345618.htm。

101. 林毅夫 2013 年所著《从西潮到东风：我在世行四年对世界重大经济问题的思考和见解》（Against the Consensus: Reflections on the Great Recession），剑桥大学出版社。

102. 林毅夫 2013 年 5 月 31 日所著《更多的投资可提振消费》（More investment boosts consumption），载于《中国日报》（欧洲版）网站：http://europe.chinadaily.com.cn/epaper/2013—05/31/content_16550137.htm。

103. 卢斯（E. Luce）2014 年 1 月 5 日所著《Anglo-Saxon trumpeting will strike a hollow note》，载于《金融时报》：http://www.ft.com/intl/cms/s/0/8dd8d63a-7169—11e3—adbd-00144feabdc0.html·siteedition=intl#axzz2pVV1sFnn。

104. 麦肯齐（K. MacKenzie）2011 年 10 月 4 日所著《China Criticises US Currency Bill》，载于《金融时报》：http://ftalphaville.ft.com/2011/10/04/691691/china-criticises-us-currency-bill/。

105. 安格斯·麦迪森（Angus Maddison）1991 年所著《Dynamic Forces in Capitalist Development》，英国牛津大学出版社。

106. 安格斯·麦迪森（Angus Maddison）1992 年所著《从长期视角看储蓄》（A Long Run Perspective on Saving），载于《Scandanavian Journal of Economics》第 94 卷第 2

章，第181—196页。

107. 马布巴尼（K. Mahbubani）2014年3月21日所著《Look to China for wisdom on dealing with Russia》，载于《金融时报》：http://blogs.ft.com/the-a-list/2014/03/21/look-to-china-for-wisdom-on-dealing-with-russia/#axzz2wbdSdlvU。

108. 马什（P. Marsh）2012年所著《The New Industrial Revolution》，耶鲁大学出版社。

109. 马克思（Karl Marx）1845年所著《关于费尔巴哈的提纲》（Draft of an Article on Friedrich List's Book Das Nationale System der PolitischenOekonomie），节选自《马克思与恩格斯选集》第4卷，伦敦Lawrence and Wishart出版，1975年，第265—293页。

110. 马克思（Karl Marx）1857年所著《德意志意识形态》，节选自《1857—1858年经济学手稿》（Economic Manuscripts of 1857—1858），伦敦Lawrence and Wishart出版。

111. 马克思（Karl Marx）1867年所著《资本论》第1卷，Penguin Books出版，2004年。

112. 马里亚纳·马祖卡托（Mariana Mazzucato）2013年所著《The Entrepreneurial State》，Anthem Press出版。

113. 迈克·埃克尔（Mike Eckel）2005年4月26日所著《普京称苏联解体为"地缘政治灾难"》（Putin calls Soviet collapse a "geopolitical catastrophe"），载于U-T Sandiego网站：http://www.utsandiego.com/uniontrib/20050426/news_1n26russia.html。

114. 理查德·米尔恩（Richard Milne）2010年2月15日所著《The Cogs are Clogged》，载于《金融时报》：http://www.ft.com/cms/s/0/0e5c21aa-1a6a-11df-a2e3-00144feab49a.html。

115. 安得烈·穆迪（Andrew Moody）2014年3月21日所著《改革时间表》（Timetable for Reform），载于《中国日报》：http://www.chinadaily.com.cn/business/2014-03/21/content_17372052.htm。

116. 安得烈·穆迪与吕昌（Andrew Moody & Lyu Chang）2013年6月20日所著《Pumping up power of consumption》，载于《中国日报》：http://www.chinadaily.com.cn/2013-06/20/content_16638936.htm。

117. 彼得·纳瓦罗（Peter Navarro）2007年所著《The Coming China Wars: How They Will be Fought, How They Can be Won》，FT Press出版。

118. 经合组织2001年发布的《Measuring Productivity, Measurement of Aggregae and

Industry Level Productivity Growth, OECD Manual》，经合组织出版。

119. 经合组织 2009 年发布的《Measuring Capital, OECD Manual 2009》，经合组织出版。

120. 经合组织 2010 年发布的《OECD Factbook 2010》，经合组织出版。

121. 奥尔利克（T. Orlik）2012 年 5 月 29 日所著《Show Me The China Stimulus Money》，载于《华尔街日报》: http://online.wsj.com/news/articles/SB10001424052702303 674004577433763683515828。

122. 大泽（J. Osawa）2013 年 10 月 15 日所著《华为加强与英国的合作》(Huawei Strengthens Ties With the U.K)，载于《华尔街日报》: http://blogs.wsj.com/digits/2013/10/15/huawei-strengthens-ties-with-the-u-k/。

123. 大泽与孟宝勒（J. Osawa & P. Mozur）2014 年 1 月 16 日所著《中国创新机器的崛起》(The Rise of China's Innovation Machine)，载于《华尔街日报》: http://online.wsj.com/news/articles/SB10001424052702303819704579320544231396168。

124. 奥斯特里、博格与曾瑞德（J. D. Ostry、A. Berg & C. G. Tsangaride）2014 年所著《Redistribution, Inequaltiy and Growth》，国际货币基金组织发布。

125. 柏利茨与金丁（L. Panitch & S. Gindin）2012 年所著《The Making of Global Capitalism》，伦敦 Verso 出版社。

126. 佩雷斯（C. Perez）2013 年所著《In M. Mazzucato, The Entrepreneurial State》，Anthem Press 出版。

127. 迈克尔·佩蒂斯（Michael Pettis）2013 所著《Avoding the Fall: China's Economic Restructuring》，卡内基国际和平基金会（Carnegie Endownment for International Peace）出版。

128. 托马斯·皮凯蒂（Thomas Piketty）2014 年所著《21 世纪资本论》(Capital in the Twenty-First Century)，哈佛大学出版社。

129. 托马斯·皮凯蒂（Thomas Piketty）2014 年 3 月 28 日所著《用向财富征税的方法从资本家手中拯救资本主义》(Save capitalism from the capitalists by taxing wealth)，载于《金融时报》: http://www.ft.com/intl/cms/s/0/decdd76e-b50e-11e3-a746-00144feabdc0.html#axzz2ztg8ntEC。

130. 大卫·皮林（David Pilling）2013 年 11 月 6 日所著《The ghost at China's third plenum: demographics》，载于《金融时报》: http://www.ft.com/intl/cms/s/0/2b6f8a7c-

46d3—11e3—9c1b—00144feabdc0.html · siteedition=intl#axzz2jmQGmWfu。

131. 约翰·普伦德（John Plender）2011 年 3 月 8 日所著《债权关系可能让美中两败俱伤 》（US-China affair is likely to result in mutual pain），载于《金融时报》：http://www.ft.com/cms/s/0/dee61bde—49ab—11e0—acf0—00144feab49a.html#axzz1GChqIxRi。

132. 伊丽莎白·庞德（Elizabeth Pond）2013 年 11 月 7 日所著《习近平会成为中国的戈尔巴乔夫吗? 》（Will Xi become China's Gorbachev? ），2015 年 5 月 7 日检索自 World Policy Blog 网站：http://www.worldpolicy.org/blog/2013/11/06/will—xi—become—chinas—gorbachev。

133. 普里切特与萨默斯（L. Pritchett 与 L. H. Summers）2014 年 10 月所著《Asiaphoria meets regression to the mean》，2014 年 11 月 39 日检索自 National Bureau of Economic Research 网站：http://www.nber.org/papers/w20573。

134. H. K. Pyo、K.–H. Rhee 与 B. Ha 2007 年所著《Growth Accounting and Productivity Analysis by 33 Industrial Sectors in Korea（1984—2002)》，节选自乔根森、黑田东彦与元桥一之（D. W. Jorgenson、M. Kuroda & K. Motohashi）主编的《Productivity in Asia: Economic Growth and Competitiveness》，Edward Elgar 出版社，第 113—145 页。

135. 邱海平 2015 年 3 月 20 日所著《“西化”的经济学教育不能成为主流》（"Westernization" of economics education cannot become the mainstream），载于中国社科院网站：http://www.cssn.cn/zx/201503/t20150320_1553848.shtml。

136. D. Quah 2010 年 5 月所著《The Shifting Distribution of Global Economic Activity》，2012 年 1 月 2 日检索自伦敦经济学院网站：econ.lse.ac.uk/~dquah/p/2010.05—Shifting_Distribution_GEA—DQ.pdf。

137. 任晶晶（ Ren Jingjing）2014 年 5 月 30 日所著《China's democracy to prosperity》，载于《中国日报》：http://usa.chinadaily.com.cn/opinion/2014—05/30/conte—nt_17552875.htm。

138. R. Ren & L. l. Sun 2007 年所著《Total Factor Productivity Growth in Chinese industries, 1981—2000》，节选自乔根森、黑田东彦与元桥一之（D. W. Jorgenson、M. Kuroda & K. Motohashi）主编的《Productivity in Asia: Economic Growth and Competitiveness》，Edward Elgar 出版社，第 76—112 页。

139. 大卫·李嘉图（David Ricardo）1817 年所著《政治经济学及税赋原理》（On the Principles of Political Economy and Taxation），Indianapolis 出版社，2004 年。

140. 康多莉扎·赖斯（Condoleezza Rice）2012 年 1 月 26 日所著《美国必须记住，她不只是一个国家》（US must recall it is not just any country），载于《金融时报》：http://www.ft.com/cms/s/0/f4837046—d67b—11e1—ba60—00144feabdc0.html?siteedition=uk#axzz21jCKRtAF。

141. 詹姆斯·里卡兹（James Rickards）2011 年所著《货币战争》（Currency Wars），Penguin 出版社。

142. S. Ro 2013 年 5 月 10 日所著《The S&P 500 Is Not The US Economy》，载于 Business Insider 网站：http://www.businessinsider.com/sp—500—foreign—revenues—2013—2013—5。

143. 罗思义（John Ross）2010 年 10 月 3 日所著《保罗·克鲁格曼对中国经济的解读不合逻辑》（Paul Krugman's economic illogicalities on China），载于其博客。

144. 罗思义（John Ross）1991 年 10 月 1 日所著《经济学家版的"我的奋斗"》（An Economist's Mein Kampf），载于其博客。

145. 罗思义（John Ross）1992 年 4 月 3 日所著《为什么中国的经济改革会成功，俄罗斯和东欧则会失败？》（Why the economic reform succeeded in China and will fail in Russia and Eastern Europe?），载于其博客。

146. 罗思义（John Ross）2012 年 9 月 18 日所著《世界银行就中国经济所作的报告存在根本性错误》（Fundamental errors of the World Bank report on China），载于其博客。

147. 罗思义（John Ross）2014 年 8 月 22 日所著《邓小平是迄今为止世界最伟大的经济学家》（Deng Xiaoping – the world's greatest economist），载于中国网：http://china.org.cn/opinion/2014—08/22/content_33303318.htm。

148. 罗思义（John Ross）2015 年 4 月 13 日所著《小米的创新更符合中国国情》（Xiaomi or Apple – two innovation strategies for China），载于中国网：http://china.org.cn/opinion/2015—04/13/content_35307226.htm。

149. 杰弗里·萨克斯与安得烈·华纳（Jeffrey Sachs & Andrew Warner）1995 年所著《Economic Reform and the Process of Global Integration》，节选自《Brookings Institute》所作的 Brookings Papers on Economic Activity 报告。

150. 亨利·桑德森与迈克尔·福赛思（Henry Sanderson & Michael Forsythe）2013 年
所著《中国的超级银行》（China's Superbank），Bloomberg Press 出版。

151. 马特·斯基亚文扎（Matt Schiavenza）2013 年 8 月 14 日所著《中国的戈尔巴乔夫
在哪里？》（Where Is China's Gorbachev?），载于 The Atlantic 网站：http://www.
theatlantic.com/china/archive/2013/08/where-is-chinas-gorbachev/278605/。

152. 施赖尔（P. Schreyer）2001 年所著《Productivity Manual: A Guide to the Measure-
ment of Industry-Level and Aggregate Productivity Growth》，经合组织出版。

153. 舒曼（M. Schuman）2015 年 4 月 21 日所著《China cannot truly compete until it
exports ideas》，载于《金融时报》：http://www.ft.com/intl/cms/s/0/90568c82-
e778-11e4-8e3f-00144feab7de.html#axzz3XpNR0DHY。

154. 塞瓦斯托普（D. Sevastopulo）2014 年 2 月 13 日所著《Kerry takes a long and winding
road to Asia》，载于《金融时报》：http://www.ft.com/intl/cms/s/0/c2f12958-94be-
11e3-af71-00144feab7de.html#axzz2tNRxofhQ。

155. 塞瓦斯托普（D. Sevastopulo）2014 年 3 月 26 日所著《New Zealand sees no risk
in Huawei deal》，载于《金融时报》：http://www.ft.com/intl/cms/s/0/33984158-
b401-11e3-a09a-00144feabdc0.html?siteedition=intl#axzz2x4SuXCmM。

156. 沈大伟（David Shambaugh）2015 年 3 月 6 日所著《中国即将分崩离析》（The
Coming Chinese Crackup)，载于《华尔街日报》：http://www.wsj.com/articles/the-
coming-chinese-crack-up-1425659198。

157. 辛普森（J. Simpson）2013 年所著《New leader Xi Jinping opens door to reform in
China》，载于 The Observer 网站：http://www.theguardian.com/world/2013/aug/10/
china-xi-jinping-opens-door-reform。

158. 亚当·斯密（Adam Smith ）1776 年所著《国富论》（An Inquiry into the Nature and
Causes of the Wealth of Nation）第 1 卷，Liberty Edition 出版社，1981 年。

159. 史密瑟斯（A. Smithers）2015 年 2 月 25 日所著《The sustainable growth of the
US》，载于金融时报：http://blogs.ft.com/andrew-smithers/2015/02/the-sustainable-
growth-of-the-us/。

160. 罗伯特·默顿·索洛（Robert Merton Solow）1957 年所著《技术变化与总生产函
数 》（Technical change and the Aggregate Production Function)， 载 于《Review of

Economics and Statistics》，第 312—320 页。

161. 斯大林（Joseph Vissarionovich Stalin）1928 年所著《Industrialization of the Country and the Right Deviation》，载于施普尔伯（N. Spulber）主编的《Foundations of Soviet Strategy for Economic Growth》，Indiana University Press 出版，1964 年，第 266—278 页。

162. 斯蒂芬斯（P. Stephens）2013 年 11 月 21 日所著《Trade trumps missiles in today's global power plays》，载于《金融时报》：http://www.ft.com/intl/cms/s/0/69fc0970—51f8—11e3—adfa—00144feabdc0.html?siteedition=intl#axzz2l5Du9ATL。

163. 劳伦斯·萨默斯（Lawrence Summers）2014 年 1 月 5 日所著《Washington must not settle for secular stagnation》，载于《金融时报》。

164. 詹姆斯·索罗维基（James Surowiecki）2011 年 10 月 31 日所著《大即是美》（big is beautiful)，载于《New Yorker》。

165.《The Banker》2013 年 7 月 1 日发布的《The Banker Top 1000 World Banks 2013 rankings – World Press release》，http://www.thebanker.com/Top-1000—World-Banks/The-Banker-Top-1000—World-Banks-2013—rankings-World-Press-release。

166. The Chicago Council on Global Affairs/WorldPublicOpinion.org. 2007 年发布的《World Publics Reject US Role as the World Leader》，http://D:/Data%20D/Economy/Research%20Centre/Opinion%20Polls/World%20Publics%20Reject%20US%20Role%20as%20World%20Leader.pdf。

167. 世界大型企业联合会（The Conference Board）2013 年发布的《The Conference Board Total Economy Database 2013》，载于《The Conference Board》网站：http://www.conference-board.org/data/economydatabase/。

168. 世界大型企业联合会（The Conference Board）2014 年 1 月发布的《The Conference Board Total Economy Database 2014》，载于《The Conference Board》网站：http://www.conference-board.org/data/economydatabase/。

169.《经济学人》（The Economist）2002 年 6 月 13 日报道《A Dragon Out of Puff》，载于其网站：http://www.economist.com/node/1164570。

170.《经济学人》（The Economist）2012 年 3 月 3 日报道《小并非美》（Small is not beautiful），载于《The Economist》。

171.《经济学人》（The Economist）2014 年 3 月 22 日报道《Moving on up》，载于其网
　　站：http://www.economist.com/news/china/21599397—government—unveils—new—
　　people—centred—plan—urbanisation—moving—up。

172.《经济学人》（The Economist）2015 年 3 月 14 日报道《A tightening grip》，载于其
　　网　站：http://www.economist.com/news/briefing/21646180—rising—chinese—wages—
　　will—only—strengthen—asias—hold—manufacturing—tightening—grip。

173.《The Week》2012 年 1 月 23 日报道《为什么苹果在中国生产 iPhone 及几乎所有
　　的产品》[Why Apple builds iPhones (and everything else) in China?]，载于《The
　　Week》。

174. M. P.Timmer、B. Los、Robert Stehrer 与 G. D. 2013 年 11 月所著《Fragmentation,
　　Incomes and Jobs：An Analysis of European Competitiveness》，2014 年 2 月 11 日检索
　　自欧洲央行网站：http://www.ecb.europa.eu/pub/pdf/scpwps/ecbwp1615.pdf。

175. Marecel Timmer、Mary Mahony 与 Bart Van Ark 2007 年所著《EU KLEMS Growth
　　and Productivity Accounts: an Overview》，http://www.euklems.net/data/overview_07I.
　　pdf。

176. 吉尔·特雷纳（Jill Treanor）2014 年 10 月 14 日所著《全球财富报告发布：最富
　　有的 1% 人口拥有全球近一半财富》（Richest 1% of people own nearly half of global
　　wealth, says report），2014 年 10 月 19 日检索自《The Guardian》网站：http://www.
　　theguardian.com/business/2014/oct/14/richest—1percent—half—global—wealth—credit—
　　suisse—report?CMP=twt_gu。

177. 联合国贸易和发展会议（UNCTAD）2013 年发布的《Key Trends in International
　　Merchandise Trade》，UNCTAD 出版。

178. 傅高义（EzraF Vogel）2011 年所著《邓小平与中国的转型》（Deng Xiaoping and
　　the Transformation of China)，The Belknap Press of Harvard University 出版。

179. 姜明武（Khuong Vu Minh）2013 年所著《经济增长动力：对亚洲经济政策的比
　　较 分 析 》(The Dynamics of Economic Growth － Policy Insights from Comparative
　　Analyses in Asia)，Edward Elgar 出版社。

180. 王家兴（Wang Jiaxing）2015 年 3 月 4 日所著《40% 中国人感到幸福》(40%

Chinese feel happy），载于中国网：http://china.org.cn/china/2015—03/04/conte-nt_34948765.htm。

181. 王小东 2011 年 6 月 9 日所著《"河殇体"可以休矣》(Inverted nationalism holds Chinese elite back)，载于《环球时报》(英文版)：http://www.globaltimes.cn/content/660842.shtml。

182. 沃特斯（R. Waters）2014 年 1 月所著《Mounting cash piles an embarrassment of riches for tech companies》，载于《金融时报》：http://www.ft.com/intl/cms/s/0/63e60612—827c—11e3—8119—00144feab7de.html#axzz2tgoitXVp。

183. 韦尔瑙（J. Wernau）2012 年 1 月 8 日所著《Wanxiang wins auction for assets of battery maker A123》，载于《芝加哥论坛报》(Chicago Tribune)：http://articles.chicagotribune.com/2012—12—08/business/chi-wanxiang—wins—auction—for—assets—of—battery—maker—a123—20121208_1_wanxiang—a123—chinese—auto—parts—maker。

184. 马丁·沃尔夫（Martin Wolf）2014 年 2 月 13 日所著《Hair of the dog risks a bigger hangover for Britain》，载于《金融时报》：http://www.ft.com/intl/cms/s/0/1cd67c18—93e6—11e3—a0e1—00144feab7de.html?siteedition=intl#axzz2silAZOQx。

185. 马丁·沃尔夫（Martin Wolf）2014 年 4 月 15 日所著《 "Capital in the Twenty-First Century", by Thomas Piketty》，载于《金融时报》：http://www.ft.com/intl/cms/s/2/0c6e9302—c3e2—11e3—a8e0—00144feabdc0.html#axzz2zJSOhhBF。

186. 马丁·沃尔夫（Martin Wolf）2011 年 1 月 25 日所著《Why China hates loving the dollar》，载于《金融时报》：http://www.ft.com/cms/s/0/456895b0—28c0—11e0—aa18—00144feab49a.html#axzz1GChqIxRi。

187. 詹姆斯·沃麦克、丹尼尔·琼斯与丹尼尔·鲁斯（James P. Womack、Daniel T. Jones & Daniel Roos）2007 年所著《改变世界的机器》(The Machine that Changed the World)，Free Press 出版。

188. 新华网（英文版）2014 年 5 月 27 日报道《习近平强调正确发挥市场作用和政府作用 》(Xi stresses coordinated functions of market, gov't)，http://news.xinhuanet.com/english/china/2014—05/27/c_133365679.htm。

189. 新华网(英文版)2015 年 3 月 25 日报道《中国推动 "中国制造 2025" 大战略 》(China

to boost "Made in China 2025" strategy ）, http://news.xinhuanet.com/english/2015—03/25/c_134097374.htm。

190. 薛暮桥所著《给邓小平和李先念同志的一封信》，节选自《薛暮桥文集》，牛津出版社，2011 年。

191. 亚 马 龙（R.Yamarone）2014 年 1 月 8 日 所 著《Summers' remedy is years out of date》，载于《金融时报》。

192. 伊 格 莱 西 亚 斯（M.Yglesias）2011 年 9 月 21 日所著《The Greatest Nation in the History of the Earth》，2015 年 3 月 28 日检索自 www.slate.com 网站：http://www.slate.com/articles/business/moneybox/2011/12/mitt_romney_believe_in_america_he_says_the_u_s_is_the_greatest_nation_in_the_history_of_the_earth_.html。

193. A. Young 1995 年 8 月所著《The tyranny of numbers: confronting the statistical reality of the East Asian growth experience》，载于《Quarterly Journal of Economics》。

194. 曾鸣和皮特·威廉姆斯（Ming Zeng & Peter J. Williamson）2007 年所著《龙行天下：改变全球竞争格局的中国成本创新》（Dragons At Your Door），Harvard Business School Publishing Corporation 出版。

195. 张军和朱天 2013 年 1 月 14 日所著《Chinese Shoppers are Thriving》，载于《金融时报》：http://www.ft.com/intl/cms/s/0/0c350d72—5c22—11e2—bef7—00144feab49a.html?siteedition=intl#axzz2wcE93Tkb。

196. 郑京海、阿尼·博斯特恩与胡鞍钢 2009 年所著《Can China's Growth Be Sustained? A Productivity Perspective》，载于《World Development》第 37 卷第 4 章，第 874—888 页。

197. 尼可拉斯·格里高利·曼昆（N. Gregory Mankiw）2011 年所著《经济学原理（第 6 版）》（Principles of Economics 6th edition），Cengage Learning 出版，在线查阅地址：://books.google.co.uk/books?id=nZE_wPg4Wi0C&pg=PA562&lpg=PA562&dq=Mankiw,+Y+%3D+C%2BI%2BG&source=bl&ots=t6vGeZaZFm&sig=Ej9pfn64tvJXbQko8Bu8t6trrwM&hl=en&sa=X&ei=shd0VeS1J8avU4KEgIAC&ved=0CEEQ6AEwBQ#v=onepage&q=Mankiw%2C%20Y%20%3D%20C%2BI%2BG&f=false。

图书在版编目（CIP）数据

一盘大棋？：中国新命运解析 / （英）罗思义
（Ross，J.）著 . — 南京：江苏凤凰文艺出版社，2016
ISBN 978-7-5399-9028-6

Ⅰ.①一… Ⅱ.①罗… Ⅲ.①中国经济－经济发展－
研究 Ⅳ.①F120.3

中国版本图书馆CIP数据核字(2016)第023476号

书　　　名	一盘大棋？：中国新命运解析
著　　　者	[英]罗思义（John Ross）
责 任 编 辑	郝　鹏　孙金荣
特 约 编 辑	王　琳　彭亭亭
文 字 校 对	孔智敏
封 面 设 计	卓义云天
出 版 发 行	凤凰出版传媒股份有限公司
	江苏凤凰文艺出版社
出版社地址	南京市中央路165号，邮编：210009
出版社网址	http://www.jswenyi.com
经　　　销	凤凰出版传媒股份有限公司
印　　　刷	三河市金元印装有限公司
开　　　本	700毫米×1000毫米　1/16
印　　　张	24
字　　　数	340千字
版　　　次	2016年4月第1版　2016年4月第1次印刷
标 准 书 号	ISBN 978-7-5399-9028-6
定　　　价	46.00元

（江苏凤凰文艺版图书凡印刷、装订错误可随时向承印厂调换）

FONGHONG

凤凰联动出品